CRC Press
Taylor & Francis Group

本书受教育部长江学者和创新团队发展计划资助项目"证据科学研究与应用"（IRT0956）、中国政法大学青年教师学术创新团队资助项目（14CXTD04，16CXTD05）、中国政法大学人文社会科学研究项目（10ZFQ82009）的资助。

刑事技术学的原则与实践

法庭科学专业知识

[美] 凯斯·茵曼　　[美] 诺拉·卢丁／著

郝红霞／译

Principles and Practice of Criminalistics
The Profession of Forensic Science

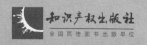

知识产权出版社

全国百佳图书出版单位

图书在版编目（CIP）数据

刑事技术学的原则与实践：法庭科学专业知识/（美）茵曼（Inman, K.），
（美）卢丁（Rudin, N.）著；郝红霞译. —北京：知识产权出版社，2017.1
书名原文：Principles and practice of criminalistics the profession of forensic science
ISBN 978 – 7 – 5130 – 2266 – 8

Ⅰ. ①刑… Ⅱ. ①茵… ②卢… ③郝… Ⅲ. ①刑事诉讼—证据—研究 Ⅳ. ①D915. 313. 04

中国版本图书馆 CIP 数据核字（2013）第 221492 号

Principles and practice of criminalistics : the profession of forensic science / by
Keith Inman, Norah Rudin / ISBN: 0-8493-8127-4.

责任编辑：张筱茶　罗斯琦　　　　　　　**责任出版：**孙婷婷
封面设计：张　冀

刑事技术学的原则与实践：法庭科学专业知识

［美］凯斯·茵曼　　［美］诺拉·卢丁　著
郝红霞　译

出版发行：	知识产权出版社有限责任公司	网　址：	http：//www. ipph. cn
社　址：	北京市海淀区西外太平庄 55 号	邮　箱：	100081
责编电话：	010 – 82000860 转 8240	责编邮箱：	baina319@ 163. com
发行电话：	010 – 82000860 转 8101/8102	发行传真：	010 – 82000893/82005070/82000270
印　刷：	北京嘉恒彩色印刷有限责任公司	经　销：	各大网上书店、新华书店及相关专业书店
开　本：	710mm×1000mm　1/16	印　张：	19.5
版　次：	2017 年 1 月第 1 版	印　次：	2017 年 1 月第 1 次印刷
字　数：	364 千字	定　价：	78.00 元

ISBN 978-7-5130-2266-8
京权图字：01-2013-6423

出版权专有　侵权必究
如有印装质量问题，本社负责调换。

译者简介

郝红霞，女，博士、中国政法大学证据科学研究院副教授，从事法医毒物和微量物证分析工作。2009 年毕业于中国人民公安大学药物毒物分析专业并获得硕士和博士学位。主要研究毒物药物的痕量分析、现场快速检测技术、国内外毒物分析前沿技术等。曾主持国家自然科学基金等 5 项课题，发表论文 40 余篇，参编著作 5 部，申请发明专利 8 项。

本书在翻译过程中得到了马志文、曾玲、杜君宜、闫慧、李红旭的大力支持，在此对他们的帮助和支持表示衷心的感谢。

作者简介

凯斯·茵曼毕业于美国加州大学柏克利分校,拥有理学学士学位和刑事侦查学硕士学位,现担任美国刑事技术委员会研究员。在其职业生涯中,他曾经以刑事技术专家的身份受聘于奥兰治县治安部、洛杉矶安杰利斯县治安部和奥克兰警察局,并曾担任洛杉矶安杰利斯县首席法医验尸官。他在加州法庭科学服务公司供职六年,这是一家为控辩双方服务的私人犯罪实验室。目前,茵曼先生受聘担任加州司法部DNA实验室高级刑事技术员。他是《法医DNA分析入门》的合著作者,该书已成为律师和犯罪实验室的首要参考用书。他曾在海沃德加州州立大学司法行政系教学,目前任教于加州大学伯克利分校,分别在学校和网上负责法庭科学一般知识和法医DNA课程的教学工作。

诺拉·卢丁分别在波莫纳学院获得学士学位和布兰代斯大学获得博士学位。她拥有美国刑事侦查学协会颁发的专业证书。卢丁在劳伦斯伯克利实验室完成了博士后研究后,曾在加州司法部DNA实验室担任了三年的全职顾问,并曾在爱达荷州DNA实验室、旧金山犯罪行为实验室和圣迭戈县治安部门担任技术咨询顾问。卢丁博士致力于提供咨询、编著图书,从事法医DNA教学和法庭科学以及生物学一般问题的教学。她是《法医DNA分析入门》的合著作者,该书已成为律师和犯罪实验室的首要参考用书。她还编著了《现代生物学辞典》,该书于1997年由巴伦教育出版社出版。卢丁博士目前任教于加州大学伯克利分校,分别在学校和网上负责法庭科学一般知识和法医DNA课程的教学工作。她在担任咨询顾问的同时,也曾担任控辩双方的法医DNA专家证人。

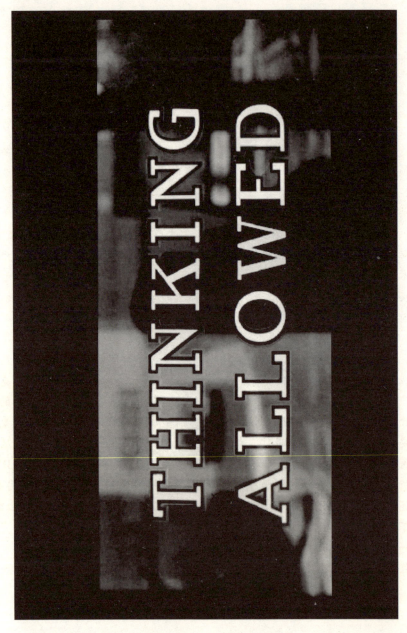

思维很重要。思维是本书的主题之一。判断思维是案件处理之初的重要技能,并在分析判断的各个过程中发挥作用。很多情况下,思想被我们所相信的、我们所期望的以及我们的直觉限制住了。一个有能力的分析者在工作的任何阶段都会注重运用思维。

前　言

　　为什么我们要再出版一本关于刑事侦查学的书籍？20世纪已经出版过很多这方面的书了，有些至今仍在销售当中（Kirk，1953，1974；Saferstein，1981，1988，1993，1998；DeForest，1983；Fisher，2000）。绝大部分关于科学和犯罪方面的书籍都是面向警方侦查人员或大众群体的。这也并不奇怪，毕竟侦查人员或侦探在从犯罪现场识别和收集证据方面起着至关重要的作用，这些行动将会从根本上影响后续的分析和判断，因此必须确保职务执行人员具备专业的知识和技能。虽然侦查人员通常都不是经过训练的科学家，但他们必须充分了解分析程序以避免在犯罪现场采取不当的行为。因此，许多书籍都是本着这一目的进行编著的。

　　包括犯罪推理故事作家在内的大众群体一直都对罪犯、罪行的实施和侦查过程有着疯狂的痴迷。许多讲述犯罪和侦破过程的精彩故事都被收录于各类书册当中，以迎合大众群体的兴趣。随着技术的进步以及更加复杂精细的方法应用于物证分析，人们的兴趣不再局限于罪犯和犯罪行为本身，而且还包括各种分析技术以及如何运用这些技术破案（Ragle，1995；Houde，1999）。

　　本书并非针对侦查人员、律师、犯罪推理故事作家、转行者或初学者。虽然这些群体可以在本书中找到有益而又有趣的信息，但他们需要用其他资源来填补其在科学或法医学方面知识的不足。本书由法庭科学专家编著，其读者同样是法庭科学从业者。本书直接针对执业或即将执业的刑事技术人员。本书并非入门读物，而是要求读者具备很强的物理和法庭科学专业背景。

　　奇怪的是，关于法庭科学专业的著作很少，绝大部分的书籍都是实验室方法与技巧的简单汇编（Kirk，1953，1974；Saferstein，1981，1988，1993；DeForest，1983）。虽然详细、规范的程序会影响实验结果，但如果缺乏正确的认知架构，就可能产生更糟的实验结果。因此，本书不再对法庭科学进行概述，也不再介绍实验室技术，而是将关注的焦点转向了法庭科学执业者在餐厅、饮水机旁边和电子邮件中经常讨论的问题。

　　本书勾勒出法医学调查的逻辑框架，介绍了具体方法而非简要概括，是思维方式而非操作指南。我们当然强调物证在提供犯罪行为信息方面的作用，但作为贯穿全书的思想，我们强调物证并不会存在于真空以扩大自己的价值，必须将它与案件中的整体情况综合考虑。只会摆弄仪器的技术员，即使是最先进的仪器，他也只是一名技术员。刑事专家必须将实验结果放到整个犯罪情景中进行解释和分析，否则就有可能错误地分析物证。思维很重要，它是想法成形的基础。

思维很重要

我们毫不掩饰地借鉴了 Edmund Lolard 和 Paulkirk 的思想，他们是解决法庭科学难题的先锋。我们还吸收了 Bave stoney、Ian Erett、John Buckleton 和 John Thornton 等当今法庭科学先进学者的思想。我们借助技术和智力对上述专家的思想理念进行了重新审视。虽然或许其他刑事专家更有资格对当今法庭科学理念进行整理、总结和评注，但目前尚无人致力于此。因此，我们决定来填补这一空白。

近几年来，一些缺乏伦理素养和职业道德的非专业行为使法庭科学的声誉大大降低，我们对此表示谴责。然而，由于法庭科学调查和分析的社会影响力，其往往成为记者们的写作素材，而大多数热衷于此的记者又缺乏或根本不具备专业科学知识，甚至可能没有法庭科学背景。我们不允许媒体或政治团体来左右我们的专业判断尤其是民众认知。我们必须严格执行行业领域标准；如果我们不注意内部监督分析人员的品质，那么别人会来监督我们。因此，本书许多方面所涉及的一些主题都是专业领域的标准，初级分析人员和外界评论人士都应当遵守这些职业标准和伦理道德义务。

书中一些观点是对传统理念的挑战，也必将会在法庭科学界引起讨论（而非争议）。在某种意义上说，我们已经处于"备战状态"。我们期待这种健康的辩论能够延续，并希望本书能为刑事执业人员所面临的难题提供一个论点。

套用20世纪70年代的一句口号："只有挑战大众思维，你才能成为一名专家"——Daniel Berrigan，耶鲁大学牧师，1995年。

参考文献

[1] DeForest, P., Lee, H., and Gaensslen, R., Forensic Science: An Introduction to Criminalistics, McGraw-Hill, New York, 1983.

[2] Fisher, B. J., Techniques of Crime Scene Investigation, 6th ed., CRC Press, Boca Raton, Fl, 2000.

[3] Houde, J., Crime Lab: A Guide for Nonscientists, Calico Press, Ventura, CA, 1999.

[4] Kirk, P. L., Crime Investigation, Interscience, John Wiley & Sons, New York, 1953.

［5］Kirk, P. L. , Crime Investigation, 2nd ed. , Krieger Publishing Co. （by arrangement with John Wiley & Sons）, Malabar, FL, 1974.

［6］Ragle, L. , Crime Scene, Avon Books, New York, 1995.

［7］Saferstein, R. , Forensic Science Handbook, Vol. 1, Prentice-Hall, Englewood Cliffs, NJ, 1981.

［8］Saferstein, R. , Forensic Science Handbook, Vol. 2, Prentice-Hall, Englewood Cliffs, NJ, 1988.

［9］Saferstein, R. , Forensic Science Handbook, Vol. 3, Prentice-Hall, Englewood Cliffs, NJ, 1993.

［10］Saferstein, R. , Criminalistics: An Introduction to Forensic Science, 6th ed. , Prentice-Hall, Englewood Cliffs, NJ, 1998.

致　谢

本书的创作灵感源自我们在加州大学伯克利分校的第一节课，当时一个学生问我们如何将"转移"定律应用于外表匹配证据。我们为回答她的问题做过许多研究，提出了"可分割的物质"这一概念，随后又对当时法庭科学的理论和传统理念进行了重新审视。来自同学们的挑战和批判性思维是编写这本书的主要动力。

我们十分感谢哈维·凯恩，他对于本书的不足提出了宝贵建议，并坚持认为本书的议题很有研究价值，现在他仍然是我们的"教父"。贝基·麦克东尼秉承高标准严要求的编写态度，协助我们完成了此书。虽然我们错过了交稿时间并且经常提出一些苛刻的要求，贝基·麦克东尼总能不厌其烦地进行工作。同样要感谢我们的项目编辑安德烈·登比，他以敏锐的洞察力和幽默感为我们出版过程的每个细节做出指导。我们还要感谢CRC出版部门的众多工作人员，虽然有些人我们甚至未曾谋面，但他们都为本书的出版付出了辛勤劳动。

很多人为本书的创作出版提供了资料和帮助。瓦格纳和彼得·马丁提供了伯明翰六人案的案卷内容；约翰·厚德向我们提供了罗卡的原版引述，沙龙·科鲁兹帮助我们翻译了很多资料；埃利奥特·伯克曼授权我们对他负责的案件信息绘制图表，杰夫·西尔维娅和罗杰·摩尔提供了案件记录；罗恩·里赫特和马克·斯洛复查了查弗·雷德的案卷；邓恩·狄龙对历史细节进行了检查；约翰·巴克特允许我们使用他以前在邮件中发给我们的关于"证据缺乏"的例文。卡尔·斯洛卡、格雷格·马西森、海勒姆·埃文斯、杰伊·亨利、彼得·思迪帕特斯、弗兰克·希克斯、乔·波利斯卡帮助我们获得了第12章引用资料的许可。

最后，我们要特别感谢彼得·巴尼特、安布拉德利和雷·戴维斯给我们的鼓励和建议，这大大提高了我们的文稿质量。如本书出现任何纰漏，则由我们单独负责。

献　辞

　　本书献给我的父亲 Walter Inman 和我的岳父 Robert Peterson，是他们教会了我视角决定视野。

凯斯·茵曼

　　在此致意本书合著者、长期与我合作从事刑事技术研究的凯斯·茵曼先生，之前他一直力劝我成为一名刑事侦查学专家。幸运的是，在我没有思路时，他总是允许我借鉴他的观点。

诺拉·卢丁

目录
CONTENTS

第一部分　法庭科学的背景和历史

第二部分　法庭科学的原则

第三部分　法庭科学实践

第一部分

法庭科学的背景和历史

图 1.1 物证

注：任何以实物形式存在的物质都可以用作证据，包括一团烟雾、一辆麦克卡车或一小碟花生酱。某些物证在暴力犯罪中很常见，如本图中所展示的一些物质。

第一章 导　论

我还没有数据。在有数据之前就建立理论是一个很严重的错误。人们会在不知不觉中歪曲事实以满足理论的需要，而并非使理论适应事实。

柯南·道尔

——摘自《波希米亚丑闻》

第一节　范围和定义

司法领域可能会涉及任何职业、学科、工艺或技巧。随着犯罪活动的日益频繁和形式多样，我们的社会变得越来越"好诉"，法庭也越来越需要专家对深奥问题提供证词。虽然专业知识的多样化可能会影响法律事务的判断，但我们会根据自己的专业知识做出评价，即应用物理科学来解决犯罪问题。即便如此，还是会涉及语义、目的等方面的争议，而且在很大程度上，调查过程仍然要与各种规范整合。本书提出的许多观点都超越了严格的科学界限，因此必须要把科学与实际调查结合成整体。但在初始阶段，我们还是要用经典理论来界定我们的研究领域。即使你对下面的定义存有异议，但至少你会没有歧义地读完本书。

一、什么是法庭科学，谁是法庭科学专家

让三名法庭科学专家在一个房间里，并就任何一方面的问题向他们咨询，你至少会得到六种意见。如果你问 ——"什么是法庭科学？""谁是法庭科学专家？"——那么答案将会成指数增加。为什么两个简单单词的组合会引发如此激烈的辩论？

首先，严格地讲，"辩论学"（forensics）一词就是指辩论艺术。尽管该词的形容词形式和名词形式的词根（拉丁语词根是"法庭"（forum），法庭就是辩论场所）十分明显，但我们在现代应用中应当将其区分。我们认为用"法庭"的词根（forensics）来指代"法庭科学"（forensic science）是一种不准确的做法，虽然我们倾向于使用单词最简单的形式，但这并不适用于每一种情况。

作为形容词的"法庭"（forensic）仅与公开讨论和辩论有关，或用于公开讨论和辩论，特别是用于法庭（韦伯斯特词典，1996）。它的形容词形式被广泛用于与法庭相关的事件中：法医技术、法务会计学、法庭难点分析等。但这些事项是否属于法庭科学的范围呢？虽然法医人类学、法庭化学、法医学、法医精神病学等词条都可以在1996年版的韦伯斯特词典中找到定义，但是却没有对法庭科学的定义。

"法庭科学"中的"科学"一词似乎是人们关注的焦点。为什么会称其为"科学"？或许我们会从现代社会的科学观中找到一部分答案。通常人们会认为科学能够提供确凿的事实、明确的结论以及具有不可动摇的客观性。因此，社会上（法官的？陪审团的？）认为凡是能被称为"科学"的学科都具有正当性和公信力。相反，其他专业（有趣的是，其中一些专业被学者称为"软科学"）的公信力较低并被排除在科学范畴之外。这种偏颇的观点不利于有些领域中的专家对案件侦查做出独特而有益的贡献。

二、"法庭科学"中的"科学"

"科学"一词经常被误用，其经常被用于增加某一思想或陈述的可信性，就好像"科学"一词的光环会自动传递信任。其经常还被用于降低某一概念的可信度，就好像科学领域之外的观点毫无益处。（这是不科学的，我们不能相信。）事实是，科学是过程而非真理。从事自然科学研究或开发的实验室科学家们会同意以下说法。

1. 什么是科学

科学是我们用来理解和描述物质世界的研究方法。为此，我们通过样板（空间的或时间的）重复和模式数据建立起了一般规则。这被称作归纳推理——由具体到一般。如果我们认为已经建立起了一般原则，然后通过预测某一特定情况的发生来验证这一原则，这就是演绎推理。科学家们通过观测和测量获得了大量数据，以便于更好地理解世界并对事物进行分类。尽管数据的数量和仪器的进步制约着我们的科学观，但对数据的定性描述和定量描述都是非常有用的——这一切取决于问题本身（Houck，1999年）。

经典科学通过验证假设的概念进行定义。简单来说，科学家首先提出假设，然后通过实验来验证这一假设，最后得出成立或不成立的结论。要把一种行为定义为科学，就不但要提出假设，还要想出验证这个假设的方法（Popper，1962年）。科学方法为验证假设提供了框架。在现实世界中，我们永远不能证明某个想法、概念或理论是真的——我们只是不能证明它是假的。在缺乏必要信息证明某一理论的错误性时，我们可以认为它是正确的，直到获得新的反证信息。无论是科学还是法庭科学，我们脑中经常有这样一种观点——这颗子弹来自于那把枪，即无效假设理论（Fisher，1949 年）。❶ 既然我们不能科学地验证假设，我们可以尽力对其进行反证。如果我们通过适当的试验仍然不能推翻无效假设理论时，那么就可以认为原始假设成立——这颗子弹确实来自那把枪。事实上，如果实验证明无效假设理论不成立，我们就必须接受交替假说（Neyman and Pearson，1928 年）。虽然这一理论是刑事技术专家的基本工具，但人们很少重视或强调它。另一项验证假设的方法是 Bayes 框架，人们对竞争性假设进行比较并计算其相对可能性（Evett，1983；Taroni 等，1998）。正如我们所说，两种逻辑框架都在法庭科学中发挥作用，在不同的阶段中，一种框架可能比另一种更有效。

试验结果只有在提交相关科学领域审查后才能确立。审查一般是通过在科学会议上进行陈述或在同行评审的期刊上发表文章进行的。通过公开所获取的数据的方法，同行可以验证研究方法或引用研究结果。因此，科学是集体而非个人的产物。只有接受他人的观点才能保证科学不会误入歧途。在基础研究中，只有经过独立人员引用的实验结果才能被接受（Maddock，1989）。只有在法庭科学中开发或应用专门的技术时，相关概念才会产生。例如，实验室将通过开展协作研究来证实不同的人在应用某一种新方法时可以得出相同的结果。

但在实际调查中，由于多种原因重复试验并不总能成功，其中最重要的因素是样本的固有局限性。因此，在法庭调查中，对于工作结果的确认通常都是通过独立观点的形式（或者是通过实验室的其他分析人员，或者是通过反方的专家顾问）。工作的重点是要审查以改正笔误，并确认结论是有数据支持的。法庭科学专家的义务是客观地解释数据，通过数据形成结论并加以陈述。

2. 科学是动态的

对科学的另一误解是科学包含了永恒不变的真理。事实上，没有任何事物可以脱离现实。在某一时刻，科学向我们解释宇宙是如何运行的。但很快又会出现一个观点或发现来使我们让之前的理论更精确或推翻之前确立的"真理"。这是科学发现的本质，我们的理解会随着新知识的发现而改变。在一定程度上，这一问题不会引起外行的重视，他们认为科学可以为物理领域提供严格的、非黑即白的、无可辩驳的答案。所有的科学能提

---

❶ 人们对于无效假设理论存在许多困惑和误解。最有效的一个定义是，无效假设必须具有可证伪性（Stark，2000）。当无效假设被实验推翻后，我们必须接受另外的一个或多个替代假设。

供的都是基于当时信息所能得出的最佳答案。当更新的、识别程度更高的技术能够区分过去的技术无法区分的两件事物时，这一概念在法庭科学领域就显得更加明显，最好的例子之一就是由于 DNA 检测，过去的认罪被推翻了。排除特殊情况即发生偶然的或恶意的错误外，之前的工作不能被理所应当地认为是错误的，最简单的例子是两个 O 型血的人可能会有不同的 DNA 图谱。

3. 科学是持久的

除了一些有名的历史事件（世界是平的、地球是太阳系的中心）外，大多数科学理论的变化都相当缓慢并且幅度很小。新理论只是在旧理论基础上很小的变化，而且新理念通常只是增加而非删除旧理念所包含的信息。我们目前的理解仅仅是对之前概念的简单修正，理念可以沿着逻辑的路径演变。这种观点在法庭科学中即表现为上文中我们用来证明科学是动态的那个例子。原先用于确定犯罪人群而使用的方法并没有产生"错误"的结果，今天再使用这些方法还会得到完全相同的答案（故意歪曲事实的情况除外）。不断进步的检测方法为我们之前的结果增加了新的知识，让我们来修正而非否定之前的答案。仅用血型检测仍无法区分两个 O 型血的人；只有用更加精确的 DNA 测试才能将他们区分开来。这两种测试方法之间最关键的区别在于各自所固有的局限性，但每一种结论都是有效的。

4. 法庭科学是应用科学

科学的范畴可被分为纯科学（研究科学）和应用科学。基础研究旨在了解物理世界本身；在应用科学中，我们致力于用已知的物理原则来达到期望目标。正如医学或工程科学一样，法庭物证分析属于建立在物理、化学和生物学等基础科学原理上的应用科学。每一项实验和每一个案件都必须遵循上述假设验证的方法。必须澄清的一点是，法庭科学调查本身并不是严格的实验。根据定义，科学实验的条件需要严格控制，每次实验改变一个变量；在调查中，现实表明样本在被认识和发现之前是完全不可控的。用于检测样本的程序已在其他已知样本中被证明可行，但是法庭样本的结果是由检验或分析得出的，而非实验。值得强调的是，这个过程在本质上具有引导性。分析人员在收集关于一项证据的事实后，会将其与其他事实、假设相结合，进而形成理论以推测案件中发生了什么。

三、历史中的科学经验

爱德华·威尔逊在其最近的作品《社会生物学的契合》（Wilson，1998）中提出，科学定义的范围并不总是如此狭隘。在 18 世纪的启蒙运动中，第一批科学哲学家就开始了对知识领域边界的探索。作为科学哲学之父，弗郎西斯·培根将科学定义为一种更广泛的调查方法，它适用于包括心理学、社会科学甚至人文科学在内的各个分支（Bacon，1620）。培根是归纳法的支持者，归纳法是先积累大量的数据，然后再对各种模式进行辨别（Bacon，1620）。与之相反的是演绎推理，演绎推理是古典时期和中世纪主要的科学研究方法，在后来西方科学发展的几个世纪中被还原论者重新启用。简单来说，演绎推理是从一般到特殊的推理方法——先提出理论，再通过实验检验结果是否符合理论的指导。我们有必要认识到无论是有意识还是无意识，归纳推理（从一般到特殊）都是产生理论的先验条件。

如果能够准确地运用包括实验室物证分析在内的方法进行案件调查，这实际上就是归纳推理的过程。有趣的是，我们常常会犯演绎推理的错误，即以一个现有的理论（不管它是否与收集到的数据相符）为依据，并将其与事实相联系，尽管理论与事实的吻合度非常低。培根还强调了要尽可能地减少先入之见，这与笛卡尔（1637）的观点❶是一致的，他一直将怀疑论作为学习的第一原则。显然，开放的思想是处理犯罪问题的先决条件。

威尔逊对于科学的定义与18世纪的科学哲学家大致相同，他肯定了科学涵盖更广阔的范围的可能性。他提出，科学是"有组织、有系统的整体，它聚集世上的知识，并将知识浓缩成可验证的规律和原则。"他的论断与上文所列出的组成科学的元素有许多共同点，但对科学过程的强调点略有不同：

区分科学和伪科学的首要特征是重复性：同样的现象可以通过独立的调查再次获得，对此做出的解释也可通过实验进行再次验证。第二个特征是简要性：科学家们试图将信息抽象成既简单又美观的形式（即高雅的结合），同时通过最少的努力产生最多的信息。第三个特征是可测定性：如果可以通过普遍适用的标准得到正确的测量结果，对其进行的概括就是明确的。第四个特征是启发性：最好的科学能够激发新的发现，这种发现往往指向不可预测的新方向；新知识提供新的检验方法，在对原有原则重新检验的基础上得出新发现。第五也是最后一个特征是契合性：对于各个现象的解释可以既相互联系又相互证明，这样的解释才能存在下去（Wilson，1998）。

退一步来讲，由于我们的目的是有限的，虽然科学界对威尔逊社会生物学关于契合的含义有很大争议（Naess，1998），但其概念完全可以应用

---

❶ 我思故我在。

于案件调查中对事实的调查和分析。事实上，刑事调查的目的就是提供一个与所有已知事实和假设相一致的重建体系。此外，在犯罪体系的重建中也要坚持：最简单的解释往往是最好的解释。❶❷

最后，对科学最灵活的定义可能是：科学将为法庭科学提供更为强大的框架。虽然我们更注重自然科学，但我们将要提出的观点可能会应用于其他学术分支，以便于对知识进行系统化概括并生成可验证的根本规律和原则。

四、法庭科学和刑事侦查学

到目前为止，我们已经解释了我们对"法庭科学"中"法庭"部分和"科学"部分的理解。但是，我们得到了什么？比我们更加聪明的人已经开始处理这一语义学问题了。刑事侦查学（criminalistics）一词来自德语"Kriminalistic"，可能在 19 世纪后期由 Hans Gross 引用，以更好地表述"警察学"这一概念。刑事侦查学在英语中的发音比法庭科学更长、更难。这可能会导致人们难以将其与刑事学区分开来。刑事学是关于犯罪心理学、犯罪社会学、罪犯和司法体系的总称。或许是由于其难以处理并十分深奥，刑事侦查学这一概念通常在刑事技术实验室使用。在美国，刑事技术实验室（公立或私人）的工作是为刑事案件检验物证并得出结果；私人实验室将其服务延伸到民事法律领域。❸ 在刑事技术实验室分析证据的人可被称为分析人员、法庭科学专家或刑事专家。

对刑事侦查学这一概念的定义在其产生之初就开始了，并不断扩大到包括一般的哲学和认知框架。用法庭的思维方式对刑事侦查学进行定义涵盖了本书的中心主题。虽然我们讨论过许多具体的例子和实际应用，在认知框架内可以对它们用一个共同的根源进行描述。我们不以提出这种方法居功，这种方法也在不断地演变。然而，几乎没有人在文献中曾以有组织的方式去定义刑事侦查学范例。事实上，刑事学专家往往进行独立的思考，有时会出现错误。这已经阻碍了该领域观点的融合。既然刑事专家的个人自主权必须得以保留，制定一个共同的平台来协助每个探员进行调查是十分必要的。

词典中关于刑事专家和刑事侦查学（韦伯斯特词典，1996）的定义对我们的理解帮助不大，事实上，二者的定义是不一致的，这也反映出本领

---

❶　14 世纪，英国僧侣、哲学家奥卡姆·威廉认为，对于一个现象的最好解释通常是最简单的、假设最少的。这一原则被称为奥卡姆原理，它推翻了中世纪托勒密关于太阳系的学说（Horgan，1996）。

❷　另一方面，我们都有过这样的经历，即真相比小说更加离奇，特别是在刑事案件中。

❸　欧洲是刑事侦查学这一词语起源的地方，在那里实验室工作有很少的限制。

域在这一问题上的混乱。韦伯斯特词典的定义如下：

刑事专家（名词）：1. 刑事侦查学的专家；2. 研究或实践刑事学的人；刑事学家；3. 刑法专家。

刑事侦查学（名词）：1. 刑事任务中对物证的科学研究和评价；2. 侦查犯罪和逮捕罪犯的科学。

刑法专家根本不是刑事专家，而是刑事诉讼律师（双关语），而且我们之前已经讨论过，刑事学是对犯罪行为心理和社会方面的研究。虽然"侦查犯罪的科学"是准确的，但是"逮捕罪犯"却超出了科学家的范畴。刑事侦查学的第一个定义，"刑事任务中对物证的科学研究和评价"，是这版韦氏字典里新增的，实际上是准确的框架性描述。

Van Heerden 在他的《刑事侦查学》（1982）一书中，用一种新的方法介绍了法庭科学和刑事侦查学的关系。他指出，法庭专家只是一门学科的专家（例如，化学或药学），他可以不以刑事专家的身份进行有限的物证检验。虽然我们反对刑事侦查范围外的任何人不应该检验证据，但 Van Heerden 将刑事侦查学定义为"综合多种物证分析"，为我们接下来的研究提供了有益的起点。他与 Cellaldi（1974）都认为，"由于其多学科的、综合的和协调的特征，刑事侦查学不是一个单独的❶学科……"，它依赖于方法和技术的基础科学，并取决于这些科学的先进程度。Van Heerden 引用塞加尔迪说法，刑事侦查学是"一种思维的技术；是收集事实的艺术；换句话说，是基于科学获得事实，解决犯罪问题的系统化的科学方法。"他进一步引用了 Jones 和 Gabard（1959）的说法，"从这个意义上讲，刑事侦查学等同于科学犯罪调查；换句话说，是运用科学和科学设备分析、比较和鉴别法律问题相关的事物和现象"，引用 Williams（1967）的说法，"努力揭示犯罪活动的全部真相"。

加州刑事专家协会（CAC）将刑事侦查学定义为：

与科学分析和检验物证相关的职业，其分析和表述会在法庭中应用。它涉及物证科学原理、技术和方法的应用，能客观地判断事实，对案件有十分重要的作用。

美国法医科学研究院（AAFS）对刑事侦查学定义的方式略有不同：

分析、比较、鉴别和解释物证。刑事专家的主要目的是客观地运用物理学和自然科学的技术来检验物证，从而证明存在犯罪或发现线索。

对于刑事侦查学这一专业的具体定义仍然是形式上的、难以描述的。

---

❶ 在这种情况下，我们理解的"单独的"是指"自主的"。

在很大程度上，这源于我们认为刑事侦查学与司法系统的关系就好像夹在狗毛发中的跳蚤。按照刑事法律系统改革的需求和期望，我们的重点也相应转移。局限的定义既不恰当，也不可行。

五、物证：从艺术到科学

任何行为发挥到极致时都是一门艺术。从根本上讲，音乐天赋与解决数学证明题的天赋没有不同（Hofstadter，1979）。两者都需要高于理性的跳跃以及完成跳跃的勇气和信心。科学突破都以许多微小的进步为基石，但最终的解决方案往往来自于无法用先前的数据解释的直觉。❶ 我们并非暗示法庭分析是一种天才行为，而是要说艺术和科学之间的界限并非像我们通常理解的那样明显。法庭科学的本质就是艺术和直觉的方法。可运用的事实条件非常少，分析结果也不是教科书，人类的本性促使我们填补空白。然而，对这种倾向的认知以及程序严格的审查机构，是我们本性倾向的有力筹码。

虽然我们必须保持科学的客观性，但无论感兴趣的事物是两个指纹还是两道光谱，在证据和参考样本之间的对比都具有主观性。其实不应该是这样的。然而，毕竟从同一来源获得的两个物体也是两个单独的物体，它们在时空中经历了不同的路径。法庭科学专家面临的问题并非外行所想的"这两个物品是否相同"，而是"我们能否排除这两个物体同源的可能性"。即使是最精密的仪器也无法克服样品本身的缺陷；分析人员必须依靠自己经受的教育、培训和经验来确定证据和参考样本之间的细微不同，并判断这些不同是明显的还是可以解释的。

值得强调的一点是，包括（或至少应该包括）视觉比对在内的任何法庭分支学科的培训，其中一些是同一来源的，一些是不同来源的（Murdock 和 Biasotti，1997）。我们要正视检测的过程——当样本是同一来源时就积聚经验，当样本是不同来源时就积累知识——以培养怀疑的、警惕的、自信的检验员。

由于对比过程具有专业性，并且需要经受训练和经历失误，它并不总有意识性。在知识系统化的过程中，一部分的努力来自于解释特定分析类型的指导方针。这不仅能通过促使分析人员有意识地明确比较过程来激发一致性，也可以让本领域的其他同事了解得出结论所依据的指导方针。对公认的、基本规则的解释、组织和传播为同行和独立的检验人员提供了通用的检验标准。然而，不论指导方针如何明确、合理，不论其被应用得如

---

❶ 在对 John Horgan 的《科学的终结》进行采访时，Karl Popper 尔认为：科学理论就是发明，是一种与艺术一样深奥、神秘的创造活动（Horgan，1996）。

何认真，两位能力相当的科学家仍会对结果持不同意见。这就是科学的本质。一个人可以用世界上所有的指导原则给电脑设计程序，但仍需要指定一个人将指导方针输入电脑。使用不同指导方针的两台电脑可能得出不同的结论。

在这一方面我们要力求标准化。标准化是答案吗？在一定程度上是。标准化可以让科学家在共同的立场上展开讨论，了解对方的数据并共享成果。然而，在分析过程中为使分析人员关注某一方面的细节，或为设立一套不可改变的分析规则，就会产生分析不当或错误理解证据的可能性，这种情况在制定指导方针时可能无法预见。法庭证据是不可预测的。思维很重要。

需要注意的一点是，某些类别（甚至是物证）的物不符合传统意义上或通常所理解的科学的定义，尤其是定量数据（Houck，1999）。从某种程度上说，这是由于历史上法庭在接受这些类型的分析时（包括分析指导和频率统计预测）对严格的科学基础没有要求。尤其是我们更倾向于非实验室分析检验，但这"仅指"视觉比较。

这些检验包括物理特性吻合度的比对，毛发、纤维以及痕迹证据和压印证据的显微镜比对。分析人员很少会被问及包含普通人信息的指纹数据库（Cole，1998；1999），或检材与样本子弹在显微镜下观察条纹匹配的概率，以确定二者来自同一把手枪。一些人认为，每种证据类型所固有的差异决定了不存在适用于所有物证的模式（Houck，1999）。

科学证据法律可采性标准的不断变化，促使了所有模式检验和筛查的提升，其中一些在 20 世纪已被完全接受（Cole，1998；1999）。尽管人们希望 DNA 分析人员（尽管最近联邦调查局做出声明）能对相关人群提供基因层面上概率分析，痕迹或枪支分析人员只是提供意见表明检材和参考样本之间的关联是独一无二的。有人建议，证据比对必须在所需技能或专家意见的范围内进行。因此，检验人员在提供专家意见时无需提供数字统计或系统科学论据（Ashbaugh，1996；Murdock 和 Biasotti，1997）。最近，法院对于科学证据受理和认定（Daubert，1993；Kumho，1999）的标准已经在法庭科学界引起了重新讨论。

当然，定义鞋印或玻璃破碎比对要比定义 DNA 或固体剂量药物分析困难得多。这也是由证据的属性决定的。鞋的穿戴和玻璃碎片的形式是随机的、复杂的，这比较为简单和有限的频谱图案或自动摄影图案需要更为专业的人员，或至少经验更多的人员来检验。当然，刑事专家对于是否需要通过要求那些曾经依赖经验和专业素质的学科发挥其科学性来确立检验的目的性进行过讨论（Ashbaugh，1996；Murdock 和 Biasotti，1997）。作为当今法医界领头人物之一的 John Thornton 在 1997 年的一篇社论中写道，"虽然通过掌握统计模型来分析证据可能像一队缓慢的、勉强的行军通过敌方领土，但我们必须开始筹划这场战役"（Thornton，1997）。我们认为至少在物证方面，为分析人员提供统计数据支持是我们要完成的一个目标。不同的证据有不同的形式；在后续工作完成前，特定的形式可能只局限于特定的证据，而且由于本身性质的限制，一些形式不适用于特定的证据。然而，我们仍然认为这是客观的，需要积极完成。此项讨论仍是法庭科学界十分激烈和热门的讨论之一。

第二节　法庭科学与法律

尽管法庭科学的定义一直都在被讨论着，法庭科学与法律的关系却十分明确。没有司法体系，刑事专家也会丧失立足之地。分析人员的任务是为法律界提供科学信息，并且用证据来讲述案件事实。科学分析只有在一方向法庭请求提供科学证据时才能进行。申请人可以是侦查人员或检察官，也可以是委托辩护律师的被告。送去进行法庭分析的证据是与案件重建相关的。

我们必须在科学和法律的反对观点被解决前对其加以了解。虽然我们要培养科学家客观地对待怀疑论，并提出相应的替代解释，但美国的法律体系是围绕辩护体系建立起来的。检控方要尽可能地对其认为正确的案件进行辩论，辩护律师要尽力为其被代理人辩护并有选择性地强调最能支持其立场的论据。对立的目标很难使科学和法律达成统一，各方只为了自己的职责。每个案件都会再现这种冲突。

问题是什么

如果你不提出正确的问题，不论你分析得多好都不会得到正确的答案。这一格言可以描述生活中的大多数情况，当运用于案件侦查时，其结果就会变得更加清楚。正确地提出问题将会是贯穿本书的主题。

1. 将法律问题转化为科学问题

在刑事专家拿起放大镜、吸管，或化学试剂之前，他必须有一个明确的想法；确立一个科学能够回答的问题。这个问题由每个案件的情况决定，需要分析人员的经验、教育和知识。关键是要了解这个问题直接依赖于由侦查人员或律师提出的法律问题。在刑事活动中，这些都来自于法律对于犯罪的定义，并在某些案件中来自于犯罪现场周围的环境。为保证法律程序的进行，事实上，法律确立犯罪必须通过对"corpus delecti"（意为"犯罪的主体"）进行定义。法律定义中犯罪的所有元素都必须明确地表示出来。

在这种情况下，唯一有关的问题就是法律问题。法庭科学专家要把相关的法律问题转化为科学问题。如果不这样，法庭科学就不能发挥作用。

刑事专家协助法律实施和法律领域的方式之一就是正确地将一个法律问题（O. J. Simpson 谋杀了 Ron Goldman 和 Nicole Brown Simpson 吗？）转化为科学能够回答的问题（现场血迹的遗传类型）。科学问题的答案将有助于回答法律问题。相反，对呈堂物证最有效的反驳就是能够说明问题是错误的。例如，在犯罪嫌疑人的鞋里发现犯罪嫌疑人的血与他是否攻击受害者无关。同样，如果犯罪嫌疑人和被害人都穿着由罕见的纤维制成的制服，那么在枪上发现罕见的纤维就变得毫无意义。在刑事技术实验室对物证进行分析只适合回答是谁做的、做了什么、在哪里做的以及如何做的；它不适合回答什么时候做的，更几乎无法回答为什么做。由于检测的形式和方法完全取决于最初的假设，必须在调查之初而非在证人席上就对其形成框架。

要注意的一点是，在法律问题被转换为科学问题的那一刻，有罪或无罪的成分就会有所丢失。法庭科学首先要在证据和证据来源之间建立联系（或消除联系），接下来要在与证据相关联的事物之间建立联系。换句话说，我们根据对立的假设考虑证据的可采性，往往要考虑检控方的指控和辩护方的主张。有罪或无罪是法律体系所考虑的内容，由法官或陪审团决定。

分析和解释的重点要受案件环境和刑事司法体系的影响。这就是"视情况而定"是对任何刑事侦查学问题最常见、最有用的回答的原因。性侵犯案件的分析就很好地说明了这一点。性侵犯（尤其是强奸案）区别于其他犯罪的一点在于其不能仅仅通过观察就做出发生过犯罪的明确判断。我们都知道如果我们回家时窗户被撬开，音响不见了，那么这里发生了盗窃案。这对于其他观察者来说也是显而易见的。但是我们很难看着一个女人或男人就判断他或她遭到强奸。可以将强奸罪定义为通过使恐吓或武力手段完成性交的行为。

科学可以通过检验精子来证明有强奸罪要素（性交）存在。当然，这里不涉及恐吓或武力。科学发现的意义可能会随着案件情况而变化。

科学已率先在民事法律领域应用，社会的发展中稳定的经济能为选举活动的顺利进行服务。民事诉讼大多涉及金钱；为金钱辩论，人们必须同时拥有时间和方法。许多民事诉讼领域，如医疗事故、金钱欺诈以及工程欺诈，都在本书的范围之外。在刑事侦查和民事调查的共同领域，虽然法律标准明显不同，由此会产生的问题也不同，但是科学分析仍然是相同的。

2. 物证与间接证据

在我们进行讨论之前，有必要对间接证据和物证的概念进行回顾。大多数物证都是间接证据——也就是说，需要做进一步的推论或假设。物证普遍性的例外包括物质的存在形式是违法的，如非法毒品。间接证据不一定是物证，虽然其中的绝大部分是物证。间接证据一词带有不可信的意思，但目击者证明往往被视为定论。没有什么比真相更远。事实上，许多研究表明目击者证明是非常不可靠的（Loftus，1996）。

请考虑以下情形。你在阿拉斯加树林深处的一间小木屋里露营。正值寒冬时节，积雪有几英尺深。你在午夜听到一个声音并去窗口看发生了什么。新月当空，漆黑一片。你看到一个快速移动的阴影，似乎与雪融为一体。它是一只北极熊吗？还是一个身着白色衣服的窃贼？你真的不能肯定。早晨，你冒险走出屋子——雪靴的痕迹很清楚。你可以确信前晚的访客是一个人，而不是熊。接下来你也注意到挂在工具房门上的锁被打开了，对里面进行检查发现少了一些工具。哪个证据更有说服力的——你的午夜窥视（目击者证明），还是与盗窃相结合的雪中痕迹（间接证据）？更重要的是，哪项证据对当地警方更有说服力——你对黑夜模糊的描述，还是对雪地上痕迹的描述。即使你非常清楚地看到了窃贼，这也只是你对他的描述；痕迹证据是毋庸置疑的。（犯罪嫌疑人雪靴与痕迹的匹配是另一个问题）。对"证据只是间接的"的断言就到此为止。

第三节　总　　结

在写这本书时，我们认为应将主题从逻辑上分为三个部分。第一部分，法庭科学的背景和历史，我们介绍了贯穿本书的定义和概念。我们也回顾了法庭科学的演变是如何帮助我们理解今天所面临的问题的。第二部分，法庭科学的原则，我们介绍了对于法庭科学思考的统一范式。包括范例里的一个新原则——可分割的事物，我们提出的观点对于引出著名的转换原则是十分必要的，这项著名的原则要归功于伟大的法庭科学专家Edmund Locard（Locard，1920）。我们还用很长的篇幅讨论了法庭基本原则：识别、分类、个性化、关联性和案件重建。第三部分，法庭科学实践，我们提出了当今刑事专家面临的一些实际问题。我们始于将事物用作证据，分析和解释指导原则，在最后对道德和责任进行讨论。我们希望您有兴趣继续读下去。

参考文献

[1] Ashbaugh, D. R. , Quantitative-Qualitative Friction Ridge Analysis: An Introduction to Basic and Advanced Ridgeology, CRC Press, Boca Raton, FL, 2000.

[2] Bacon, F. , The Great Instauration. Originally published 1620, The Great Instauration and the New Atlantis, Weinberger, J. , Ed. AMH Publishing Co. , Arlington Heights, IL, 1980.

[3] Ceccaldi, P. F. , From crime to evidence, Int. Police J. , 1974.

[4] Cole, S. , Witnessing identification: latent fingerprinting evidence and expert knowl - edge, Soc. Stud. Sci. , 28 (5 - 6), 687, 1998.

[5] Cole, S. , What counts for identity? The historical origins of the methodology of latent fingerprint identification, Sci. Context, 12 (1), 139, 1999.

[6] Daubert v. Merrill Dow Pharmaceuticals, 509 U. S. , 1993.

[7] Decartes, R. Discourse on Method, 1637.

[8] Doyle, A. C. , The Adventures of Sherlock Holmes: A Scandal in Bohemia, The Strand Magazine, 1891.

[9] Evett, I. , What is the probability that this blood came from that person? A meaningful question? J. Forensic. Sci. Soc. , 23, 35, 1983.

[10] Fisher, R. A. , The Design of Experiments, Oliver and Boyd, London, 1949.

[11] Hofstadter, D. R. , G del, Escher, Bach: An Eternal Golden Braid, Basic Books, New York, 1979.

[12] Horgan, J. , The End of Science, Addison - Wesley, New York, 1996. Introduction 19.

[13] Houck, M. , Statistics and Trace Evidence: The Tyranny of Numbers, Forensic Science Communications, Federal Bureau of Investigation, Virginia 1 (3), 1999, available at http: //www. fbi. gov/programs/lab/fsc/current/houck. htm.

[14] Jones, L. V. and Gabard, C. , Scientific Investigation and Physical Evidence; Handbook for Investigators, Charles C Thomas, Springfield, MA, 1959.

[15] Kumho Tire Co. , Ltd. , et al. v. Carmichael. 97 - 1709 U. S. , 1999.

[16] Locard, E. , L' enquete Criminelle et Les Methodes Scientifique, Ernest Flammarion, Paris, 1920.

[17] Loftus, E. F. , Eyewitness Testimony, Harvard University Press, Cambridge, MA, 1996.

[18] Maddock, J. , No evidence for cold fusion neutrons, Nature, 340, 1989.

[19] Murdock, J. E. and Biasotti, A. A. , The scientific basis of firearms and toolmark identification, in Firearms and Toolmark Identification, in Modern Scientific Evidence, Faigman, D. L. , et al. , Eds. , West Law, San Francisco, 1997.

[20] Naess, A. , Book review, New Scientist, August, 1998.

[21] Neyman, J. and Pearson, E. S. On the use and interpretation of certain test criteria for purposes of statistical inference, Part I and II, Biometrika, 20, 174 - 240, 2630294, 1928.

[22] Popper, K. R. , Conjectures and Refutations: The Growth of Scientific Knowledge, Basic Books, New York, 1962.

[23] Stark, P. B. , SticiGui Glossar y of Statistical Terms, 2000, available at http: //www. stat. berkeley. edu/ ~ stark/SticiGui/Text/gloss. htm#n.

[24] Taroni, F. , Champod, C. , and Margot, P. , Forerunners of Bayesianism in early forensic science, Jurimetrics J. , 38, 183 – 200, 1998.

[25] Thornton, J. , The DNA statistical paradigm vs. everything else, correspondence, J. Forensic Sci. , 42 (4), 758, 1997.

[26] Van Heerden, T. J. , Criminalistics, University of South Africa, Muakleneuk, Pretoria, 1982.

[27] Webster's Encyclopedic Unabridged Dictionary of the English Language, Gramercy Books, New York, 1996.

[28] Williams, E. W. , Modern Law Enforcement and Police Science. Charles C. Thomas, Springfield, MA, 1967.

[29] Wilson, E. O. , Consilience: The Unity of Knowledge, Knopf, New York, 1998.

图 2.1 Paul Kirk 博士

注：Paul Kirk 博士用他的发明搜索、搜集证据。科克博士率先在刑事侦查学领域使用先进的技术和观念。他提出，"使我们发现的证据个性化"是刑事侦查学坚守的原则（班克罗夫特图书馆，加州大学伯克利分校）。

第二章　法庭科学的演变

这是一个黑暗的暴风夜，大雨如注——除了偶尔的间歇，一阵狂风席卷街头（地点是伦敦），房顶格格地响，猛烈地煽动着微弱的灯光，与黑暗抗争。

Edward George Earl Bulwer - Lytton
——Paul Clifford，1830 年

在进行任何行动之前，学习过去的经验教训能让人们只犯新的错误，避免重复旧的错误。作者至今仍无法搞清为何法庭科学实践总是一遍遍地重复相同的错误。本章将确立法庭科学的根基，追溯法庭科学的历史，重点强调概念和实践的演变。我们希望对过去的简单反思能为法庭科学今后的发展提供指导。请参阅附录 A 法庭科学大事年表。

第一节　文学开端

法庭科学的概念透露着神秘和阴谋。它也许是所有学科中了解最少的和误解最多的一门学科。由于猜测可以迅速填补信息空白，谣言和八卦是当时公众评价法庭科学的素材。当然，历史上法庭实践者已证明：只有少数有天赋的人通过专业的工作才能根据有限的证据进行案件重建。即使那些方法经得起科学推敲的人，也不能抗拒名人对解决疑难犯罪问题的追捧。由于法律专业人员很难将真正的专家和江湖骗子区分开，社会上出现了很多自我任命的专家，他们的动机是贪婪和恶行。

然而，即使是最具有科学倾向和专业导向性的法庭科学实践者也总是高估自己的能力，认为其总能从有限的数据中得出重要结论。在某种程度上，这可能是由刑事侦查的文学起源造成的。在这些故事中，虚构的侦探能从一些小线索中重现整个事件。Voltaire 创作于 1747 年的一篇鲜为人知的作品《查第格》就是这样一个例子。标题为《狗和马》一章中的故事发生在古巴比伦（Voltaire，1748）。

查第格在一个小树林附近散步，迎面碰见了王后的太监和国王的猎人。他们焦急地询问查第格是否见到王后的狗和皇帝的马。查第格边摇头

边问，那条狗是否是一只母狗，有点瘸脚，耳朵很长，不久才生过小狗；那匹马是否是一匹蹄子很小的马，身长约五英尺和尾巴三英尺半长。虽然查第格极力否认，但太监和猎人可以确信查第格偷了国王的马和王后的狗，否则他怎么知道得这么详细。查第格被抓了起来并被宣判有罪，处以鞭笞，流放西伯利亚。

但是，当找到狗和马时，判决被撤销了。查第格对自己没有见过的事物进行陈述这一行为被处以重罚，并允许查第格对案件进行辩护：

"……我发现沙地上有动物的足迹，一看便知是狗的脚印。脚印中央的小沙堆上，轻轻地印着一些长的条纹；我知道那是一只乳房下垂的母狗，应该是几天前才生过小狗。在另外一个方向还有些痕迹，好像有什么东西老是在两只前脚旁边掠过，这就提醒我那狗的耳朵很长。我又注意到沙土上有一个脚印没有其余的三个深，这应该是王后的宝犬，恕我大胆说一句，狗有点儿瘸。"

"至于国王陛下的御马，请各位大人听禀：我在林中散步，发现路上有等距的马蹄痕迹……在笔直的路上只有七英尺宽，两旁树木的灰尘在离路中心三英尺半的范围内都被刷掉了。我就说：这匹马的尾巴长三英尺半，在左右摆动的时候刷掉了树上的灰土。两边树木交接成拱形，离地五英尺。我发现有新掉的树叶，推测应该是马碰下来的，所以马应该身长五英尺。至于马嚼子，一定是用二十三克拉的黄金打造的，因为马蹭过石头上的苔藓，那块石头是试金石。最后我根据马蹄在另一块小石子上留的痕迹确定马掌是用成色十一钱的银子打造的。"

查第格的推理能力给法庭留下了深刻印象，他迅速被宣判无罪，并返还了黄金。

在科学活动中，先进的事物通常在变成现实之前先出现在小说中。法庭科学也是如此，这方面的影响在现代法庭科学发展的文献中也不能忽视。转移理论之父 Edmund Locard，给予了作家柯南·道尔极大的好评，柯南·道尔是虚构侦探小说《夏洛克·福尔摩斯》的作者，Locard 称他为真正的现代法医学开创者。在 1930 年发表于《美国警察科学杂志》的《粉尘痕迹分析》（由三部分组成的系列文章）一文中，Locard 写道：

我认为不论是职业警察还是预审法官，都不能把阅读道尔的小说当作是浪费时间。例如，在《福尔摩斯历险记》中，侦探反复询问泥点的来源，这只不过是潮湿的灰尘。福尔摩斯能根据鞋上或裤子上的一个泥点判断出访客来自伦敦的哪个地区，或者他走过郊区的哪条道路。黏土和白粉来自于霍舍姆；特殊的红土只能在威格莫尔街邮局入口处找到。然而，任何人都不能保证天才福尔摩斯一定能仅凭观察这些污点而得出无误的结论。但即使是这样的观察也可能会产生重要的结果，人们可以从这个角度重新阅读这些故事：《血字研究》，《五个桔核》和《四签名》。福尔摩斯喜欢并热衷于收集烟灰，他说他已经"写了一本小的专著，涉及一百四十多个品种的烟灰"（《博斯科姆比溪谷秘案》）。关于后一点可以再读一遍《四签名》和《住院的病人》（Locard，1930）。

值得指出的一点是，由柯南·道尔撰写的其他几篇参考资料对物证的研究也有十分重要的意义。在《血字的研究》中，福尔摩斯设计了一种特殊的血液测试方法，是对当时使用的树脂测验法的改进。他还提出了几种用于法医血液测试的实用方法。

"我成功了！我成功了！"，他向我的同伴大喊，手拿一根试管向我们跑来。"我又发现了一种试剂，是从'血红素'中沉淀而得到的，不是别的物质。"……"告诉我，为什么它才是多年来最实用的法医发现。难道你看不到，它为我们提供了一种可靠的血迹测试吗？"……"太棒了！真是太棒了！古老的树脂测验法既不灵敏也不准确。就算用显微镜进行血细胞检测也是如此。"[1] 只要血迹经过几个小时的风干，显微镜检验就没有价值了。现在有了这个新发明，干血和湿血都可以用来检测了（Doyle，1887）。

在《硬纸壳盒子历险记》中，他把我们的注意力转向人类的耳朵（图2.2）。我们在这里也能找到文学作品中从耳朵形状推断出亲属关系的例子。

"华生，作为医生你应该知道人体上没有任何部分能都像耳朵那样千差万别。每个人的耳朵都与其他人的不同。在去年的《人类学杂志》上有两篇我写的这方面的小专著。作为专家，我在证人席上检查了许多耳朵，并发现了这些耳朵在解剖学上的特点。当我注视库辛小姐时，我惊奇地发现她的耳朵同我刚检查过的那个女人的耳朵极为相似。"……"我马上意识到这一发现的重要性。很明显受害者是亲属，而且很有可能是近亲"（Doyle，1893）。

即便在今天，一个年轻人因为阅读了《夏洛克·福尔摩斯》而选择从事法庭科学行业也是很正常的。事实上，烟斗和猎鹿帽已经迅速成为刑事专家崛起的一代中侦探的代名词。然而，当作为文学角色的夏洛特·福尔摩斯转变为现实角色时，自负的态度往往成为大众追捧的倾向，而谦逊和谨慎才是探求真理的伴侣。

---

[1] 请参考 19 世纪初 Orfila 的作品。

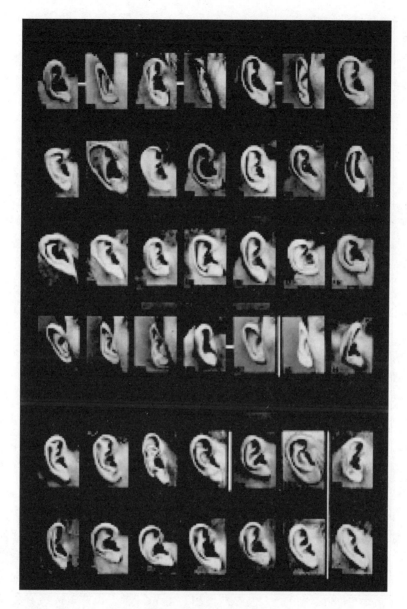

图 2.2 Locard 的耳朵

注：人类的耳朵有不同的形状，Edmund Locard 收集了许多人耳朵的照片来证明每一只都是独一无二的。

虽然这种观点没有得到法庭科学界的普遍认可，但 Edgar Allan Poe 被誉为侦探小说创始人。在一个奇怪的转折中，Doyle 承认 Poe 的 C. 奥古斯特·杜邦为福尔摩斯这一人物形象的创造带来了灵感（《血字研究》），但却以福尔摩斯风格嘲笑他更为低等。

"当你解释的时候会发现它非常简单，"我面带微笑地说。"你让我想起 Edgar Allan Poe 所写的杜邦。我不知道这样的人在现实生活中是否真的存在。"……福尔摩斯起身点燃了烟斗。"很明显你在称赞我，并拿我与杜邦比较，"他边看边说，"现在在我看来，杜邦是一个低级的家伙。他在一刻钟的沉默后打断朋友思路的这种把戏，实际上是在炫耀，是肤浅的。不错，他是有些分析天赋，但他绝不是 Allen Poe 所设想的非凡人物。"

通过福尔摩斯这个人物，道尔继续嘲笑福尔摩斯的前辈。

"你阅读过加博里欧的作品吗？"我问。"在你眼中 Lecoq 是侦探吗？"……福尔摩斯不以为然嘲讽地说。"Lecoq 是个笨手笨脚的家伙。"他愤怒地说；"他只有一个优点，那就是他的精力。那本书简直要让我生病了。我二十四个小时就能读完它，Lecoq 用了差不多半年。可以让它成为指导侦探应该避免什么教科书。"

事实上，在 Poe 的故事里，在侦探出场之前，我们能找到几个关于法庭科学概念的预示，道尔也用其渲染自己的故事。Poe 在 Alphonse Bertillon、Edmund Locard 以及其他法庭科学巨匠的家乡法国创作 Dupin 这一角色绝不是偶然。Poe 也嘲笑 Eugène François Vidocq，他是巴黎的一位改革自新的犯人，曾于 1810 年成立首家侦查部门。

他们不是总能取得惊喜的结果，但是他们很勤奋并能付诸行动。如果没有高质量的行动，往往导致计划失败。例如，Vidocq 是一个很棒的推测者和富有毅力的人。但是由于没有经受过教育，他在调查中接连犯错。近距离的观察物体损害了他的视力。也许他能看到一两个不寻常的地方，但视力的损伤使他什么都看不清了（Poe, 1841）。

Poe 的《莫格街杀人事件》一文可以为我们正确地提出问题提供依据，"不应该问'发生了什么'，而是应该问'发生了之前没有发生过的事吗？'"我们还发现，Dupin 的"所有不可能的表象必须要在现实中被证明是不可能的"，正是 Holmesian 著名论断"除去不可能的事，无论剩下什么，无论看似多么不可能，也都是真相"的先行者。也许 Poe 最有先见之明之处就是提出用统计学来分析法庭数据。

总体说来，巧合是对概率论一无所知的思考者的绊脚石——该理论展示了人类最伟大的探索。（Poe, 1841）

人们不得不注意《失窃的信》中飘着烟的烟斗（Poe, 1845）。

虽然马克·吐温（又名 Samuel Clemens）不以侦探故事著称，但其却为警察科学的发展——个性化应用指纹做出了贡献。在写于 1894 年的《傻瓜威尔逊》中，一位律师有收集指纹的爱好，他通过证明刀上的血印不是孪生兄弟的而使其免于刑罚。马克·吐温的描述明确表明他曾仔细研究过指纹的原理和功能。至少有资料表明马克·吐温在 1892 年有一本 Francis Galton 所写的《指纹》，并决定将指纹特征写进不断发展的故事情节中（Railton，1998）。马克·吐温在故事中熟练地应用指纹知识的时间要至少早于其被广泛使用和普遍接受的时间几年。

当时，他处理人们指纹的时候经常不署名。在他的上衣口袋里有一个带有凹槽的浅盒子，凹槽里装着 5 英寸长、3 英寸宽的玻璃条，玻璃条的边缘贴着白纸。他让人们用手先摸一下头发（这样就能收集到他们的天然油薄涂层），然后用拇指在玻璃条上做记号，紧接用每个手指肚依次在玻璃条上做记号……有时，他在纸上复制手指肚留下的复杂形状，然后用放大尺扩大，这样就可以轻松地检查指纹线了。

……每个人都有自己特定的物理标志，这些标志从摇篮到坟墓都不会改变，而且可以通过这些标志进行个体识别——没有顾虑或问题的识别。这些标志是他的签名，他的生理签名，可以说是他的无法被伪造的签名，他也不能掩饰或隐藏这种签名，这种签名也不会因为时间的流逝和变化而难以辨认。这种签名不是他的脸——年龄可以使脸无法辨认；不是他的头发，因为头发会掉光；不是他的身高，身高可以有很多个记录；不是他的体型，体型也可以有很多个记录。这种签名是每个人独有的——全世界任何一个人都不可能有相同的第二份。双胞胎之间的形式也不相同……世界上所有的双胞胎从出生到死亡都有这样一个神奇奇妙的标示符。

有趣的是，与提到的另两位作家不同，马克·吐温的故事严格按照当时科技的发展水平对指纹技术加以应用。Clemens 用指纹进一步推进了《密西西比河上的生活》的情节发展，故事用拇指纹来鉴别杀人犯（Thorwald，1964）。

正如我们将在下面的章节中讲的那样，即使是我们最崇敬的法庭科学先驱也会屈服于偶尔的不合理解释。在现阶段由显微技术来处理不断增加的观察需求的情况下，目前的趋势是要摒弃直觉。在某些情况下，这导致了反方向的过度反应，技术专家退到实验室的角落里对某件证据提供独立的分析。我们认为，要克服这两个极端就必须对证据的解释加以适当的限制，并将证据放在整个案件中进行分析。

第二节 实践的演变

正如许多应用科学一样，法庭科学实践的发展没有受到诸如基本原则或普遍概念之类条框的限制。鉴于演变是有顺序的，我们将介绍这一专业在过去两百年中的发展，下一部分将介绍基本原则的切入点。

一、物证

1. 生物证据——是谁做的

由于手指的摩擦嵴图案（指纹）易于进行视觉检查，它是人们掌握的第一项用于人体识别的物理特征。早在原始人时期，人们就发现了指纹固有的复杂形式，这点在史前的绘画和石刻（Ashbaugh，1996）中得到了证实。在古巴比伦以及后来的中国，用指纹作为识别方式能很清晰地在考古遗迹的泥板上和利益双方签订的法律文书（Morland，1950）中体现出来。虽然许多科学家——其中包括 17 世纪科学家 Marcello Malpighi 和 19 世纪初期科学家 John Purkinji——不断强调指纹的特性，但直到 19 世纪后期，人们才对指纹个体化和其在刑事侦查方面的作用有了全面的了解（Morland，1950；Thorwald，1964；Moore，1999）。

然而，人们还是在人体测量学中接受指纹的。虽然指纹看起来具有明显的先天性，我们通过指纹的外观和比例进行个体化，但 Alphonse Bertillon 为这项实践活动创立了一个科学分支（Thorwald，1964）。比利时统计学家 Adolphe Quetelet 以社会科学的统计革新著称，基于他的工作，Bertillon 开发了一项人体测量系统。如果用高精准度运行该系统，就可以得到每个个体的独有数据。虽然这在最初受到了质疑，但最终他还是将发明运用于法国警察部队。1883 年，他被指定用 3 个月的时间来证明这项新发明的作用。Bertillon 成功地指认了一名惯犯，他的系统得以推广，并将在监犯的个人信息编译成数据库。人体测量学或 Bertillon 人身测定法被公认为最先进、最伟大的破案工具，并迅速在全世界范围内推广为常用技术。

同时，在日本工作的苏格兰医生 Henry Faulds 和在印度行政参事会服役的英国军官 Willian Hershel 也在研究将指纹识别用作犯罪侦查的可信度。Hershel 从 19 世纪中叶以来一直使用指纹技术，指纹一方面可以作为文盲签名的替代品，另一方面还可以验证文件签名。他很清楚印度土著居民会把身体材料的转移当成有约束力的合同。但 Hershel 的任务是要验证用从犯罪现场提取的指纹来确定罪犯的可行性。讽刺的是，在记录指纹用于识别犯罪的首个案件中，Faulds 在确定东京盗窃案（Thorwald，1964）的涉案嫌疑人之前就排除了一位清白的犯罪嫌疑人。令 Hershel 沮丧的是，Faulds 在 1880 年的《自然》杂志上发表了详细阐明指纹性质和用途的第一篇文章。最后，是 Charles Darwin 的堂兄 Francis Galton 爵士综合了各种信息，发表了第一篇关于指纹信息统计和意义的文章（Galton，1888）。Galton 还出版了第一本综合阐述指纹性质及其刑事侦查应用的书。有趣的是在这本书中，他把在《自然》杂志上发表的那篇文章归功于 Hershel 而非 Faulds。

与所有的物证一样，指纹的说服力由其在人群中出现的频率决定。虽然 Galton 对指纹区分度理论可能性的第一个预测是以数学模型为基础的，但指纹分类系统的发展是由阿根廷警方研究员 Juan Vucetich 提齐和由担任印度监察长的英国人 Edward Henry 爵士发起的。Juan Vucetich 的系统在拉丁美洲得到应用，Henry 在乘坐到加尔各答（Thorwald，1964）的火车时在衬衫袖口上发明的系统将继续在欧洲和北美使用。标准化分类系统可以收集和储存大量指纹数据，这些数据可以组成数据库，也可以在机构间共享。虽然 Galton 之后的一些人试图运用数学模型评估指纹的罕见性，但没有一种模型在该领域被采用（Stoney 和 Thornton，1986a）。

与许多科学进步一样，指纹的使用并没有立即代替人体测量学。直到 Bertillon 离世人们才彻底转变了观点。Bertillon 在警察科学界是一位既受人尊敬又愤愤不满的人。然而，一个特殊事件的发生终于说服了怀疑论者，让他们相信指纹识别是一门实用的技术。在 1903 年，一位名叫 Will West 人被带到堪萨斯州利芬沃斯监狱，利芬沃斯监狱是美国首批将囚犯指纹数据收集到人体测量数据库的惩教机构之一。一个细心的狱警注意到该监狱已经有一个名叫 Will West 犯人，并且令人惊讶的是，他和新来的 Will West 具有同样的人体测量数据。通过实验对这两个人进行指纹比较，发现两个人的指纹是不同的。这两名男子后来被怀疑是一对同卵双胞胎（德国，1999），该事件强调了指纹识别在人体测量学中的重要作用。讽刺的是，在 Bertillon 的晚年生涯中，他是在欧洲大陆第一个使用指纹来处理犯罪的人，他同时也收集了指纹和其他人体测量数据（Thorwald，1964）。

含有摩擦嵴的身体其他部分，比如脚底、手掌的印记，就像各种人体孔道一样也具有法庭应用价值。自从指纹得到通用后，其重大进展主要表现在两个方面。一方面，开发了许多方法使潜在印记可以视觉化，如使用氰基丙烯酸酯烟和激光探测来收集任何表面上的印记；另一方面，计算机数据库的发展能够存储大量指纹数据用于查询。❶

值得指出的是，抛开可用性的因素，指纹和人体测量数据直接指向了个人。它们都在案件调查中回答了"是谁做的"这一问题。在法庭科学检测中，只有一些检测取决于对诸如血液、精液、唾液或头发等生物材料的转换和后续分析。除通过显微镜对头发进行对比（也许应归类为纤维检验）外，其他检测都需要进行实验室检测以解释后面的问题。

起初，对生物学证据的法庭检验都局限于确定"发生了什么"这一问题。在 19 世纪中叶，Ludwig Teichmann 在波兰克拉科夫进行了第一个血红

---

❶ 应当指出，计算机所做的是检索相似的形式并进行比对。

蛋白微观晶体测试用来证明存在血液。1912 年，Masao Takayama 根据另一种晶体形式也进行了类似地微观测试。时至今日，这两项测试仍在继续使用，并具有高度的敏感性和准确性。1863 年，德国科学家 Schönbein 首先使用了血液推定检测。这种检测是基于亚铁血红素能够氧化过氧化氢并使其形成泡沫的原理。大约在同一时间，荷兰科学家 Van Deen 开发了另一种血液推定检测，他使用了西印度地区一种叫通卡豆胶的灌木。然而，由于这两种检测都依赖于亚铁血红素的氧化性，因此，对于血液之外的其他物质，该检测可能产生假阳性反应。鲁米诺检测也有这一特点，它是由 Walter Specht 在 1937 年首创的。现在使用的血液推定检测也都可能会产生这种情况。在世纪之交，血清学取得了另一项重大进展。德国的 Paul Uhlenhuth 胡特教授开发了物种抗原抗体沉淀试验。现在这项试验至少能回答 "是哪一个" 或者 "是谁做的"。直到 20 世纪 60 年代，瑞士化学家 Maurice Müller 运用抗原抗体扩散试验（Thorwald，1964；1966；Gaensslen，1983）进行物种检测，该技术才正式应用于法庭科学。

对血液检测以确定 "是谁做的" 的非议首先发生于 1900 年，当时 Karl Landsteiner 首次发现了人体血型。这项进步对药学（它能确定输血过程中捐献者与受献者血液间的兼容性）来说这是一个了不起的壮举，也为他赢得了 1930 年的诺贝尔奖。作为一个相对较小的领域，ABO 血型检测第一次被用来区分谁是在现场留下生物证据的人。Landsteiner 与其他同事一起发起了血清学分型系统的基础研究，1915 年，意大利都灵法医学研究所教授 Leon Lattes 进行了第一次 ABO 血型抗体测试，从而大大发展了其用途。马克斯·里克特采用了 Landsteiner 的技术，使用干燥的染色剂，这是在法庭情境下开发和应用该技术的第一次实例。1923 年，Leon Lattes 教授的一个助手 Vittorio Siracusa 开发了对血迹进行 ABO 血型检测的吸附解离试验；1930 年，Fianz Holzer 通过改良后的吸收抑制提纯法扩大了 ABO 血型的应用，吸收抑制提纯法后来被应用于刑事侦查实验室。1958 年，Weiner 和同事又取得了一项重大进展，他们用 H-凝集素来检验 O 型血（O 型血的抗体不会自然存在，就像 A 和 B 型血之间一样）（Thorwald，1966；Gaensslen，1983）。

当然，除血液外，其他生物材料也会脱落或沉淀并与犯罪案件相联系。1839 年，H. Bayard 发布了第一个显微检测精子的可靠程序（图2.3）。1945 年，Frank Lundquist 发明了酸性磷酸酶测试，该测试在精液推定检测中得到广泛应用。1928 年，随着 Meüller 建议把唾液淀粉酶作为指示剂，人体遗留在犯罪现场最常见的液体的推定测试也得到了最终完善。包括精液蛋白 P30（前列腺特异抗原；PSA）测试在内的精液附加测试是在近期开发的（Gaensslen，1983）。

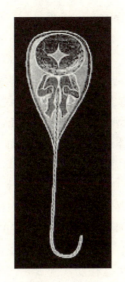

图 2.3　侏儒

注：在显微镜使用的初期，分析人员认为他们可以辨别精子状态下的胎儿，胎儿随后会从子宫发育成人。显微镜镜头产业的发展和生物学知识的进步使我们认识到生命繁殖的机制很复杂。

20 世纪上半叶，开发了许多附加标记性抗原应用于法庭领域。为确定生物样本的可能提供者，每个附加标记都能排除人群中的一大部分。随着血型系统的发展，我们意识到相同的抗原标记会在不同种类的细胞中存在，如唾液中存在口腔细胞、精液中存在精子细胞。在大多数情况下，它们在体液和分泌物中可以作为抗原被检测到。这些发现极大地扩展了生物分型系统在法庭科学领域的应用。在 20 世纪五六十年代，免疫学和生物化学的进步促进了两类血清标志物的发展，开发了检测几种同族抗原和大量同工酶的系统。然而直到下一个十年，血清学分类系统才得到巩固，这是在工作于伦敦警察厅实验室的 Brian Culliford 的领导下才实现的。由他创作的《刑事侦查实验室血迹血型检验》一书于 1971 年出版，该书对多态性蛋白类型检验和酶标记类型检验在美国和世界各地的传播发挥了重要作用。

虽然在 20 世纪的大部分时间里人类一直在对生物材料进行分类，但指纹识别仍然被认为是人类身份识别的终极手段。直到 20 世纪 80 年代中期，Alec Jeffreys 爵士对 Landsteiner 发明的"多位"限制性片段长度多态性（RFLP）测试（Jeffreys 等，1985）进行改进后，才真正改变了这一现状。在美国联邦调查局和其他机构使用期间，人们对检测进行了改进，由最开始的每次测试一个位点发展为用标准法庭测试检测十二个标记。与此同时，另一发明不仅对法医 DNA 分型进行了改革，同时也使分子生物学焕然一新。1983 年，在 Kerry Mullis 独自驾车去偏远小屋（Saiki 等，1985；Mullis 等，1986）的路上时，他产生了聚合酶链反应（PCR）的想法。这一想法首先在他任职的塞特斯（Cetus）公司得到应用，随后在 Henry Erlich 领导的人类基因组中得到了进一步的发展。由于 PCR 可以选择性地扩增基因组的任何地区，这对细小退化的法医样品来说是个不错的选择。自此之后，所有用于法医 DNA 类型识别的基因系统都将 PCR 作为初始处理步骤。

虽然通过 DNA 进行个体识别的潜力是显而易见的，但之前的系统并没有很好地实现这一潜能，尤其是对第一批以 PCR 为基础的标记。讽刺的是，Jeffreys 最原始的多位"DNA 指纹"就可以进行个体识别。今天，大多数科学家都认为 6～9 个限制性片段长度多态性位点就能有效地确定血迹与提供者之间的一一对应关系。然而，其性能的明显性引发了法庭科学技术从未面对过的审视和挑战。一旦潘多拉的盒子被打开，审视的目光会转向法庭科学的其他领域，并且在历史上第一次涉及整个行业。当鉴定资格、实验室认可、教育水平等标准和质量保证由小团体倡导发起之时，整个法庭科学界也在用同样的标准来加以规范。DNA 实验室开始引进最新的基因检测系统、短串联重复序列（STRs）以及自动化应用，使得在短短几个流程中就可以检测多组 DNA 分子标记。不久我们就意识到，鉴于指纹的推广应用大约经历了一个世纪，DNA 鉴定也会在一个多世纪后成为确定"是谁做的"的主要证据。

2. 非生物物证——做了什么、如何做的、在哪里做的

（1）文件。由于文件像指纹一样易于用视觉辨认，历史上把文件视为证据并进行分析的做法开始得相对较早。在对油墨和纸张进行化学分析前，对手写模式的对比也是十分必要的。第一篇关于系统性文件检验的论文是由法国人 François Demelle 在 1609 年写的。第二篇论文是由另外一位法国人 Jacques Raveneau 在 1665 年写的。英国人 C. Ainsworth Mitchell 致力于文件鉴定的研究，他不仅专注于笔记对比，也进行油墨化学成分的分析，这与笔记对比是完全不同的。美国人 Albert Osborn 被认为是当时最具权威的文件检验专家。1910 年，他出版了《受到质疑的文件》一书，该书所提出的标准被沿用多年（Dillon，1977）。

（2）物理匹配度。同样，一个经常被忽视但非常有用的证据类别就是物理匹配度。或许 1784 年英国的 John Toms 的案例是第一个记录疑犯物理匹配度的案例。在 Toms 手枪里发现的报纸边缘和在他口袋里找到的报纸剩余部分正好匹配，由此确定他就是嫌疑犯（Kind and Overman，1972）。由于生成的随机性，物理匹配度往往是非常有说服力的证据。然而，由于对物理匹配度的鉴定不需要仪器或化学反应，而且分析通常是基

于常识，所以由物理匹配度定案的案例并没有明确记录在史册中。但是，物理匹配度与"可分割物体"又有特殊关系，这一点我们将在下一部分做简单讨论，并将在第四章中展开深入讨论。

（3）痕迹。法庭科学史最重要的人物之一 Edmund Locard，使物证最模糊的一个分支——痕迹证据大为普及。Locard 是法国里昂大学法医学教授 Alexander Lacassagne 的门生，并也从事法医学教学。在里昂，Locard 于1910 年建立了第一个警察实验室。历史将转移理论归功于 Locard，而他却把转移理论归功于 Alexander Lacassagne、Arthor Conan Doyle 以及 Hans Gross。转移理论的概念已经成为法庭科学的概念，我们将要在本章对其进行充分的讨论。Edmund Locard 著作颇丰，作品都是关于各种粉尘、泥浆和污垢的描述，而这些能够确定人的行踪和职业。然而，痕迹证据的性质限制了其发展潜力，我们无法确定痕迹证据的证明力度。虽然一些调查人员试图预测纤维或粒子在一定环境中出现的频率，❶ 只有少数是通过具体案件量化（Houck，1999）得到的。痕迹分析的重大进展就像瑞士刑事专家 Max Frei-Sulzer（Thorwald，1966）发明的胶带提取法一样。胶带提取法能维持粒子和纤维的空间方位，为分析提供了一个更加实用的视角。因为根据定义，痕迹分析取决于光学放大倍率，这与显微镜的改进是同步的。毫无疑问，由 William Nichol（Solbello，1999）在 1828 年发明的偏光显微镜是痕迹证据分析研究中最具影响力的工具。

（4）枪支。无论从哪方面讲，枪支都极具煽动性（双关语），对枪支及其相关装备的法庭分析都会增加煽动的力度。然而，仍然要强调子弹痕迹并非比较证据的一个单独类型，而是工具痕迹的一个子集。美国首批刑事专家之一的 Luke May 开创了工具痕迹尤其是条纹分析方面的系统性研究（May，1930；1936）。由于子弹比一般工具更具杀伤性，子弹比较研究在一战后占据了比对研究舞台的中心位置。由于工具痕迹在性质上比较随机，包括子弹比对在内的工具痕迹比对也具有定性认证的潜能。几个工作人员尤其是 Biasotti（1959）已经进行了具有深远意义的研究，旨在为分析工具痕迹证据提供统计基础。然而，枪支界未能真正接受支持枪支识别的量性依据，大多数检验人员继续依靠个人经验和判断（Murdock 和Biasotti，1997；Nichols，1997）来进行检验。1835 年，作为伦敦警察厅警员的

---

❶ 虽然已经进行了一些研究，但却受地域性和范围性的限制。然而，我们也意识到了问题的范围，并要感谢那些试图去完成复杂艰巨任务的研究者（Pounds 和 Smalldon，1975；Home 和 Dudley，1980；Kidd 和 Robertson，1982；Robertson 等，1982；Robertson 和 Lloyd，1984；Deadman，1984a，b；Cordiner 等，1985；Parybyk 和 Lokan，1986；Allard 和 Wiggins，1987；Coxon 等，1992；Palmer 和 Chinherende，1996；Grieve 和 Biermann，1997；Roux 和 Margot，1997；Houck 和 Siegal，1999）。

Henry Goddard 通过观察子弹和模具上的划痕建立了两者间的联系（Thorwald，1964）。1889 年制定膛线标准后，兰卡辛在平面和凹槽数量的基础上对子弹和枪进行了同一认定（Thorwald，1964）。我们只希望能将犯罪人绳之以法。1913 年，索邦大学法医学教授 Victor Balthazard 发表了第一篇关于后膛闭锁块、撞针、退弹簧和弹壳上弹射标记的文章，以确定子弹来自哪种武器（Thorwald，1964）。像所有的比对证据一样，这只是实现枪支痕迹认证潜力的开始。

枪支证据的性质吸引了自诩为专家的人的注意。在早期，子弹比对所需要的仅仅是过硬的枪支知识、一个放大镜和能提供意见的能力，无论这种意见是否基于现实。Albert Hamilton 博士是职业专家中最杰出的代表，他在包括枪支在内的刑事侦查学的每个领域都把自己标榜为专家。1917 年，在审判 Charles Stielow 的庭审中，他作为专家证人指出"杀死被告雇主的子弹不可能来自其他武器"。Charles Waite 在被指派为重新检验 Stielow 一案枪支的助手前一直被纽约州检察办公室冷落。幸运的是，在 Stielow 坐电椅前，Charles Waite 催促 Max Posner 重新检验了证据，Posner 发现并记录了枪管在制造上有瑕疵，由它发射的子弹不可能是杀人凶器发射的那颗，两者之间不存在关联。于是，江湖骗子在不经意间为子弹对比的合法化铺平了道路，这也要归功于 Charles Waite（Thorwald，1964）。

直到一战后，纽约的 Charles Waite 才首次对武器的制造数据进行了目录整理。与 Posner 合作的 Stielow 案把他带进了法庭科学枪支检验的圣地。意识到现代化大批量生产方法会使枪管和移动部分产生特殊的标记，他决定使用显微技术来比较子弹痕迹。他的作品引起了 Calvin Goddard（与亨利没有关系）的注意，Calvin Goddard 领导他的小组改进了对比显微镜，使得可以在相同视野（Thorwald，1964）下对子弹进行同时比较。

20 世纪 20 年代中期在马萨诸塞州的布里奇沃特对 Sacco 和 Vanzetti 案件的审判，促成了当时各领域枪支专家的平衡，无论该专家是否经过法律认证。Calvin Goddard 最后分析认定"第三颗子弹"是从 Sallo 手枪里发射的，这使两被告被宣判有罪并处以死刑。1961 年，Goddard 的分析在法庭科学枪支界再次得到应用，他的结论也无疑得到支持。1929 年 Goddard 对芝加哥情人节谋杀案的分析使得美国在位于伊利诺伊州的西北大学（位于伊利诺伊州的埃文斯顿市）建立了第一刑事侦查实验室。与其他形式的证据一样，最近的发展主要围绕建立计算机数据库以便于联邦、各州和地方刑事侦查实验室获取数据展开。作为联邦调查局枪支证据（枪支，子弹和弹壳）问题的国家综合弹道信息网，对连环枪击案的侦破具有重要作用。

检测枪手手中的射击残留物作为枪支调查的另一个方面，有一个非常遗憾的开端。最原始的用来检验犯罪嫌疑人手中硝酸的方法是让手接触用苯胺和硫酸泡过的石蜡块。如果颜色呈蓝色就意味着有火药残渣。遗憾的是，这项检测没有特定性，大多数包括香烟和扑克牌在内的常见物质都可以产生氧化反应，这种方法很快就不再使用了（Hatcher 等，1957）。随后，人们用元素测试来对铅、钡和锑等主要残留物进行检测。原子吸收（AA）和中子活化分析（NAA）也被用来检测主要物残留，但由于分析所产生的问题，这两种方法都被废止了。最近，利用能量色散 X 射线分析（SEM – EDX）技术研发的扫描电子显微镜检查法也用来对枪击残留物进行元素分析。虽然科学家一致认为这种通过传统视觉检测和 X 射线分析特性元素相结合的方式进行的检验具有一定的可信度，但任何射击残留物检测的价值都是法庭科学界热议的话题。错用石蜡检测的案例将在案例 1 中进行说明，该案例是 1974 年通过石蜡检测对六名爱尔兰人在伯明翰酒吧爆炸案（伯明翰六人案）中宣判有罪。

案例 1

伯明翰六人案——一次司法误判

1974 年 11 月 21 日晚 8 点 15 分，一颗炸弹在英国伯明翰的罗托纳达酒吧爆炸。几秒钟之后，又一枚炸弹在一家小酒馆爆炸。原本计划在税务机关引爆的第三枚炸弹没有爆炸。这两次爆炸导致了 21 人死亡和 162 人受伤者。在爆炸发生的几分钟前，伯明翰邮报接到了一个爱尔兰口音人的电话，电话里讲明了三个放置炸弹的地点。

当天晚上，有五个爱尔兰人从英格兰去贝尔法斯特参加葬礼，当他们在登渡轮准备横渡英吉利海峡时被截住了。这五个人当晚乘火车从伦敦到希舍姆，他们一路玩扑克、抽烟。午夜过后，他们被逮捕并被带到警察局。

在清晨时分，内政部法庭科学专家 Frank Skuse 博士来到监狱。打着检查男子手中的炸药是否存在炸药的幌子，他用乙醚擦拭每个嫌犯的手，并进行了格赖斯测试，以检查他们的手是否接触过硝酸。格赖斯试剂接触含有硝基的物质就会变成粉红色，这其中包括硝酸盐，它是爆炸物里常见的成分。然而，这种试剂不具有特异性，会与许多含有硝基的化合物发生反应。根据 Frank Skuse 博士的记录，两名男子的双手没有任何反应，两名男子在一只手上有阳性反应，第五名男子的格赖斯测试呈阴性，但在用水性试剂检测铵离子时呈弱阳性反应。虽然在 Skuse 自己手上进行的对照试验也有类似反应，但他后来仍然在法庭上证明该男子曾经接触过炸弹。之后 Skuse 博士仍然坚持只要嫌犯在格赖斯测试中呈阳性反应，嫌犯就有 99% 的可能接触过用于制造炸弹的硝化甘油。

据这些男子的供述，他们整晚都被警察残忍地对待，直到第二天。他们当中的一人举报其曾受到警方暗示供出了第六个嫌犯，随后第六个嫌犯也被拘捕。最终，六人中有四人对伯明翰爆炸案供认不讳。

1975 年，Bridge 法官在兰卡斯特皇家法院主持了这一起刑事案件的审判工作。Skuse 博士作为检控方的专家证人，介绍了在监狱中进行的格赖斯测试结果，以及用相同材料获得的实验室测试结果。对呈阳性的样品，Skuse 博士或者进行了薄层色谱（TLC）分析，或者进行了气相色谱－质谱（GC－MS）实验，或对两者都进行了测试。据 Skuse 博士的陈述，通过更精确的试验，只有从一个男子手中取得样本能证实含有硝化甘油。即便是更精确的试验也受到了英国利兹大学 Hugn Black 博士（辩护方的独立专家）的质疑。然而，陪审团在法官催促下对所有六名男子确认有罪，并建议判处无期徒刑。

由于 Bridge 法官超越了自己的权限强迫陪审团接受辩护方的专家证人 Black 博士的证言是没有价值的、应该被忽视，该判决被提起上诉。上诉于 1976 年 3 月 30 日被受理。虽然上诉法官对 Bridge 法官超越职权表示遗憾，但是他们仍然否决了判决完全取决于法庭检验结果这一事实，并驳回了上诉。

1978 年，前内政部法庭科学专家 John Yallop（最先倡导通过擦拭手来检测爆炸残留物的技术）代表六名男子（即臭名昭著的伯明翰六人案）给律师写了律师信。Yallop 指出他后来对自己进行测试，当他吸烟后也会得到与 Skuse 博士坚持的含有硝化甘油一样的阳性结果。

1985 年，在格拉纳达电视台《世界在行动》（"World in Action"）栏目组的邀请下，Brian Caddy 教授成立了一个小组来确定格里斯测试的可靠性。该小组测试了包括香烟、扑克牌、含有硝化纤维的木清漆在内的不同样本，所有上述样本在格里斯测试下都呈阳性反应。节目播出后不久，Skuse 博士意外从内政部法庭实验室提前退休。几乎同一时间，内政部决定要对格赖斯测试进行详细研究。

1985 年，Chris Mullin 出版了介绍伯明翰六人案的《错误审判》（Error in Judgement）一书。很可能是由于这本书，上述六人在 1987 年 11 月又获得了一次上诉的机会，虽然法庭宣称"由于新证据的出现，Skuse 博士在莫克姆进行的测试方法的性质受到怀疑……"，但是他们仍然不理会法庭检验结果是判定有罪的主要证据这一事实。他们仍然根据证人证言和专家证言驳回了上诉。

最终，直到该案第三次被上诉到英国上诉法院，首席检控官才公开承认法庭鉴定证据毫无价值，嫌犯只是屈打成招。1991 年 3 月，上诉法院推翻了定罪，这六个人在服刑超过 16 年后被释放了。格赖斯测试在整个七十年代和八十年代初期被广泛应用着，它为许多爱尔兰人在众多爆炸案中的定罪提供了证据。包括吉尔福德四人案和马奎尔七人案在内的许多定罪都已被推翻。

参考文献：根据 Mullin C. 的《错误审判：伯明翰爆炸案的真相》（*Error of Judgement: The Truth about the Birmingham Bombings*），伦敦：Chatto & Windus Ltd.，1986 年。

（5）毒品。对固体药剂进行的分析，或者更确切地说对体内药物进行的毒物学分析，与医药知识的发展是同步的。由于化学品通常以极稀的浓度存在于体内，这往往比检测和确定固体药剂困难得多。此外，很难用化学方法把有机物（尤其是从植物中提取）从人体组织分离，而且有机物可能会迅速代谢为副产品。巴黎大学医师、法医化学教授、西班牙人 Mathiew Orfila 被公认为现代毒理学之父。1813 年，他出版了名为 *Traité des Poisons Tires des Regnes Mineral，Vegetal et Animal，ou Toxicologie Général* 的一书，这是第一本详细介绍体内化学毒物功效的手册。但英国化学家 Tames Marsh 是第一个运用坚稳测验检测体内三氧化二砷并在陪审团面前作证的人（1836 年）。直到 1851 年，来自比利时布鲁塞尔的化学教授 Jean Servais 才成功地检验出身体组织内的蔬菜毒药。然而，像火灾调查中的可燃液体分析一样，毒物分析只能回答"做了什么"和"如何做的"这两个问题。最精细的药物分析也不能直接指"是谁做的"。有趣的是，是法庭分析的子集之一回答了"做了什么"这一问题，非法毒品的识别就是如此。

20 世纪下半叶仪器的飞速发展促使化学物品的检验具有高灵敏度和强特异性。特别是傅里叶变换红外光谱（FTIR）和质谱仪对气相色谱仪（GC-MS）的发明彻底改变了对药物、毒理学、纵火和炸药等领域的分析。通过抗体进行的免疫学检测可检测特定药物，彻底改变了毒理检测。然而，也许没有任何一种发明能超过 R. F. Borkenstein 在 1954 年发明的体内酒精测定剂（路边酒精测试）对普通公民日常生活产生的影响。

二、由"通才"到"专才"（由"专才"回到"通才"）

专家相对于"通才"的优势在于专家在众多行业或学科中的一行据说有说服力。在科学领域，孰优孰劣的问题就像钟摆一样来回摆动。希腊早期的科学家都是通才，这是因为当时的知识水平还不发达或者没有专业化的机会。随着科学的进步，在启蒙运动时期出现了知识爆炸，到 20 世纪专业化已成为必然。要理解一连串的理论就必须付出时间和精力，以至于没有时间研究量子力学，更不用说研究其与宇宙演化之间的关系。然而近年来，人们越来越重视学科之间的相互关系。很明显，没有哪一个学科可以孤立存在，更不用说发展。在知识聚合的过程中，学科的边界变成了科学间融合的地带，这一点在 E. O. Wilson 的《一致性》（consilience）一书中得到体现，Wilson 在书中倡导建立知识间的共同框架和相互依赖。

法庭科学也走过了一条从"通才"到"专才"的道路，然后再由"专才"回到"通才"。最早的刑事专家中一些人是通才。虽然从教育背景来看，Hans Gross 不是科学家，但他确实是公认的最早的通才。1891 年，奥地利的地方法官和刑法教授出版了《刑事调查》（Criminal Investigation）一书，该书首次全面地介绍了用物证解决犯罪问题。法国杰出的法庭科学专家们延续了这一传统。Bertillon 把进行物理测量扩大到收集指纹、对囚犯和犯罪现场进行现场拍照。他甚至尝试压痕证据和文件证据的检验。由于他已经成为国际知名的"警察"科学家，所有物证方面的问题都为他指明了方向，同时也为他找到了答案。以毒物学见长的 Mathiew Orfila，不论是宏观还是微观领域（Gaensslen，1983），都在血液和精液鉴定方面有所建树。虽然 Lacassagne、Balthazard、Orfila 和 Locard 都有各自擅长的领域，但他们还是本着法庭科学的精神处理不同类型的证据。事实上在 20 世纪初，在病理学和物证分析共同繁荣的欧洲大陆上，"法医学派别"并不是罕见的事。

然而，当刑事侦查学进入了快速发展的时期，许多经受过特定学科教育的科学家都将他们的专长技能应用于新兴法庭科学的分支学科，而且这一现象十分普遍。例如，Leon Lattes（血型）、Calvin Goddard（枪支）和 Albert Osborn（文件）都做到了这一点。虽然这些专家将专门的方法和技巧应用在了刑事侦查学的各个分支学科中，但专业化的趋势也给刑事侦查学区别于其他基础科学或应用科学的领域制造了真空。Paul Kirk 是引发回归"通才"思考的现代犯罪侦查学第一人。重要的是，Kirk 提议要把"刑事专家"的称号授予参加加州大学伯克利分校培训项目的学员。虽然这项计划最初可能是由 Hans Gross 筹划的，但人们把其现在的应用归功于 Kirk。Kirk 论断的依据是：在他的观念中，刑事专家是决定刑事侦查学定义的专家（Kirk，1953）。

在 Kirk 1953 年出版的第一版《刑事调查》一书中，他用几段阐述了这一问题：

更进一步来讲，当今刑事侦查专业的本质应该遵循以下几点：（1）犯罪类型，如杀人、谋杀和放火；（2）或证据类型，如文件、枪支……很明显，无论是对各类犯罪的侦查还是对各种证据的调查，都是围绕"同一"或"不同一"展开的，因此要调查各类犯罪和证据就必须运用当今的科技。

要确定两片纸是否相同，没有必要找造纸业的专家。如果认为必须要找造纸业的专家，那就一定是错觉。这就如同只有汽车技工才是成为合格司机的前提；或只有通晓伐木产业才能成为木匠。

资质认证方面的困难源于我们忽视了刑事侦查学方面的专家证人必须首先是鉴定和比对方面的专家。要懂得同一性的鉴定方法，并且要能够说明为什么这两个物体具有同一性或没有同一性，以及它们是否同源。此外，还能评价同一认定的意义。

虽然毕业于加州大学伯克利分校项目的许多人都在公共实验室担任要职并继续传播"通才"理念，但只有美国西海岸接受了这种理论。随着物证分析技术的不断精化以及案件数量的不断增加，接受通才理论的人和被培训为通才的人都在不断减少。之所以出现这种现象，既是因为实验室在全世界招聘和培训工作人员，也是因为法庭科学缺乏学术研究项目。虽然学生对该学科缺乏兴趣，但最主要的是由于缺乏资金。伯克利项目于1995年进行了重建。这标志着美国第一个有博士点的法庭科学项目的建立❶。虽然北美还有一些高质量的刑事侦查学项目，但只能授予硕士学位。位于苏格兰格拉斯哥的思克莱德大学有法庭科学博士点项目，但是在北美学术界中却没有这一项，这既值得我们注意，也是很遗憾的。我们将在第12章进一步讨论法庭科学教育的问题。

由于破案压力不断增加，对分析人员的雇佣和培训总是局限在特定的技术领域，如DNA或毒品分析，而对法庭科学的其他分支却没有培训的要求。在美国，法庭科学界已对资质认证做出了回应。分析人员在进行专业考试之前，必须先通过涵盖刑事侦查学所有领域的考试。然而，这一计划并不具有强制性，当前其参与完全是自愿的。此外，随着学徒式培训项目的减少，法庭科学缺乏学术支撑的现状还是显而易见的，特别是法庭思维的科学框架还没有建立。我们希望此书至少能帮助熟练的刑事专家在更广阔的范围内明白自己的专长。

第三节　概念的演变

虽然精英人士已提出了一些核心概念，但刑事侦查学依旧保持着没有统一范式的状态。刑事侦查学这一学科的成熟以及在科学界获得尊重，需要形成法庭科学实践方面的统一框架。以下几部分将会追寻一些概念的演变轨迹，比如转移理论和个体化。在下一章，我们将介绍一个统一的范式以引导上述概念以及其他概念。

---

❶ 虽然美国的大学为法庭科学或刑事侦查学提供刑事司法和化学项目研究方面的博士课程，但本书介绍的项目都还没有成熟的博士研究项目。

一、转移理论

要成为证据，物质必须转移到或来自于与犯罪有关的物质。历史上这一概念在痕迹证据（如：微粒、纤维）中被很好地理解。如果不理解这一概念，是因为转移理论受到了忽视。人们公认是 Edmund Locard 将概念"交换"或转移表达为"每一项接触都会留下痕迹"。由于 Edmund Locard 的大多数著作都是用法语写的，所以追寻该格言的出处较为曲折，该话最有可能出自《刑事调查和科学的方法》（*L'enquete criminelle et les methodes scientifique*）一书，该书于 1920 年出版。其最原始的法语版后面有相应的翻译。❶

Nul ne peut agir avec l' intensité que suppose l' action criminelle sans laisser des marques multiples de son passage，tantot le malfaiteur a laissi sur les lieux des marques de son activité，tanto par une action inverse，il a emporti sur son corps ou sur ses vetements les indices de son sejour ou de son geste.

没有任何人在进行犯罪时能有如此强大的力量以至于不让犯罪行为留下大量的标记：或者做错事的人（重罪犯、犯罪分子、罪犯）在犯罪现场留下了证据，或者从另一方面，在其本人（身体）或衣服上带走了能指示其犯罪地点和时间的证据。

Locard 是第一个对"灰尘""泥土"和"污垢"进行广泛研究的人。他在里昂大学的导师 Alexandre Lacassagne，是最早提出研究衣物或身体上的灰尘以确定罪犯的职业和下落的人之一（Thorwald，1966 年）。Locard 阅读了 Hans Gross 的作品和福尔摩斯故事的法语译本。他把研究的灵感都归功于阅读了这些著作（Locard，1928）。Doyle 厌倦了写作和思维枯竭后让福尔摩斯坠入莱茵巴哈峡谷而死，在后来表明福尔摩斯并未死亡时，Gross 刚刚完成了《刑事侦查》（*Criminal Investigation*）一书。虽然不清楚他与 Doyle 之间是否相互影响，但当时他们都提出了显微证据（即我们现在所说的痕迹证据）可以提供有价值的破案线索。

在 1910 年初，当 Locard 刚刚建立里昂实验室并开始进行大量的工作对粉尘进行分类时，在"科学犯罪学"中占统治地位的学科正在从人体测量学向指纹研究转变。虽然 Locard 关于灰尘的研究最初没有受到警察官员的重视，但在成功侦破了几起案件之后，这一研究终于受到了警察的关注并获得了资金支持（Thorwald，1966）。1920 年，Locard 终于完成了百科全书般的分类，并且对许多灰尘微粒的特性进行了纤维分类和化学分类

---

❶ Sharon Kruzic 译。

（Thorwald，1966）。不管他是否倡导了我们今天所引用的转移理论，我们仍要赞赏他的灵感和推广。

除偶尔引用"转移理论"外，直到20世纪50年代Paul Kirk重新推广之前，该领域没有任何智力上的进展。Paul Kirk是最早强调痕迹证据证明力度和意义的人员之一。他在城市环境中研究纤维的出现和转移（Kirk，1953）。今天，虽然转移理论的概念作为理解法庭科学的关键已被普遍接受，但自Paul Kirk探索出其结果、确立其局限性或与类型的证据建立联系之后，很少人对此做出进一步的研究。就如何确立转移证据的证明力强度，或者怎样理解其在案件中的意义而言，还一直没有达成共识。随着人们对专家提供严谨的科学基础以支持其观点充满了越来越多的期望，我们很乐于来看痕迹证据界如何面对这一挑战。毫无疑问，1999年由美国材料分析工作组提出的指导方针给挑战开启了良好的开端。我们将在第四章对转移理论的概念进行深入讨论，如"宏观转移理论"。

二、个体化

1. 生物证据

个体化的概念显然是以物证为中心的。在个体化被正式阐述前，貌似早期使用指纹和其他计量生物学测量方法的文化并没有假定独特性与个体相关。为Bertillon的研究提供基础的比利时统计学家Adolphe Quetelet或许是第一个提出没有任何两个人是完全相同的假设的人（Thorwald，1964；Block，1979）。当然，Bertillon是第一个为人体识别建立系统知识库的人。Bertillon认为，如果采用那14种被禁止的检测方法，两个人测量数据完全相同的概率为268435456比1（Bertillon，1964）❶。该结论是根据Quetelet（未经证实）每种检测都会降低1/4可能性的假设得出的。不论该计算是否具有数学根据，但这的确第一次提到了增加检验方法的乘法价值。在此忽略Bertillon没有考虑人体测量各特征之间的互相依赖关系。

指纹一经取代人体测量就成了个体化的标准，其他物证的鉴定都在指纹鉴定不能清楚地说明问题时才进行。即使是现在，当有人想夸赞一些测试的时候，他们也会使用DNA指纹图谱、药物指纹或视网膜指纹等概念。有趣的是，并没有通过指纹对比进行个体化的一致标准（Cole，1998；1999）。虽然Galton提出了很多数学模型，但是还没有一种模型被证明适用于描述指纹对比的过程、意义和限制（Stoney Thornton，1986a）。由

❶ Thorwald（第10页），此数据为286，435，456比1。我们希望数字的变化发生在Thorwald的副本而非原本中。

Balthazard 于 1911 年提出的数学模型为现在普遍接受的指纹个体化规则提供了历史基础❶（Stoney Thornton，1986a），1918 年 Edmond Locard 写道，如果两个指纹的 12 位点（Galton 曾详细说明）都相同，就可以认定为同一。这可能就是 12 位点的出处（Moore，1999）。也有其他理论（Kingston Kirk，1965）被提出，我们将在案例 2 中对其中之一做详细介绍。

时至今日，关于确定不同指纹线特征及它们之间相对位置的发生频率还没有全面的统计数据（Saferstein，1998；Cole，1998；1999）。1973 年，在经受过于强调人工经验的挫折后，北美指纹组织在国际鉴定协会（IAI）的主持下通过了一项决议，该决议否定了将随意的位点符合数作为同一认定基础的做法。

国际鉴定协会于 1973 年 8 月 1 日在怀俄明州的杰克逊召开了第 58 届会议，该会议以标准化委员会三年的研究为基础，Hereby 在会上做出以下声明：现在没有对两组压痕中摩擦嵴特征最小数量以进行个体识别的要求。上文对摩擦嵴特征的参考同样适用于指纹、掌纹、脚纹和人体的独特印记。

1995 年，国际指纹协会在"Ne'urim 宣言"中确立了上述标准（以色列国家警察，1995；Cole，1999）。

换句话说，指纹"比对"的判断已经完全取决于检验人员的经验和直觉。❷

在第一版《刑事侦查》（1953）中，为了解释指纹证据的概率性质，Kirk 举了一个例子来说明指纹特征是如何被滥用来产生复杂的概率的。

假设平均每 20 人中有一个人左手拇指有螺纹。再进一步假设每 10 个人中有一个人右手食指有螺纹。所以，随意挑选一个人他左手拇指和右手食指都有螺纹的概率是 1/20 乘以 1/10，即 1/200。总而言之，一个人特征组合的概率其实是由每个个体特征决定的。当用普通的方法对指纹进行分类时，与特定个体相同的指纹概率非常小以至于可以忽略不计。正是因为这个原因，指纹才被用作身份识别。

Kirk 与其他人回避这一问题的原因在于他们缺乏个人特征频率的科学

---

❶ 以 150 亿人口的手指为基础，Balthazard 认为需要 17 个一致的细节才能确定印记和手指之间存在独特的联系。（根据他的模型，找到 17 个一致的细节的概率为一百一十七亿分之一）。Balthazard 认为，如果提供指纹的人被限制在特定的地理区域内，较少的一致细节（如 11 或 12）就可以得出确定的个体化结论（Stoney Thornton，1986a）。

❷ 需要指出的是，IAI 决议没有约束力，不少机构继续坚持以最少数量的一致细节来进行人体识别的标准。例如，英国继续坚持 16 个一致细节的标准。

数据基础；无论是 Kirk 提出的 1/20 还是 1/10 都没有科学数据支撑，❶ 也没有解决各特性间相互独立性的问题。或许这解释了虽然在由 John Thornton 编辑的该书第二版中保留了他的假设，但具体的例子被删除了的原因。

1986 年，Stoney Thornton（1986b）发表了一篇文章，在文中他们回顾了在历史上提出的指纹识别模式，并列出了他们认为应运用综合实用的模式进行操作的特征表。他们谨慎地做出了以下结论：任何指纹用于个体化的价值与错误联系成反比，并取决比较的次数。该理念还没有取得进展，也没有投入实际使用。

强调个体识别的后果之一就是加剧了过度解释那些没有个体识别价值的证据的趋势。历史上对头发进行显微镜比较就是很好的例子。

案例 2

Alphonse Bertillon——失踪的细节

许多刑事侦查专业的学生都听说过以下案例：当用一种方法进行指纹对比时，可以产生错误匹配的现象。虽然 Alphonse Bertillon 研究了指纹的种种细节，也是欧洲大陆上第一个利用指纹破案的人，但他直到去世都一直坚称不能单独运用指纹对比进行个体化认定。下面这段话摘自 Henry Rhodes 为 Bertillon 所写传记，简单地介绍了 Bertillon 指出指纹对比存在的局限性。

在 1912 年，也就是他去世前两年，Bertillon 在 *Archives of Lacassagne* 上发表了一篇文章，文章指出在特定情况下，不同人指纹相似的特征可能会得出吻合的结果。文章中举出了经过巧妙复制的一些照片，照片中指纹的特定部位被遮住了，露出的部分就能形成两组不同指纹吻合的假象。这篇论文是纯学术性的，文中并没有指明在实践中是如何产生那些貌似吻合的零碎指纹片段的。指纹识别系统（尚未建好）的支持者也宣称，Bertillon 所说的"相似点"其实并不相似，他们也展示了相同的图片。

1993 年，Champod、Lennard 和 Margot 转载了 Bertillon 的图片（见附图）并配以几段法文翻译。从这几段文字中可以看出无论他的指纹匹配是多么的粗糙、不切实际，但他为皮肤印记证据提出了基本的理解和局限性。特别强调他指出了要对指纹进行不同性和相同性的两种比较，无论存在多少个相同点，即使只有一个无法解释的不同点也必须排除同一性。

---

❶ 这些估计可以在历史上的指纹对比模式上找到依据，如：古普塔（Stoney Thornton，1986a），但 Kirk 没有提供参考依据。

同时人们必须确保指纹的可见部分不存在任何不同点。

有许多 DNA 分析人员会留意到问题出现之前的种种迹象，

在被告有一个嫌疑犯弟弟的案件中，彻底消除这一假说的唯一方式就是提供弟弟的指纹，指出并不是其指纹的所有特征点都与证据相匹配。

事实上，他确实供述了伪造指纹虚假匹配的事实，并且阐述了他认为这不可能存在真实案例的看法。

通过参考大量的文献可以看出，在把特定的区域剪去后，剩下的特定区域可以展示不具任何非相似性的特征点。但这也不能表明罪犯能人工选择要留下哪部分的指纹片段。

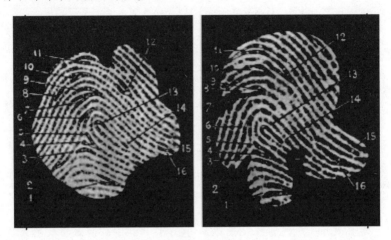

图 2.4　Bertillon 指纹图

注：照片用以展示 Bertillon 的特征"点数"（Pierre Margot 教授，瑞士洛桑大学警方科学研究与犯罪学研究所教授）。

他承认两组指纹可能经不起细致的比较。

有必要补充的一点是，经初步观察认定相似的两组指纹可能经不起细致的比较。

他的结论留给我们深深的思考：如果被告的 DNA 无法辨别将是一件多么可悲的事情。

刚才所提到的两个具有欺骗性相似点的例子表明，相对于共同的相似点，身份认定更取决于没有怀疑的非相似点。这就是由阴性结果所得出的归纳。

最终，他从遗忘的指纹中拯救了指纹。

然而，从纯粹的哲学观点来看，这样的结论缺乏说服力。结论的价值仅仅是专家在公众间的认可程度和能力。任何人发现了明显的不同之后都可以否认定其同一性。

有兴趣的读者可以阅读 Champod、Lennard 和 Margot 在下面的参考文献中的著作。

参考文献

［1］ Champod, C. , Lennar, C. , and Margot, P. , Alphonse Bertillon and Dactyloscopy, J. Forensic Ident. , 43 (6), 604 – 617, 1993.

［2］ Rhodes, H. T. F. , Alphonse Bertillon, Father of Scientific Detection, George G. Harrap, London, 1956.

早在 1879 年，德国病理学家 Pudolph Lirchow 博士就意识到头发证据的局限性。他在进行头发比对时发现，人的头发会有不同的特征，即便在相同的头发中也会有不同的特征表现；不同人的头发也可能看起来相似。他的理解仅是证言的一部分，"头发与被告的头发不吻合"（Thorwald，1966）。然而，并非自那时以后所有的分析人员都按照他所说的进行检验。在臭名昭著的加拿大 Guy Paul Morin 案件（委员会在工作中涉及 Guy Paul Morin，1998）。Morin 被捕的唯一证据是他的头发与受害者项链上发现的头发吻合。这起案件是刑事侦查学概念传播、增强侦查员和律师理解能力以及介绍证据局限性的代表。

在第一版《刑事侦查》（1953）关于头发的最后一章中，Kirk 写到了将头发运用于个体化认定的潜质，在此过程中要运用指纹比对的方法：

从头发被作为生物个体普遍特征的例外以来，它就具有了个体识别的特性。为使头发成为个体识别的手段成为现实，人们做出了很多谨慎而广泛的调查。虽然可能通过简单快速的方法得出结论，但是也需要广泛深入的研究调查。或许可以预测：使用最有价值的技术来进行个人识别是值得肯定的，但仍应在执法领域使用证据（如指纹）。

在《刑事调查》一书的开始章节中，Kirk 认为头发的个体识别潜力在于其化学成分而非固有的生物学特性。

头发的微量成分虽然只受到了很少的关注，但其可能为刑事侦查带来巨大的进步……通过定期检测头发中的微量成分如砷、铅、硅等，能在一定程度上获知某个人的职业、饮食和用药等。这些成分会不断发生变化，如果检测方法的灵敏度高并且不会破坏现有的成分，那么就能确定头发的来源。

在 1974 年第二版《刑事侦查》中，有一部分介绍了通过中子活化分析来检测头发中的微量元素：

然而值得一提的是，时至今日仍然不能仅凭对一根头发的分析就做出个体化认定的判断，一方面是因为很难对一根头发进行完整的分析，另一方面也在于即便是一个人的头发也存在差异。

有趣的是，1974 年版的《刑事侦查》最后一段指出，头发证据能进行"生物学"方面的个体化认定，这与前一版本的说法如出一辙。

1953 年，Watson 和 Crick 阐明了 DNA 的结构，对此 Kirk 预测，"未来的刑事专家可以通过其掉下的头发、流出的血液和存放的精液进行个体化人证。"大约 30 年后，英国的 Alec Jeffreys 展示了第一个"DNA 指纹图谱"。Jeffreys 不必就他对这项技术的描述道歉。为了澄清这一问题，有必要指出 Jeffreys 所做出的努力，他使用了一种被称为多位点限制性片段长度多态性分析的技术用来进行个体化认定。在这种技术中，通过使用单一DNA 探针（位点）对基因组中该基因的相对位置进行同时检测。通过计算（Jeffreys 等，1985）包含大量物质信息的复杂模式可以得出，由探针（位点）确定的形式是某个人独有的。

然而出于技术方面的考虑，最终还是采用了单基因组系统，这种系统一次只分析一个位点。通过对位点的精确分析，就可以排除一部分人，但是这个系统本身的结果并不是个体化认定。由于每个位点的变异性较小，其在以 PCR 为基础的技术应用中也是如此。对于这两种系统而言，其功效都取决于 Bertillon 所使用的同一个概念，即个别性状频率的倍增能够为综合性状排除一部分人。不同的是，遗传性状数据能够在大量人口中积聚，因此可以得到罕见基因的综合图。事实上，基因分析（血清学和 DNA）是应用确切数据计算人口中特定样本信息出现频率的唯一法庭检验方法。这一概念也可运用于皮纹学指纹分析中去，但并没有系统地整理和分析人口数据基数（美国国家指纹数据库中可以得到其原始形式）。

毫无疑问，DNA 分析能进行个体化认定。❶ 虽然在单位点限制性片段长度多态性分析探针刚面世时人们没有做出如此的预期，但最终还是得出了可以进行个体化认定的结论。当 9 个 RFLP 探针或 13 个以 PCR 扩增为基础的 STR 位点得出的频率为百万的四次方分之一（这里有 15 个零）时，证据是来自另一个人的可能性就变得非常小，就有充分的理由对该人进行身份认定。有趣的是，法庭科学界的许多人还在继续使用指纹和工具痕迹（包括子弹比对）的标准作为个体化认定的标准。但是如果没有确切的DNA 频率数据，就需要对这些说法进行重新审视。

2. 非生物证据

由于物证的吻合性十分明显，在对同一物体上的两个部分进行同一认定时并没有经常引发讨论。然而，物证中基因组合的随机性预示了其进行个体化认定的潜质。我们在下一章中将会讨论物质的分割为何会如此重要，以至于在法庭科学中占据一席之地。历史上一些著名的案件都过分强

---

❶ 不应该将具有个体化认定的潜质与个体化认定相混淆。能否利用 DNA 对其进行个体化认定取决于许多因素，包括样本的状态（数量和质量），分析的位点、分析位点的总量以及等位基因的人口频率。与任何法庭科学分析一样，结果的准确性取决于分析的可靠性和对数据的准确理解。

调了物理性质的匹配程度。其中一个案例讲的是英格兰兰卡斯特市的 John Toms，由于证据匹配，他被判谋杀罪成立（Kind and Overman，1972）。用于擦拭作案枪支的旧报纸碎片与在他口袋里发现的碎片正好匹配。即使物证匹配，我们也应该进行指纹比对。1949 年，O'Hara 和 Osterburg（1949）提到了玻璃残片：“案件中的玻璃残片和指纹特征正好吻合，它们就好像是坐标系统曲线中两条曲线上的对应点。”

像指纹一样，包括具有明显特征的子弹痕迹在内的工具痕迹历来就被作为个体化认定证据。除了 Balthazard 根据枪支的移动活块会给弹药筒留下的痕迹，首次将枪支证据系统化外（Thorwald，1964），研究的重点直接指向应完善检测和观察工具。根据 Henry Goddard 1835 年的文献记录，通过 1898 年 Jesrich 对显微摄影技术的研究，Waite 和 Goddard 在 1920 年左右开始应用比较显微镜进行子弹分析（Thorwald，1964），没有人怀疑通过这项技术进行个体化认定的基础。像指纹一样，由枪管和移动活块在子弹上留下的痕迹很复杂，也不规则。因此，其具有个体化认定的潜质，并且也有许多口头流传的例子。就如指纹检验人员一样，人们很容易接受工具痕迹检验人员或枪支检验人员的观点，而这源于人们对工具、子弹或枪支同一认定的认可。然而，一个标志性的例外出现在 1930 年 Luke May 发表在《美国警察期刊》（*The American Police Journal*）上的一篇文章，文中介绍了工具痕迹对比的一些方法和案例。在 *Wash. v. Clark* 案中，他用枞树做实验，证明一把刀和一个伤口吻合。梅通过以下计算来证实他的结论：

根据伤口上的主要特征和数学原理可知，世界上没有任何刀刃能造成这样的伤口。援引概率论原理，通过代数公式确定其排列组合，这里只展示了三分之一的痕迹。只有在这种情况下才有相同的可能，即如果美国的一亿人中每人有 650 万亿把刀。如果把所有痕迹的深度、宽度和形状等因素考虑进来的话，其比例将是无限小的。

然而，他没有介绍任何一组统计研究的基础依据，也没有提供任何数学计算以及排列组合公式的细节。他也没有提示我们要独立看待其假设。他只留给了我们思考他是如何运用［美国人口数］×［650 万亿把刀］这一概率公式的。

自 May 提出些问题之后，人们也进行了很多工作。前面所提到的 Biasotti（1959）以及制造枪管和其他工具（Murdock 和 Biasotti，1997；Nichols，1997）的其他研究也是值得一提的努力。虽然孤立研究的工作还在继续（Tulleners and Giusta，1998），但工具痕迹和枪支研究领域已经失去了为发展和继续这项工作提供大量数据的兴趣。

有趣的是，在第二版《刑事侦查》（1974）中，Kirk 指出随着枪支批量生产的方法不断增加，由生产枪支所造成的痕迹也越来越不易区分。他又补充说，这种情况可以通过对工具进行使用来"补救"。然而，这也是痕迹工具分析的局限性之一。正如指纹检验人员一样，枪支检验人员和刀痕检验人员要根据其通过科学学习得到的经验发表观点，并通过数据可提供统计数据。

3. 独特性与共源性

法庭科学领域的从业人员已达成的共识是，法庭科学领域的个体识别是要找出物体的共源性而非独特性。出于这个原因，个体化认定需要在至少两个物体间进行比较。以下是 Saferstein（1998）的观点：

对比分析需要对嫌疑样本和控制样本进行同时测试，以确定它们是否来自于同一个物体。

同样，DeForest Lee 和 Gaensslen 也写道（1983）：

个体化认定也是一种未知物证和已知物证有共同起源的证明。对于不同的证据类型，个体化认定的特征也会有所不同，但法庭科学专家的任务就是要尽量运用这些不同特征，通过不同类型的对比，对物证进行个体化认定。

我们将在第二部分"法庭科学的原则"中对这些概念进行深入介绍。

三、鉴定

一直以来，法庭科学中的"鉴定"一词很容易引起混淆。通常人们总是将这一词语错误地用作描述一个特殊物体。尤其是在"身份鉴定"或"人类鉴定"等概念中，这一词语经常用来表示特殊性，因为我们总是想当然地认为每个人都是特殊的。第二种模糊的根源来自法庭科学内部。鉴定一词被专门用来描述事物的外观或组成，并通过外观组成的特征对其与其他事物进行分类。有时这是个体化认定的一个步骤，有时它本身就是个体化认定。业界人士还没有对鉴定一词的使用达成一致，在 Kirk 的第一版《刑事侦查》中，也有对该词存在模糊性理解的现象。

鉴定对刑事专家的重要性主要表现在以下两个方面：（1）建立两个物体间的相互关系；（2）确定证据的属性。第一点非常重要，因为它是证据价值最终判断的依据。例如，两颗子弹都从同一支手枪射出要比这两颗子弹都有同类型的弹药更有说服力。同样，两根头发来自一个人要比"两根都是人类的毛发"更有价值。

与流行的传统观念相反，鉴定不是每一项法庭分析所必需的，或者说不是其目的。就拿固体药剂来讲，确定其成分并非要了解它是在哪个实验室或哪块地里生产的，而是要明确对它的占有构成了违法。以下是 Saferstein（1998）的看法：

就其目的而言，鉴定是通过技术分析与已知物体进行对比，对物体的物理性质和化学性质进行定性的活动。

有趣的是，Kirk 还指出，当对物体的性质进行鉴定而非个体识别时，数据评估可能就失去了意义，因为答案是"是"或"不是"，而非预测发生频率。但他也强调，由于化学测试是对物质的推定，有必要说明可以产生相同的结果物质。

在研究证据的每一个阶段，概率是必须要考虑的一个因素。当直接运用化学、物理或其他科学检测成分或性质是否具有单一的特性时，就不需要考虑概率这一问题了。在由检测结果确定"是"或"否"的这类问题中，不需要进行数理统计……然而，即使化学测试也只能确定物质性质的概率。例如，许多常用的对含碱毒物的试验都是不特定的。也就是说，试剂加入到不同的物碱中会产生相同的颜色。

在接下来的章节中，我们将讨论法医范例的修改，我们建议要根据类别证据性质的鉴定加以区分，要确定是把鉴定作为目的还是作为个体的认定的中间阶段。

对个体识别和统计最有说服力的评论是由 Darid Stoney（1991）在回应当时 DNA 基因图组新应用的问题时做出的，Stoney 对我们普遍接受的具有内在区分性的皮纹学指纹和我们需要证明的 DNA 图组的独特性进行了区分。

其次，我们必须客观地看待个体化认定的过程。我们是要证明特殊性吗？我的回答是：这是一个十分荒谬的想法。指纹对比很重要，所以我们把指纹的特异性作为一个理想的评定标准，然而这只是一个主观想法而已。在指纹对比中，我们主观的依赖于其特征，但我们并没有证明这一点。

如果我们要确定一个刑事专家能够认可概念，这无疑会成为我们的选择。

四、关联性

关联性也许是法庭科学领域最容易被误解的概念。虽然它与转移理论密切相关，并且完全取决于分类和个体化认定的进程，但没有关于其本身或与其他法庭科学概念相联系的学术讨论。Kirk（1953 年）在讨论把某人和案件联系的过程中静物可以作为间接证据时，避开了这一话题的讨论。

刑事侦查的核心问题是进行身份认定。通常是指对犯罪者身份的认定，有时也是对受害者身份的认定。物证认定不仅是身份认定的补充，反过来还有助于身份认定。对凶器的鉴定有助于确定犯罪时持有凶器的人。笔迹鉴定能帮助我们找到作者，进一步了解案情。

Osterburg（1968）把关联证据定义为"能够将一个人与犯罪现场联系在一起。"同样在 DeForest，Lee 和 Gaensslen 合著的《法庭科学：刑事侦查学概论》（*Forensic Science：An Introduction to Criminalistics*）一书中，有关这一概念的描述也只有几句：

根据样品的个性化程度，可以就案件中的人和物证的关联关系得出不同的结论……在评价物证的关联性时，我们要牢记这点。

即便如此，我们仍然不能确定究竟关联性是个体识别的同义词，还是一个完全不同的概念。正如我们在下一章将要讲述的一样，关联性是法庭科学范式中分类或个体识别的组成要素。事实上，它最适合于对两物体间有联系的结论提供依据。

或许这方面最新的观点是由 Evett 等人提出的（1998）。他们提出了"命题的层次结构"这一概念用来表明案件的关联程度。关联的程度包括：（1）源头（例如，玻璃碎片来自 X 窗户）；（2）活动（是 A 先生砸了 X 窗户）；（3）罪行（例如，A 先生犯了盗窃罪）。他们强调，在每个程度中，专家还必须考虑到备选假设，即玻璃碎片来自其他被砸碎的玻璃物品；A 先生没有砸窗户；另一人实施了盗窃。在本书的第二部分中，Evett 的层次理论将为我们已经很熟悉的术语提出不同概念，来源与分类/个体识别相类似，活动可理解为关联性，罪行与案件重建直接相关。

五、案件重建

案件重建促使我们去创建一个能重新播放犯罪事件的录像带。正如我们在下一章中将要介绍的，案件重建是按照空间和时间对事件进行重新排序，运用物证添加其他有用信息。然而在历史上，由于一些刑侦专家对案件重建过于推崇，公众和司法机构对由犯罪物证提供的信息也赋予了很大期望。或许是出于解决棘手案件的压力，即便是最具观察力和学识的刑侦专家也只是依赖于物证分析的结果。

小说作家赋予了科学侦查跳跃式的开端，无意识地为具有深远意义的、有时也是不能解释的预期做写作铺垫。然而，新闻播报员和记者为了追求轰动效应，不断地夸大了物证分析的作用，导致了公众期许奇迹、专家迎合公众的恶性循环。1958 年，前圣佛朗西斯科专门负责采访警方消息的记者 Eugene Block 出版了《伯克利奇才》（*The Wizard of Berkeley*）一书，书中几乎没有谦逊的意味。书的封面上写着"美国科学刑侦专家的杰出先驱，世界著名的 Edward Oscar Heinrich"。该书描述了一起著名的案例：发生在加利福尼亚州和俄勒冈州边界南太平洋铁路上的谋杀案。从书名中可以看出，Heinrich 检查了现场发现的一套脏工作服。

这件衣服是由一个习惯用左手的伐木工人穿过的，该伐木工在杉树林中工作，他是一个介于 21 到 25 岁间的白人，不超过 5 英尺 10 英寸高，体重约为 165 磅。他有浅棕色头发，皮肤白皙，浅棕色眉毛，手和脚都较小，生活相当讲究。显然，他生活并工作于西北太平洋地区。要寻找这样的一个人，你会从我这里听到更多信息。

我们希望 Heinrich 告诉我们案发当天早上他早餐吃了些什么（案例 3 是对该案件的详细描述）。

在现代刑事侦查学发展的沃土——美国加州大学伯克利分校，这些理念在 20 世纪 50 年代达到鼎盛时期。在第一版《刑事侦查》中，Kirk 说，他介绍了他对在盗窃案现场发现的一只手套的推理。

a. 罪魁祸首是一名从事建筑业的工人；

b. 他的职业是推手推车；

c. 他住在城外的一个小农场或花园里；

d. 他是欧洲南部人；

e. 他养鸡，并有一头牛或马。

据 Kirk 说，在嫌犯被逮捕后，除了是他开拖拉机而非推手推车之外，所有的推论都被证实了。Kirk 解释说这是一个合理的错误，因为通过对手套的内表面进行观察，第四根和第五根手指与其他三根手指相比磨损更加严重，这可能是推手推车把造成的，也可能是拉动拖拉机杆造成的。

我们关注 21 世纪初期刑事专家实践案例的目的并非在于贬低这两位有能力的专家，没有他们就不会有该领域的今天，而是强调媒体和公众的压力可能导致对物证的过度解释，以及从那时开始该领域就发生了的思想转变。

案例 3

Edward O. Heinrich——南太平洋快车谋杀案

1923 年 10 月 11 日，在俄勒冈州一个名叫锡斯基尤的小镇外，在一个名字同样叫作锡斯基尤的山上，一列从波特兰到圣弗朗西斯科的 13 号特快列车正在驶向距加利福尼亚州边界不远处的 13 号隧道。在列车乘务员和乘客都毫不知情的情况下，当列车缓慢地接近隧道北入口时，两个强盗跳上了列车的邮件车厢，第三个强盗在南出口外的山坡上等待，他的手指放在炸弹的引爆器上。当列车的发动机和前几节车厢刚从隧道南侧出来时，列车意外停止了；此时邮件车厢刚走出隧道的一半，而乘客车厢和行李车厢还在隧道内。放置在邮件车厢内的炸弹本来只是想让邮件车厢与列车分离，但却引发了大火，这时劫匪都感到恐慌了，更不用提列车乘务员和乘客。邮件车厢的工作人员被烧死在岗位上，而工程师、消防员和司闸员则在附近的山上被枪杀。劫匪被迫放弃了战利品（应该是邮件车厢里的抵押证券和现金），消失在周围的山里。在尾节车厢的列车员逃过劫匪的追踪跑了出来，在隧道南端迅速用紧急电话报了警。

不久，来自附近城镇的副警长和其他官员来到了现场。在隧道南端外的山坡上，他们发现了装有两节电池雷管遗骸，该雷管带有控制火车轨道的电线。他们在雷管的附近发现了一支左轮手枪，一套油腻的蓝色牛仔布工作服，一只泡在木馏油中的鞋，这可能是为了防止警犬的跟踪。他们在现场附近的一间小屋里收集到了背包、内衣、一双袜子、一把水壶和一个水袋。当地一名流浪汉报告说，他看见在火车接近隧道北端时两名男子跳上了邮件车厢。

当地的武装和警犬搜寻了几乎所有地方。有证据显示雷管上的电池可能是从一家当地商店买到的。一群人来到该商店并发现技工手上和脸上的污垢与在现场发现的工作服上污垢的十分相似，他们让技工穿上在现场发现的工作服。由于工作服非常合身，他们抓获了这名技工，虽然该机工一直抗议自己无罪，但还是被关进了当地监狱。然而，除此以外，警方没有将他与犯罪的其他方面相联系。

蓝色的工作服被送到伯克利分校的 Edward O. Heinrich 手中，他们也向 Heinrich 介绍了那名技工。在仔细地检查过工作服之后，Heinrich 得出以下结论。

你们抓错了人……这件衣服是由一个习惯用左手的伐木工人穿过的，该伐木工在杉树林中工作，他是一个介于 21 到 25 岁间的白人，不超过 5 英尺 10 英寸高，体重约为 165 磅。他有浅棕色头发，皮肤白皙，浅棕色眉毛，手和脚都较小，生活相当讲究。显然，他生活并工作于美国太平洋西北地区。要寻找这样的一个人，你会从我这里听到更多信息。

根据 Heinrich 的说法，这名技工被释放了。

Heinrich 是怎样得出有如此惊人的推论的？他认为污垢不是油脂，而是树液，更具体地说，是杉木树液。他在右边口袋里找到了许多谷粒、颗粒和碎片。通过显微镜检测，他确定颗粒物包括道格拉斯冷杉树树针、杉木碎片和指甲剪剪下的碎片。他还发现了纽扣上缠着一缕头发。通过口袋里的物品，他推测穿衣者是在冷杉林附近工作的伐木工人；根据头发的颜色、截面形状和宽度，他确定头发来自一位21到25岁间的高加索男子。

Heinrich 认为该名男子习惯用左手。这一结论是根据在他的右口袋里发现木头碎片得出的。当左撇子砍树时木头碎片通常会掉进右口袋（右边会对着树，木头碎片会飞进去），而且左边口袋磨损的较厉害；他还观察到衣服是从左侧开始系扣的。指甲剪使他确信该名男子很讲究。他通过工作服肩扣和裤腿底部的长度估算出男子的身高。Heinrich 坚持认为，左边比右边长四分之一英寸进一步证明了嫌犯是左撇子。每条裤腿底部的折痕说明裤腿被塞到鞋里，"就像伐木工人一样"。

最具有指示意义的发现是从围裙上部深窄的铅笔口袋中得到的，这是一封50美元的挂号信收据，信件是由俄勒冈州尤金的 Roy D'Autrement 寄给他在新墨西哥州雷克伍德的弟弟。该信息让警察找到了 Paul D'Autrement，他的三个儿子分别是 Roy 和 Ray（双胞胎），以及 Hugh。Paul D'Autrement 说，在火车出事前一天，他的儿子们就消失了。他对 Ray 的描述与 Heinrich 的推论正好相符，他是个习惯用左手的伐木工人。

在从 Paul D'Autrement 家中搜集到的一些个人物品中，Heinrich 从 Roy 使用的一条毛巾上找到了与工作服纽扣上相匹配的头发。从小屋里的物品中，Heinrich 认定背包中有冷杉树树针的碎片，并且用来缝背包的粗黑线和用来缝工作服的粗黑线——是相同的。通过对内衣盒袜子的测量，他计算出穿着者的身材和体格要大于穿工作服的人，这与 Paul D'Autrement 对 Ray 的描述完全相符。

Colt 自动手枪的外部序号已部分丢失，他找到了其内部序列号。这把手枪来自西雅图的一家商店，并经 William Elliot 签名出售。Elliot 的签名被送到 Heinrich 处，他发现这与 Roy D'Autrement 的签名相匹配。据枪支经销商的说法，买枪的人就是 Roy。最后，水壶和水袋被证明是由三名男子一起在尤金的一家陆军剩余物资店中买到的。根据 Block 的描述，"很显然，他们是三兄弟，他们在抢劫前很可能把那间小屋作为碰面的地点"。

在三年后的1927年3月，一名退伍军人在通缉海报上认出了 Hugh D'Autrement 的照片，随后 Hugh 被捕。一个月后，一位老先生在星期天报纸上的一篇文章中认出了这对双胞胎的照片，他们在俄亥俄州钢厂被抓，在钢厂里他们使用假名以掩人耳目。他们首先对休进行了审判并宣判其有罪，这使得双胞胎也承认了罪行，最后 Hugh 对犯罪也供认不讳。他们都被判处在萨利姆的俄勒冈州监狱终身监禁。

从历史资料中我们很难得知在对 Autrement 兄弟的调查和定罪中，法庭科学究竟起了什么作用。当今许多法庭科学专家都同意 Heinrich 的结论，结论的意义以及结论所传达的信心，这远远超出了结论所依据的数据。然而，没有人否认 Heinrich 在普及法庭科学、推行普法教育以及让公众了解到物证破案价值等方面起到了重要作用。

资料来源：Block E. B.，《伯克利奇才》，New York：Coward – Mccann，1958 年。

今天，只有少数刑侦专家支持通过检验物证分析出人的生活习惯等细节，更不用说是从一只手套或一套工作服中得到这么多的细节。上述推论在当时可能是夸夸其谈，但是随着社会流动性的增加和折中主义思潮的兴盛，这些推论是不负责任的，甚至可能会引起误导。在当前大环境下，大多数法法庭科学专家回避了 Conan Doyle 的推断方式，而是把他们的评论局限于证据和参考样本是否具有共同的起源，并就他们之间是否具有关联性进行推论。

DeForest 和 Saferstein 都强调了物证在案件重建中的重要作用，这或者可以用来证实或驳倒目击者的言论，或者可以在没有任何目击者的情况下提供信息。DeForest，Lee 和 Gaensslen（1983）认为：

案件重建是把关于案件和情况的一系列"碎片"拼在一起，通过事件中物证的记录对过去发生的事情做出客观的理解。案件重建通常应用于刑事案件，因为刑事案件经常没有证人或证人证言不可信。鉴定和个体识别可以为案件重建提供有用数据。

Saferstein（1998）认为：

犯罪现场遗留的物证在案件重建中起着至关重要的作用。虽然单个的证据并不能说明发生了什么，但它可以支持或否定证人或犯罪嫌疑人的供词。从物证中所获得的信息也可以帮助或引导陪审团进行案件重建。对物证的收集和归档是案件重建的基础。案件重建通过对物证的观察和评估，说明事件发生的顺序，证实证人和与案件有关的人的说法。

很明显，当我们越熟练地运用物证来提供有关犯罪的信息，我们就会更加谨慎地对案情进行解释和推论。当代刑侦专家都知道，侦查的盛宴大多都存在于文学之中。然而，许多人却局限于在实验室中发挥专长。当今只有极少数刑侦专家才考虑进行案件重建，对于那些经过专业培训的人来说，他们往往是正确的。对物体和事件进行时空关联似乎只是一些老前辈、侦探或律师需要做的事。在我们看来，接受过全面训练的刑侦专家仍然是进行案件重建的最佳人选。

即便是从滴落的一滴血迹中来观察案件细节，Kirk 仍然用他的热情去进行理解：

单个证据不足以证明有罪或无罪。

第四节　实践情况

持续的主题

在法庭科学简短的历史中，一些共同的主题得到了发展，主要表现为在争议和抱怨中发展。在本章的最后一部分中，我们将会对典型的例子进行列举，并对该领域的实际状况进行评论。

1. 证据的识别和收集

或许历史上对刑事侦查学最苛刻也是持续时间最长的抱怨就是缺乏在犯罪现场的实践训练。事实上，大多数"警察学"或"犯罪侦查"方面的书籍❶都是主要面向不具备法庭科学专业知识的警员和侦探的，因为他们往往是第一个到达现场的人。通常是由不具备科学训练知识的执法人员和技术人员来承担识别和收集证据的任务。而刑侦专家却很少走出实验室来到犯罪现场，他们去犯罪现场通常是因为他们已经在那里了。在不同的辖区中，做出需要搜集什么证据、由谁来收集这些证据的决定的人是不同的，很难一概而论。虽然众多口碑良好的作者一再强调要让刑侦专家去现场，❷然而预算的限制和资源的管理经常排除了这样做的可能性。例如，在一些司法管辖区，刑侦专家会去杀人现场，而不会去提取盗窃案现场的指纹。

当时任职于纽约市警察局的 O'Hara 和 Osterburg 在 1949 年出版了《刑事侦查学简介》一书，该书就主要介绍了这种情况。他们指出"行政事务的不称职不能吸引称职的人员"，面对刑侦专家与犯罪现场的分离，他们强调"刑侦人员现场工作的重要性"，进行的分析是"技术人员的一项常规工作"。他们还指出，现在缺少"培养具有科学知识的侦探"的规定，将来的趋势必定是：让经受过专业训练的警员去搜集证据送到实验室进行分析。

Kirk 在 1953 年版的《犯罪侦查》一书中指出，"侦查人员必须了解：（a）什么是物证；（b）如何收集和保存物证；（c）如何从物证中获得信息；（d）如何解释获得的信息。他赞成应该让"刑侦专家去犯罪现场"，并指出"直截了当地说，实验室分析的失败多源自于对物证的不恰当收集，而非实验室分析不当"。瑞典作家 Svensson（Svensson 和 Wendal，1955

---

❶ 历史上有大量这方面的书籍，包括：Gross（1891）；Else and Garrow（1934）；May（1936）；Grant（1941）；Svensson and Wendel（1955）；Nickolls（1956）；Grant（1958）；Jones and Gabard（1959）；Williams（1967）；Kind and Overman（1972）；Fisher（1992）。

❷ Ibid

年）在《犯罪调查》一书中指出，要有对犯罪现场程序的第一手最确切描述。他强调了工作人员维护现场的责任，以及在处理证据时要仔细认真。

时任新苏格兰警视厅实验室主任的 L. C. Nickolls 在 1956 年出版的《犯罪科学调查》一书中指出，最有说服力的司法行为就是指派分析专家去犯罪现场。他将"专家"的作用描述为：

- 检查犯罪现场的状况，在警方调查之前，从科学角度对事件的性质做出分析。
- 检查犯罪现场遗留的任何不寻常的物品或碎片，这些都能证明专家的专业能力，但有时大众不认为这些物品有价值。
- 通过现场检查为下一步的科学行动以及警方需要寻找的样本提供建议。
- 最重要的是——要明确案发当时现场的情况以便于进行多种物品的检验，如果可能的话，专家在庭审时也应该知道这些情况。在检查人员不明确进行检查的原因或检查证据的价值或目的时，他不能进行检查或提供证据。

1959 年，时任洛杉矶警察局（LAPD）科学调查组首席指挥官的 Leland Jones 与 Gabard 合写了《科学侦查和物证：侦查手册》一书。在一个超现实的预测评论（Simpson 案）中他讽刺道：如果处理效率低下的话，最有价值的物证也可能一文不值。他把物证处理分为四个阶段：

a. 在现场或其他地方收集所有可能的证据。
b. 对证据进行正确的标记。
c. 保持证据链完整。
d. 防止证据被污染。

我们继续逃避的理由（这意味着它们一定是行政上的或财政上的）是，系统会继续将方钉钉入圆孔，把收集所有重要证据的任务都交给没有受过训练的人，禁止实验室里的刑侦专家使用昂贵的仪器。

2. 刑事侦查学是一门独立科学学科吗

有时，业外人士会把刑事侦查学做当一个私生子，一门完全依赖学术科学的知识的寄生学科（O'Hara and Osterburg, 1949）。在 Kirk 1963 年的专著《刑事侦查学的个体发生学》中，他预见性地提出了刑事侦查学是否是一门独立科学学科这一问题。除了介绍科学行为分类的基础外，Kirk 还提出了刑事侦查学是否是一门独立的学科这一问题。

刑事侦查学是科学吗？根据大多数的定义，科学包括建立在明确基础原则之上的、有序的、连贯的知识体系。这种知识体系能够进行预测和解释。公认的科学能通过研究而不断增多理论和技术知识。刑事侦查学具有科学资格吗？它是基于看似简单却又不明确的个体识别原则。从这个意义上说，它不侵犯其他科学，而是一个单独独特的领域。然而，这一领域的知识体系在很大程度上是不协调的，也并没有形成简单明确的术语。适量的研究使知识体系在不断扩大，技术层面的扩大要大于理论层面。公平而论，就刑事技术本身而言应该算是一门科学，但由于其此刻缺乏充分的发展，具体是否是科学也需要公众的认同。即使在当前的情况下，它可以进行预测和解释。要使刑事侦查学作为一门独立的科学分支，就必须使其充分发展。

然而，从 Kirk 40 年前对这一现象进行描述之后，这种情况并没有太大的改变。技术创新，尤其是仪器的创新，已远远超过了将刑事侦查学作为一门独立学科所需要建立的理论框架。法庭科学学术项目的缺乏和减少，凸显了在没有严谨的理论框架下所进行的分析是十分危险的。正如 Kirk 简明地指出，"只有有能力的侦查人员却缺乏设备的情况要远远优于只有大量的设备而缺乏有能力的侦查人员"。❶ 根据这一点，我们希望能够提供一个合理的框架，使法庭对比和分析的结果能得到充分的解释。

3. 刑事侦查学是一门专业吗

Kirk 在《刑事侦查学的个体发生学》（1963）中列出了一个专业必须符合的三个标准：（1）高水平教育下的广泛培训，（2）普遍认可和接受的行为或道德准则，（3）能培养能力。Kirk 提出的特征看起来既合理又全面。1963 年时，刑事侦查学符合专业要求吗？在过去的 40 年里情况发生变化了吗？Kirk 用法庭科学学术项目缓慢但有限的扩大来满足其第一个标准；目前这种情况看似在不断变化。他用加州刑事专家协会（CAC）的道德准则来满足其第二个标准，但他明确承认这项标准缺乏与整体的联系，其依据是他的假设"即使是与官方道德准则没有联系的规则也是客观的，它必须要在人民和法律面前表现出公平和正义。"他解释说，"与许多既定的专业相比，这些例外显得并不突出"显得模棱两可。该领域在这方面已取得了进展，至少有两个国家性质的法医组织，美国法医学协会（AAFS）和美国刑事学委员会（ABC）有道德准则，许多地方协会也是如此（见附录 B，C 和 D）。然而，这些组织的成员仍然是按自愿的原则遵守准则。Kirk 承认还没有任何客观的能力评估标准（如认证）来满足其第三个标准。就在最近 20 世纪 90 年代，美国刑事学委员会成立，并开始施行一般认证考试和专业认证考试。然而，像遵守道德准则一样，参与认证也出于自愿。

---

❶　一位首席小提琴艺术家可以让雪茄烟盒的声音听起来像弦乐器；而初学者可以使弦乐器的声音听起来像雪茄烟盒。——Doug Emerson，加州圣乔诺高中，乐队指挥，1970 年。

Kirk 认为，"尽管这个相对较新的领域仍有明显的局限性，但刑事侦查学实践显然满足一门专业学科的要求。"虽然 Kirk 沉浸在对当时实践状态评估所提出的一些想法中，但他明确了标准，并为本领域的不断进展铺平了道路。我们将在本书的最后一章中详细讨论具体的道德和问责制度。

Thorwald 中肯的历史评论可以解释近期法庭科学缺乏关注和凝聚力的原因。与一战相比，第二次世界大战使科技进步的方向更多地转向军事活动。人员和资源都以学术研究为导向转向在战争中为他们的国家赢得人权。虽然民用科学最终会从战争时期的发展中受益，但却使新兴的法庭科学领域缺少关注，导致这一学科在复兴之初就遭到瓦解。虽然方法和程序在不断传播，但对于分析详情和解释准则的训练并不一致，并且在仓促建立并运行实验室中，质量得不到保证。由婴儿潮导致人口爆炸带来的城市化和由战争催生的枪支升级，为犯罪的增长创造了环境，就如同娱乐性药物使用量的增加一样。对物证分析的需求在数量上和种类上都有所增加。

由于法庭科学越来越成熟，人们已经认识到需要极高的标准、专业的结合以及知识框架的形成。已经出现了独立科学的系统文献体系。当今技术的进步更倾向于自动化、高效化和灵敏化，而非发现新奇的或革命性的方法。虽然在应用科学的强制实用和理论学科的理性论述之间已经达到平衡，但我们相信只有持续不断的冲突才能带来进步。

第五节 总   结

在本章中，我们带您从刑事侦查的文学作品开始，经历了刑事侦查学实践的发展，最终得出了几个基本概念和原则，虽然这些概念和原则比实践要晚。我们介绍了作为刑事侦查工具的生物证据的演变。虽然指纹不是传统意义上与血液和组织类型相同性质的证据，但从理论上讲，它们是类似地；两种证据都具有进行个体识别的功能。本书也回顾了非生物证据的发展。根据定义，非生物证据是使个人与犯罪相联系的间接证据。因此，根据对非生物和生物证据的分析或比较得来的结果，其解释和展示有着本质上的差异。我们在本书中将继续探索这两种方法的对比。然而从更广泛的意义上说，某些概念和原则适用于所有的物证。我们将会进一步介绍这些原则和概念之间相互影响对法庭工作结果产生的作用，包括证据的内在属性、分析人员以及整个法庭科学界的判断。在下一章中，我们将要介绍法庭科学的统一范式。

参考文献

［1］Allard, J. E. and Wiggins, K. G. , The evidential value of fabric car seats and car seat covers, J. Forensic Sci. Soc. , 27 (2), 93 – 101, 1987.

［2］Ashbaugh, D. R. , Quantitative – Qualitative Friction Ridge Analysis: An Introduction to Basic and Advanced Ridgeology, CRC Press, Boca Raton, FL, 2000.

［3］Biasotti, A. , A statistical study of the individual characteristics of fired bullets, J. Forensic Sci. , 4 (1), 133 – 140, 1959.

［4］Block, E. B. , The Wizard of Berkeley, Coward – McCann, New York, 1958.

［5］Block, E. B. , Science vs. Crime: The Evolution of the Police Lab, Cragmont Publications, San Francisco, 1979.

［6］Cole, S. , Witnessing identification: latent fingerprinting evidence and expert knowledge, Soc. Stud. Sci. , 28 (5 – 6), 687, 1998.

［7］Cole, S. , What counts for identity? The historical origins of the methodology of latent fingerprint identification, Sci. Context, 12 (1), 139, 1999.

［8］Commission on Proceedings Involving Guy Paul Morin, The Honourable Fred Kaufman, C. M. , Q. C. , Queen's Printer for Ontario, 1998, and available at http: //www. attorneygeneral. jus. gov. on. ca/reports. htm Cordiner, S. J. , Stringer, P. , and Wilson, P. D. , Fiber diameter and the transfer of wool fiber, J. Forensic Sci. Soc. , 25 (6), 425 – 426, 1985.

［9］Coxon, A. , Grieve, M. , and Dunlop, J. , A method of assessing the fibre shedding potential of fabrics, J. Forensic Sci. Soc. , 32 (2), 151 – 158, 1992.

［10］Culliford, B. J. , The Examination and Typing of Bloodstains in the Crime Laboratory. U. S. Government Printing Office, Washington, D. C. , 1971.

［11］Cuthbert, C. R. M. , Science and the Detection of Crime, Hutchinson, London, 1958. Deadman, H. , Fiber evidence and the Wayne Williams trial, Part I, FBI Law Enforcement Bull. , 53 (3), 12 – 20, 1984a.

［12］Deadman, H. , Fiber evidence and the Wayne Williams trial, Part II, FBI Law Enforcement Bull. , 53 (5), 10 – 19, 1984b.

［13］DeForest, P. , Lee, H. , and Gaensslen, R. , Forensic Science: An Introduction to Criminalistics, McGraw Hill, New York, 1983.

［14］Dillon, D. , A History of Criminalistics in the United States 1850 – 1950, Doctor of Criminology thesis, University of California, Berkeley, 1977.

［15］Doyle, A. C. , A Study in Scarlet, Beeton's Christmas Annual, 1887. Doyle, A. C. , The Adventure of the Cardboard Box, The Strand Magazine, 1893.

［16］Else, W. M. and Garrow, J. M. , The Detection of Crime, published at the office of The Police Journal, London, U. K. , 1934.

［17］Evett I. W. et al. , A hierarchy of propositions: deciding which level to address in casework, Sci. Justice, 38 (4), 231 – 239, 1998a.

[18] Evett I. W. et al. , A model for case assessment and interpretation, Sci. Justice, 38 (3), 151 – 156, 1998.

[19] Faulds, H. , On the skin furrows of the hand, Nature, 22, 605, 1880.

[20] Fisher, B. J. , Techniques of Crime Scene Investigation, 5th ed. , CRC Press, Boca Raton, FL, 1992.

[21] Gaensslen, R. E. , Sourcebook in Forensic Serology, U. S. Government Printing Office, Washington, D. C. , 1983.

[22] Gaensslen, R. E. , Ed. , Sourcebook in Forensic Serology, Unit IX: Translations of Selected Contributions to the Original Literature of Medicolegal Examination of Blood and Body Fluids, National Institute of Justice, Wasington, D. C. , 1983.

[23] Galton, F. , Finger Prints, Macmillan, London, 1892.

[24] Galton, F. , Personal Identification and Description II, Nature, 38, 201 – 202, 1888. German, E. , The History of Fingerprints, 1999, available at http: //www. onin. com/fp/ fphistory. html.

[25] Grant, J. , Science for the Prosecution, Chapman & Hall, London, 1941.

[26] Grieve, M. C. and Biermann, T. W. , The population of coloured textile fibres on outdoor surfaces, Sci. Justice J. Forensic Sci. Soc. , 37 (4), 231 – 239, 1997.

[27] Gross, H. , Criminal Investigation, 1891.

[28] Hatcher, J. S. , Jury, F. J. and Weller, J. , Firearms Investigation, Identification, and Evidence, Samworth, T. G. , Ed. , The Stackpole Co. , Harrisburg, PA, 1957.

[29] Home, J. M. and Dudley, R. J. , A summary of data obtained from a collection of fibres from casework materials, J. Forensic Sci. Soc. , 20, 253 – 261, 1980.

[30] Houck, M. , Statistics and Trace Evidence: The Tyranny of Numbers, Forensic Science Communications, Federal Bureau of Investigation, Virginia 1 (3), 1999, available at http: //www. fbi. gov/programs/lab/fsc/current/houck. htm.

[31] Houck, M. and Siegal, J. , A large scale fiber transfer study, paper presented at the American Academy of Forensic Sciences, Orlando, FL, February, 1999.

[32] Israel National Police, International Symposium on Fingerprint Detection and Identification, J. Forensic Identification, 45, 578 – 84, 1995.

[33] Jeffreys, A. J. , Wilson, V. and Thein, S. L. , Individual – specific "fingerprints" of human DNA, Nature, 316 (4), 76, 1985.

[34] Jones, L. V. and Gabard C. , Scientific Investigation and Physical Evidence; Handbook for Investigators, Charles C Thomas, Springfield, MA, 1959.

[35] Kidd, C. B. M. and Robertson, J. , The transfer of textile fibers during simulated contacts, J. Forensic Sci. Soc. , 22 (3), 301 – 308, 1982.

[36] Kind, S. and Overman, M. , Science against Crime, Aldus Book Limited, published by Doubleday, New York, 1972.

[37] Kingston, C. R. and Kirk, P. L. , Historical development and evaluation of the "12 point rule" in fingerprint identification, Int. Criminal Police Rev. , 186, 62 – 69, 1965.

[38] Kirk, P. L. , The ontogeny of criminalistics, J. Criminal Law, Criminol. Police Sci. ,

54, 235 - 238, 1963.

[39] Kirk, P. L. , Crime Investigation, Interscience, John Wiley & Sons, New York, 1953.

[40] Kirk, P. L. , Crime Investigation, 2nd ed. , Thornton, J. , Ed. , Krieger (by arrangement with John Wiley & Sons), Malabar, FL, 1974.

[41] Locard, E. , Dust and its analysis, Police J. , 1, 177, 1928.

[42] Locard, E. , L'enquete criminelle et les methodes scientifique, Ernest Flammarion, Paris, 1920.

[43] Locard, E. , The analysis of dust traces, Part I - III, Am. J. Police Sci. , 1, 276, 401, 496, 1930.

[44] May, L. S. , The identification of knives, tools and instruments, a positive science, Am. Police J. , 1, 246, 1930.

[45] May, L. S. , Crime's Nemesis, Macmillan, New York, 1936.

[46] Moore, G. , Brief History of Fingerprint Identification, 1999, available at http: //onin. com/fp/fphistory. html.

[47] Morland, N. , An Outline of Scientific Criminology, Philosophical Library, New York, 1950.

[48] Mullis, K. B. et al. , Specific enzymatic amplification of DNA in vitro: the polymerase chain reaction, Cold Spring Harbor Symp. Quant. Biol. , 51, 263 - 273, 1986.

[49] Murdock, J. E. and Biasotti, A. A. , The scientific basis of firearms and Toolmark Identification, in Firearms and Toolmark Identification, in Modern Scientific Evidence, Faigman, D. L. , et al. , Eds. , West Law, San Francisco, 1997.

[50] Nichols, R. G. , Firearm and toolmark identification criteria: a review of the literature, J. Forensic Sci. , 42 (3), 466 - 474, 1997.

[51] Nickolls, L. C. , The Scientific Investigation of Crime, Butterworth, London, 1956. O'Hara, C. E. and Osterburg, J. W. , An Introduction to Criminalistics; The Application of the Physical Sciences to the Detection of Crime, Macmillan, New York, 1949.

[52] Osterburg, J. W. , The Crime Laboratory; Case Studies of Scientific Criminal Investigation, Indiana University Press, Bloomington, 1968.

[53] Palmer, R. and Chinherende, V. , A target fiber study using cinema and car seats as recipient items, J. Forensic Sci. , 41, 802 - 803, 1996.

[54] Parybyk, A. E. and Lokan, R. J. , A study of the numerical distribution of fibers transferred from blended fabrics, J. Forensic Sci. Soc. , 26 (1), 61 - 68, 1986.

[55] Poe, E. A. , The murders in the rue morgue, Graham's Mag. , 1841.

[56] Poe, E. A. , The Purloined Letter, The Gift, 1845.

[57] Pounds, C. A. and Smalldon, K. W. , The transfer of fibers between clothing materials during simulated contacts and their persistence during wear: part I: fiber transference, HOCRE Report, Home Office Central Research Establishment, Aldermaston, 1975a.

[58] Pounds, C. A. and Smalldon, K. W. , The transfer of fibers between clothing materials during simulated contacts and their persistence during wear: part II: fiber persistence, HOCRE Report, Home Office Central Research Establishment, Aldermaston, 1975b.

[59] Pounds, C. A. and Smalldon, K. W. , The transfer of fibers between clothing materials during simulated contacts and their persistence during wear: part III: a preliminary investigation of the mechanisms involved, HOCRE Report, Home Office Central Research Establishment, Aldermaston, 1975c.

[60] Railton, S. , University of Virginia, Mark Twain in His Times, Pudd'nhead Wilson sources, 1998, available at http://etext. lib. virginia. edu/railton/wilson/pwsrcs. html.

[61] Robertson, J. and Lloyd, A. K. , Observations on redistribution of textile fibers, J. Forensic Sci. Soc. , 24 (1), 3 – 7, 1984.

[62] Robertson, J. , Kidd, C. B. M. and Parkinson, H. M. P. , The persistence of textile fibers transferred during simulated contacts, J. Forensic Sci. Soc. , 22 (4), 353 – 360, 1982.

[63] Roux, C. and Margot, P. , An attempt to assess the relevance of textile fibres recovered from car seats, Sci. Justice J. Forensic Sci. Soc. , 37 (4), 225 – 230, 1997.

[64] Saferstein, R. , Criminalistics: An Introduction to Forensic Science, 6th ed. , Prentice Hall, Englewood Cliffs, NJ, 1998.

[65] Saiki, R. K. et al. , Enzymatic amplification of beta – globin genomic sequences and restriction site analysis for diagnosis of sickle cell anemia, Science, 230, 1350, 1985.

[66] Solbello, L. , Application of PLM in the Industrial Minerals Laboratory, paper presented at Inter/Micro 99, Chicago, IL, July 1999.

[67] Stoney, D. A. and Thornton, J. I. , A critical analysis of quantitative fingerprint individuality models, J. Forensic Sci. , 31 (4), 1187 – 1216, 1986a.

[68] Stoney, D. A. and Thornton, J. I. , A method for the description of minutia pairs in epidermal ridge patterns, J. Forensic Sci. , 31 (4), 1217 – 1234, 1986b.

[69] Stoney, D. A. and Thornton, J. I. , A systematic study of epidermal ridge minutiae, J. Forensic Sci. , 32 (5), 1182 – 1203, 1987.

[70] Stoney, D. A. , What made us ever think we could individualize using statistics? J. Forensic Sci. Soc. , 3 (2), 197 – 199, 1991.

[71] Svensson, A. and Wendel, O. , Crime Detection, Elsevier, New York, 1955.

[72] Thorwald, J. T. , Crime and Science, Harcourt, Brace & World, New York, 1966, Translation, Richard and Clara Winston.

[73] Thorwald, J. T. , The Century of the Detective, Harcourt, Brace & World, New York, 1964, Translation, Richard and Clara Winston, 1965.

[74] Tulleners, F. A. J. and Giusto, M. , Striae reproducibility on sectional cuts of one Thompson Contender barrel, AFTE J. , 30 (1), 62 – 81, 1998.

[75] Twain, M. [Samuel Clemens], The tragedy of Pudd'nhead Wilson, Century Magazine, 1894.

[76] Voltaire, F. , Zadig, 1748.

[77] Williams, E. W. , Modern Law Enforcement and Police Science, Charles C Thomas, Springfield, MA, 1967.

[78] Wilson, E. O. , Consilience: The Unity of Knowledge, Knopf, New York, 1998.

第二部分

法庭科学的原则

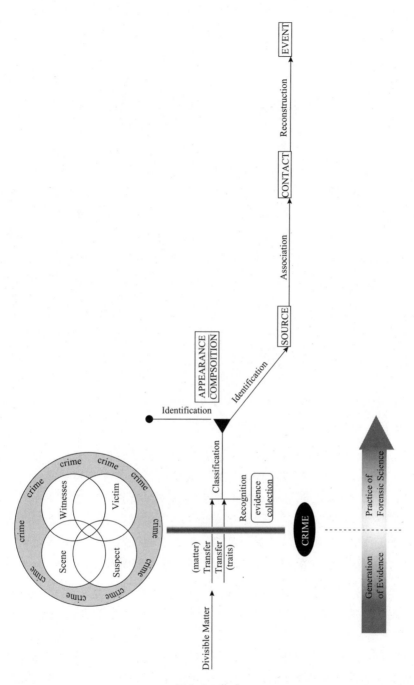

图 3.1　范式

注：实践专业需要一张通用的地图为工作指引方向。虽然在刑事侦查学中还没有清晰有序的形式，无数工作者都为本书的概念框架贡献了自己的一分力量。该范式包括构成证据的（证据的来源）原则和刑事侦查的分析过程。

第三章 概述——法庭科学的统一范式

范式的学习……是指让学生为进入特定的科学领域做好准备，并且将来会在该领域进行实践。由于他加入到了通过相同的具体模式而习得的该领域基础知识的人群中去，后续实践很少会产生对基本问题的分歧。由统一范式进行的研究要遵循相同的科学实践原则和标准，由此会产生常规科学的先决条件，如在特定研究传统的开始和后续过程中。

——Thornas Kuhn

《科学革命的结构》，第三版，1996 年

第一节 简 介

1963 年，Paul Kirk 出版了一本名为《刑事侦查学中的个体发生学》的简短专著。他在这篇专著中写道：

结合本领域取得的所有进步，从广泛的意义上讲，在大部分情况下细致的检验所显示出的进步是技术的而非基础的，是实践的而非理论的，是短暂的而非永久的。很多人能够鉴定出发射子弹的枪支，但几乎没有人能够阐明枪支鉴定的基本原理。文件检验员要不断辨认笔迹，但是初学者会很难在实践中区分所应用的基本原理。总而言之，与其他行之有效的技术程序相比，刑事侦查学领域严重缺乏基本理论和基本原则。

值得注意的是，尽管 Kirk 一再表明"刑事侦查学是个性化的科学"，但是他并没有就其所指责的基本原理缺乏这一事实提出一整套完整的理论。

事实上，在过去的几十年间，各种类别的理论框架已经逐步形成。这些基本概念为科学知识在法庭领域的应用提供了哲学的、合理的框架。这些概念指导法庭分析沿着逻辑的框架进行，从对物证起源的理解开始，到陈述分析结果的重要性为止。然而，这些概念却以分散的形式发展，而且事实上没有一个综合的范式公之于众。传统观念认为，法庭科学工作者已经用他们工作的主要模式来概括以下五个基本概念：

  a. 转移理论（物质交换原理）——两物体之间的物质交换（Locard，1928；1930）

  b. 鉴定——判断证据的物理化学特性（Saferstein，1998）

  c. 分类、个性化认定——确定证据的来源（Kirk，1963；DeForest，1983）

  d. 关联性——确定人与犯罪现场的联系（Osterburg，1968）

  e. 案件重建——确定事件发生的顺序（DeForest et al.，1983）

我们将提出一种尚未成熟的必要基本原理以对法庭证据做出理解，即我们所说的"可分割物质"。"可分割物质"优先于物证的转移理论，成为理解和实践刑事侦查学必要的第六个原则。基于本部分的目的，我们将会把这六个原则综合成一个统一的范式，希望读者在完成"可分割物质"这一部分后能重新阅读，以对这六个原则之间的相互依赖关系形成更好的理解。

在对这些原理之间建立联系时，我们发现只有可分割物质和转移理论这两个原理确定了与证据有关的科学原则；而其他的概念，如鉴定、种类间关联性的建立，以及特征的个体化认定、案件重建，都构成了法庭科学实践的整体，也是我们回答诸如"是谁做的？做了什么？在哪里做的？为什么去做？什么时候做的？怎么做的？"之类问题的必要程序。

图表3.1是该范式的图形表示。我们讨论的所有观点都是以犯罪的空间和时间顺序来排列的。犯罪现场、受害者、犯罪嫌疑人和证人之间的交互要素并不明显。然而，受害者、犯罪嫌疑人和证人通常会被描绘成围绕犯罪现场的一个三角形的三个顶点。我们倾向于把这些要素看作重叠的区域。无论如何，犯罪定义了证据、证据识别以及之后的证据分析和解释的界限。

第二节　原　　理

在我们所讨论的概念中，仅有可分割物质和转移理论两个概念涉及了物质的基本特征。这两个原理独立于人类的介入或认知；因此，我们将这两个原理区别于人类在开始进行证据识别之初所应用的其他程序。然而，尽管所有的物质都在不断地发生分割和转移，只有在分割和转移与某一特定的犯罪事实相联系时，物质才能被称作证据。应该注意的是，对于有些类型的证据，转移时的必要接触也正是分割的动力。例如，两辆汽车之间的碰撞能够同时造成油漆的转移和分割。

请注意，可分割物质并不像转移理论那样适用于所有证据种类，如指纹和痕迹。物质的转移要求它事先被分割开；性状的转移则不需要。

第三节 过　　程

从某种程度来讲，在犯罪行为发生之后，证据就会被发现并得到收集。在案件调查中，证据的发现和在其之后其他程序都是由人来决定和实施的。因此，我们根据无证存在的基础将法庭科学实践和基本证据原理区分开来。如果犯罪行为或者证据从未被发现，物质仍然会被分割并发生转移，其特征也会发生转移。但是，只有在回答犯罪调查的问题时，才会应用到种类间的关联性、特征的个体化认定以及案件重建。

一、鉴定

Kirk 和其他人都强调了个体化的过程，即将一类证据精确到一个。退一步来讲，我们应该认识到作为确定证据物理化学性质的鉴定本身就是其最终目的。举例来讲，在某种意义上，非法药物就是通过法庭鉴定来确定的。刑事司法系统的关注点并不是大麻的产地或者制造甲基安非他明的实验室（尽管有时他们也会受到关注）；对管制物品的占有即构成违法。鉴定回答了"它是什么"这一问题。

二、分类和个体化认定

鉴定也可能是个体化认定的一步。正如最后一部分所讨论的将个体化识别与最终的鉴定区分开来，我们将引入一个将个体化识别用作分类的中间步骤。一些作家（DeForest 等，1983；Tuthill，1994；Saferstein，1998；Cook 等，1998a，b）强调了在法庭领域中个体化认定的特殊意义，即对两种物体确定同源的结论。任何对个体化认定进行的法庭鉴定分析都建立在对至少两种物体的比较之上的。毫无疑问，物理学和逻辑学认为，任何独立的个体都是唯一的。法医学的问题是这些物体是否来自于同一个物体。对于在进行个体化认定前是否要进行分类，不同的人持有不同的观点。我们认为，无论是否出于有意，分析人员在得出结论时必须清楚物体是什么。如果在进行分类时就出现了界限模糊，那么个体化认定也将是通过妥协得到的。个体化认定的过程通过判断物体是否具有活性来回答"是哪一个？"或者"是谁做的？"这些问题。通过这一过程可以推知是否同源。

三、关联性

虽然"关联性"这一词语经常被用来描述法庭检验结果，但是对其却没有确切的定义——至少在已发表的文献中没有。我们建议把"关联性"定义为确定证据"来源"和"待证目标"之间具有联系的依据。这种依据是以物质转移或者由物质边缘互补的物理性匹配为基础的。来源和待证目标是由案件结构决定的操作术语；如果在两个物体间都发生了转移，那么这两个物体就都既是来源又是待证目标。

关联性的过程包含了所有支持和反对同源依据的证据的演变；换句话说，就是要比较竞争性假设。在竞争性假设前提下形成证据的概率是待证目标和本源有物理接触的一种表述，这与待证目标和其他不相关的事物接触形成对比。该过程需要把个体化认定过程中形成的证据力度与额外信息（如物质生产在和实证研究中所提供的信息），以及分析人员的假设相结合。其他人认为，决定关联性意义的因素是十分复杂的，包括 Robertson 和 Vignaux（1995）和 Cook（1998a，b）等。

为了阐明这一概念，请以从死亡个体上收集到的纤维为例进行思考。将这根纤维与来自于一辆货车上的毛毯做比对。取自尸体的证据纤维和汽车毛毯上的纤维是同种类型的，并且都含有难以区分的燃料成分。这些相似性表明货车毛毯可能是证据纤维的来源（或者，货车毛毯作为证据纤维来源的可能性不能被排除）。接下来，要考虑证据纤维的其他来源，包括货车上的毛毯、所有用该纤维制造的毛毯、以及其他任何有该种特定纤维制造的物品和分析人员无法区分于该纤维的其他任何物品。通过把实验室分析数据和在现实中对纤维处理所得到的信息相结合，就可能得出死亡个体和货车毛毯相互接触过的推论。

请注意同源认定（证据和参考纤维由于共享同一来源而被归为同一类别或者具有共同的个性化特征）与来源和待证目标之间有过接触这一推论（毛毯和死者相关）之间的区别。

四、案件重建

我们认为，案件重建是根据空间和时间对关联性进行排序。案件重建回答了"在哪里做的？怎么做的？何时做的？"这类问题。需要强调的是，"何时做的"通常只是指事件发生的相关顺序；毛衣是在谋杀发生之前、之中还是之后与沙发相接触的。

第四节 总 结

我们建议建立一个以犯罪案件为中心的法庭范式。可分割物质原理和转移原理在犯罪发生之前和之中发生相互作用。法庭科学实践在犯罪发生后从证据调查活动开始展开。可分割物质原理和转移理论是法庭物证分析的基础。鉴定、通过分类进行的关联性认定、个体化认定以及严密的案件重建是法庭科学实践的基础。

参考文献

［1］Cook R. et al. , A model for case assessment and interpretation, Sci. Justice, 38（3）, 151 – 156, 1998a.

［2］Cook R. et al. , A hierarchy of propositions: deciding which level to address in casework, Sci. Justice, 38（4）, 231 – 239, 1998b.

［3］DeForest, P. , Lee, H. and Gaensslen, R. , Forensic Science: An Introduction to Criminalistics, McGraw Hill, New York, 1983.

［4］Kirk, P. L. , The ontogeny of criminalistics, J. Criminal Law Criminol. Police Sci. , 54, 235 – 238, 1963.

［5］Kuhn, K. S. , The Structure of Scientific Revolutions, 3rd ed. , University of Chicago Press, Chicago, 1996.

［6］Locard, E. , Dust and its analysis, Police J. , 1, 177, 1928.

［7］Locard, E. , The analysis of dust traces, Part I – III, Am. J. Police Sci. 1, 276, 401, 496, 1930.

［8］Osterburg, J. W. , The Crime Laboratory: Case Studies of Scientific Criminal Investigation, Indiana University Press, Bloomington, 1968.

［9］Robertson, B. and Vignaux, G. A. , Interpreting Evidence, John Wiley & Sons, Chichester, 1995.

［10］Saferstein, R. , Criminalistics: An Introduction to Forensic Science, 6th ed. , Prentice – Hall, Englewood Cliffs, NJ, 1998.

［11］Tuthill, H. , Individualization: Principles and Procedures in Criminalistics, Lightening Powder Company, Salem, OR, 1994.

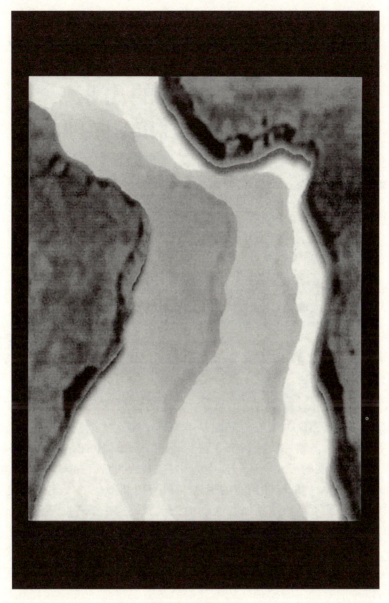

图 4.1 大陆板块

注：当物质分离时，通过分离过程而在小碎片上保留的特性是独一无二的。这些特点产生于断裂的边缘。粗糙的边缘是一个表面断裂成两个时所产生的自然结果；这些新产生的表面可以紧密的联合在一起，但却不能完全互补。从分割的那一刻开始，两个新产生碎片就开始发生变化，变成不同于彼此以及原来物体的物质。在某种程度上，通过两个断片边缘部分的互补性将它们结合到一起也许是不可能的。非洲和南美洲是来自于共同的大陆板块吗？你可以通过图表自己做出判断。

第四章　证据的由来
——可分割物质和转移理论

每一次接触都会留下痕迹。

——匿名

第一节　前　言

20 世纪 20 年代后的法庭科学是以 Edmund Locard 为基石的。Locard 的理论在其文章中有两三种表述，但是可以把最常用的表述做如下翻译：

没有人可以缜密到实施一个犯罪行为而不留下任何痕迹：罪犯要么会在犯罪现场留下许多痕迹，要么他会带走一些物质——在他的身上或衣服上——可以指明他去过哪里或他做过什么。

Locard 本人并没有提出这条原则，是他的学生和同事将 "raison d'être" 这条简单的词组翻译为法庭科学的基本原则。在这个过程中，Locard 的思想最终被转化为 "每一次接触都会留下痕迹"。以同样的方式，Quetelet 的 "自然属性以不同的形式表现" 演变为 "自然属性的表现形式从不会重复"（Thotnton，1986）。Locard 最初的表述（1920）和现代的重述版本之间存在微妙但重要的不同。在其他的区别中，删节版本并没有提及犯罪；读者都持有转移理论可以在任何情况下适用的印象（暂且不论这种印象正确与否）。更进一步说，Locard 认为犯罪行为是一种发生于压力和焦虑状态下的行为（"犯罪行为通常需要这种压力和焦虑"）。这就把那些在实施犯罪行为时没有情绪变化的精神病犯罪排除在外，这些罪犯并不会经历Locard 所提出的压力和焦虑。这条原则对系列案件的罪犯也不适用，他们可能会通过新的犯罪来完善作案方法，以减少留下痕迹的机会。尽管人们认为 Locard 提出过暗示，但是无论是 Locard 的原述和现在的解释都不能把两个物体间物质相互转移的可能性解释清楚。我们对交叉转移的预想不仅影响了证据的搜查，也影响了对已发现证据的解释。例如，对双向转移理论的猜想可能会削弱没被发现的两个方面的相关线索之间的关联性。

在回顾了 Locard 的文章之后（1920；1923；1928；1930），我们发现，与其说他在有意地表述一个普遍性的原则，不如说他仅仅说明了对现场

（包括受害者、犯罪嫌疑人以及证人）进行细致勘验的重要性。两个物体的频繁（或许在 Locard 看来是不可避免的）接触都会相互留下痕迹。找到这些痕迹，就能建立关联性。

作家 Conan Doyle 让 Sherlock Holmes 通过雪茄烟留下的灰烬推出雪茄烟的种类，通过一个人夹克衫上的泥土辨别出他来自伦敦的哪个部分，甚至可以通过辨认一种特殊的淡粉红色来判断是在哪里做的文身（Doyle，1891）。我们很难知道在那个时期 Locard 所在的里昂，他们是否能通过对物证如此简单的外表观察就能做出判断。然而，可以肯定的是，当时一个人所处的环境所包含的个性化信息要比今天的信息多。造成今天世界单一性的原因来自于物质产品的大量生产及其世界范围内的分配销售。此外，人们对于在世界范围内流动性和曝光率的要求都在不断增加。物质和人在物理层面的分开界定，意味着任何个体无时无刻不沐浴在充斥着各种材料的世界中，如棉花、糖、盐和玻璃。结果就是，在一个人或者他所处的环境中发现的痕迹并不能提供任何有用的信息把他和其他人区分开来。更进一步来讲，仅仅发现痕迹和比对物质相匹配并不能说明它们曾经相互接触过。接触只是一种推论，而非事实，这种推论的强弱取决于难以验证的假设的多少，包括转移性，持续性，可检测性，以及证据出现的频率。

综上所述我们得出一个结论：Locard 为法庭科学专家提出了一项基本但非完善的原则。例如，物质转移理论并不能解释压印证据或者与物理性质相符的证据。他写这些文章来介绍可能通过接触而被检测到的痕迹，以及可以利用这种自然属性来对物质进行鉴别和分类的技术（Locard，1931—1940）。他认为了解证据的自然属性与通过接触证明其存在同等重要。因此，了解证据的自然属性以及物质转移理论的机理对于法庭科学专家来说十分必要。很显然 Locard 认为证据的自然属性构成了他工作的中心环节，他不用对此加以赘述。我们可以更进一步认为，对于 Locard，转移理论仅仅是在做更重要的工作之前发现证据的机理而已。

我们认为，转移理论并非确定证据来源的开始；真正的开始是了解证据的自然属性以及物质转移理论的机理。在本章中，我们提出了物质在转移之前必须经过分割的观点，以及可分割物质和转移是通过犯罪案件中所收集到的证据联系在一起的。

第二节　物质的自然属性

对物质基本自然属性的理解是证据检验的基础。当物质由于与犯罪行为相关而成为证据时，对证据自然属性的理解就需要做出调整。物质（也称为物证）是我们周围的"物质"，它们由宇宙最基本的单位构成，并且遵循清晰的化学和物理定律。在讨论物证的时候，我们需要关注的并不是原子粒子本身，而是原子以及它们是如何排列以组成物质世界的。因为只有在它们按照化学和物理原则以特定的方式进行排列的情况下，它们的基本特性才会在每一次检测分析时得到不断重复利用。在法庭科学领域，法庭科学专家通过使用预定的测试来利用物质的这些特性，以发现物质潜在的自然属性，由此我们可以得出诸如关于这是什么以及证据潜在来源的结论。

法庭科学家必须拥有良好的化学和物理学基础；这些基础正是理解需要对证据的哪些特性加以检验以回答法律问题的起始之处。分析人员必须知道物质是怎样产生的，是天然形成还是人工制造；他们必须明确对该种物质定性起决定性意义的特性，包括与其他物质共有的特性以及该物质独有的特性。只有综合运用这些知识，才能确定哪些特征对物质分类有用，哪些特性可以认定证据来源，以及证据来源是否唯一。

对于血迹和弹道学，了解物质以及它们和环境的相互作用，对于解释证据是必不可缺的。对于这种"动态的"证据，我们应该遵循结果与过程并重的原则。尤其是我们要把这种证据用做辅助案件重建，换句话说，就是物质的时空运动。我们将在第七章中对此进行详细的论述。

第三节　可分割物质——法庭科学领域的一项新基本原则

一个物体既然存在于我们生活的物质世界中，就会有一系列力作用于其上。当作用力所施加的能量大于使物质保持完整的力时，该物体上的一小部分就会从母体物质中分离出来。这就是断裂。虽然现在没有准确定义这种现象的物理定律，但这对于法庭科学却相当重要。因此，我们认为，物体断裂是法庭科学的一项基本原则，我们命名它为可分割物质原则。

> 当施加足够的作用力时，物质可被分为更小的部分。这些部分会具有在断裂过程中形成的特点，以及之前较大部分的物理化学性质。

这个论述可以直接得出三个对于分析和解释物证具有重要作用的推论。

推论1：小部分物质所具有的一些特性不同于原始物质或者分裂过程。这些特性可用于识别所有从原始物质上分裂出的碎块。

推论2：小部分物质所具有的一些特性与原始物质以及通过这种方法形成的其他物质是相同的。我们可以根据这些特征来进行分类。

推论3：在分割的过程中或分割之后，原始物质的一些特性将消失或发生改变，并最后消失，这将会影响同源认定。

值得强调的是，可分割物质原则及其逻辑推论会对来源认定的法庭过程产生深远影响。

一、同源测定的可利用特性

分裂过程会产生原始物质中没有的物理特征，这些特征可能将在之后将这两个单独的物体联系到一起。粗糙的边界是一个表面断裂为两个的自然结果（Kalia 等，1997），这些新表面是十分紧密的，但并不完全互补。法庭科学专家利用互补的边缘来进行"物理性匹配"比较，以此来推断两个物体同源。例如，将一张纸撕成两半将会产生在原来的纸上没有的边缘，把这两个新的边缘对齐会使检测人员确认它们曾经是同一张纸（图4.2）。这就是可分割物质的最直接结果。

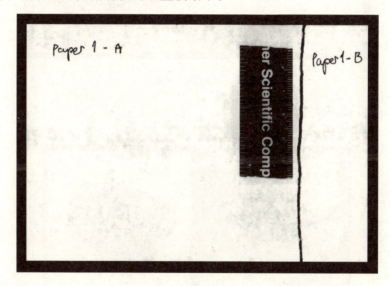

图 4.2　裂纸概观

注：把撕开的两张纸并齐排列就能显示出互补的边缘。检验人员通过足够长的互补边缘就可以确定这两张碎片曾经是同一张纸。读者可以将该图与图6.4进行比较。

所有在未分割物体上的特征和特性也都会在分裂时转移到新的断片中去。这包括在未分割物体上表现出来的所有物理化学特性，但是不包括那些确定其完整性尤其是其尺寸和形状的特性。在断片中保留的性状通常包括颜色、组成元素以及微晶结构。

在某种程度上，这些继承原物质而来的性状取决于原始物质的均匀性以及断片的尺寸。

如果有特征纹理的陶器破碎成比较大的几部分，残片将会显示出特征纹理（图4.3）。这种纹理有助于将陶器碎片和少数几类相似设计的陶器相联系。但是，如果陶器断裂成很小的碎片，那么任何一个碎片都可能不会表现出特征纹理。此时需要把这些碎片和很多矿物组成相似的陶器比对（图4.4），而非与少数几类有相似特征纹理的陶器比对。

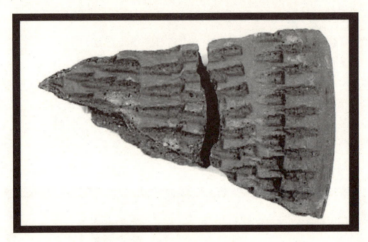

图4.3 陶器——纹理

注：如果互补边缘不能认定证据和参考样品是否为同源，那么就需要比较这两个物体的其他物理化学性质。本图中，两个物体上的纹理缩小了制造该种纹理陶器制造商的可能范围。

图4.4 陶器——矿物质

注：如果批量生产所产生的特征不在证据和参考物质中表现出来，那么就需要进行更多的普通物理化学特性比较。在这种情况下，只有矿物组成可以用来进行分析和比较。对作为证据的碎片来讲，许多制造商制造的陶器都是可能的来源。

综上，无论是由断裂造成的互补性边缘，还是材料的物理化学特征，它们对于认定物体的来源、从而得出同源认定的结论都是非常有用的。

二、同源测定的干扰特性

在分裂时，裂开的残片就开始发生变化并且变得与彼此以及原始物质不同。我们把这种现象称为"稳定度"，以表示一段时间内的持续变化；大部分情况下，这仅仅是熵增的结果。在分裂和散开的过程后，每一个新产生物质都会以间断的速率发生有别于其他部分的变化。这种稳定度将会影响分裂时和分裂前原始价值的精确评估。将来对两件物体的比较分析也许会导致不同的检测值，并且导致认定为不同来源的潜在性错误结论。

重新来看撕开的纸这一例子。由于在环境中不均匀地暴露，每个纸片的边缘以及物理化学特性将会变得与原始状态不同。在某种情况下，已经不可能通过互补边缘的物理性匹配或者物理化学特性来把这两张碎纸片联系到一起了。

另外，分割过程将不可避免地导致原始物质上的一些特征消失。仅通过一张碎纸，我们不可能推出剩余残片的数量，也不能推出原来纸张的具体尺寸和形状。再例如，我们不能仅通过检测从一件毛衣上掉下来的纤维就推测出是哪件毛衣（图4.5）。

图4.5　毛衣和纤维

注：当一个物体分裂所产生的碎片转移到了其他物体上时，对碎片的分析可能不会揭示原始物质的性质。我们不能仅凭对证物纤维的分析就推断来源是这件毛衣。

在没有对证据和参考物质进行物理性匹配的情况下，整体特征的缺失会导致扩大证据来源的范围。分析不能确定哪种来源是正确的，即便是真正的来源已经被发现并进行了比对。甚至就在证据和参考物质的所有物理化学特性都匹配的情况下，模糊性也会排除"就是这件毛衣"的推论，就像会排除其他同时期或者使用同种线纱生产的毛衣的可能性一样。

三、关于物质自然属性的更多原理：热力学和熵

我们在前面简单地提到了熵。下面我们将介绍热力学的必要性及其对物质自然属性的影响。

热力学是研究能量变化模式的学科。热力学是指能量，动力学是指变化的模式。热力学主要研究：（A）能量转化；（B）分子的稳定性以及变化方向。（Thinkquest，1996）

分子的稳定性和变化方向是我们提出的第二个概念，正是这个概念激发了我们检验物证的兴趣。它遵循热力学第二定律：

任何一种自发的变化总是伴随其所在的系统和环境中熵的增加。正是因为如此，整个世界的熵在不断增加。（Thinkquest，1996）

熵（S）是检测无序性的一种最简单方法。虽然一个密闭系统内熵的含量可能会降低，但整个世界中的熵是不会降低的。例如，人体内分子的高度有序性是以世界其他部分的熵增为代价的。如果不补充能量，物质会自发地从有序向无序转变。在物质存在于真实世界的任何时刻，其他能量或者物质产生的随机力会作用于该物质上，并将其转变为无序。这些随机力使物质产生的变化既不可预测又不可重复。在微观和宏观水平上不断的无序性特征变化不可能在任何其他相似物质中重复。

这是一把法庭的双刃剑。一方面，无序显示出物体上随机标记的累积（如，一只鞋子或者枪筒），一个碎片上独有的互补性边缘，或者由基底章垫产生的一个位置指纹形式。另一方面，当一个物体断裂成两个以上碎片，每个残片都会受无序性的影响，从而导致有助于法庭检测的特征受到破坏。分析人员将会受益于对以下两方面的了解：一是哪种特征有助于个体化认定；二是通过考虑偶然性和模糊性特征来确定干扰认定同源的可能性。

四、可分割性的实例

可作为证据的"物"仅限于存在于物质世界中的"物"，换句话说，任何的"物"都可以成为证据。要列举出可分割物质原理是如何应用于每一种物质的做法是十分荒诞的，因此，我们仅提供简单的说明性例证，至于这个规则是如何应用于我们所能遇到的多种多样的物质，这一问题将留给读者自己思考。

关于纤维的思考为开发可分割物质的实际应用提供了机会。首先来看

一件由染色的棉线织成的毛衣。棉线是很容易断裂的材料，只需很小的力气就可以把一根纤维从毛衣上扯下来。棉线一旦断裂，就很难进行物理匹配性检验。首先，从毛衣上找到断裂的那根纤维本身就是一项"事业性事物"（并不是这件事本身会成为你的事业，而是它会消耗你一生的时间）。第二，由于棉花本身的特性，只需要很小的作用力就可以改变其两端的结构（互补性边缘），并且互补性会很快消失。因此，分析人员更倾向于检验棉花的物理化学特性。在偏振光显微测试中很容易检测棉质材料。在此之后，只有染料成分会有助于进一步确定其与其他棉质纤维的区别。由于染料曾经是染缸中的液体或者用于染棉布的染块，它本身可以通过可分割物质透视检测。当被纤维吸收时，它就从染料液体中分离出来。它的特征（颜色、化学成分、化学性质）能够从其他用同种成分制成的燃料中检测出来。如果将毛衣或者被分离出来的纤维进行褪色处理，如漂白、风化或者洗涤，染料的一些像颜色之类的化学特性就会变为其原始性状。

可分割物质原理为检验和解释证据与任何假定来源之间的相似和区别提供基础。

五、压印证据——是否可适用可分割物质原理？

可分割物质原理在大量的转移性证据类型中并不适用，如印记证据、压印证据。尽管只有很少量的物质会发生转移，但是，我们所关注的是转移模式，而不是物质本身。因此，可分割物质原理不适用于此。物质的转移需要分割，特征的转移却不需要。

第四节　物质转移理论（Locard）

一旦物质被分割，它就可以发生转移。以下两段摘自 Locard 的著作，为我们了解 Locard 关于物质转移方面的思想提供了不同的思路。

1. *Il est impossible au malfaiteur d'agir, et sourtout d'agir avec l'intensite que suppose l'action criminelle sans laisser des traces de son passage.* （1920）

犯罪分子在实施，尤其是用武力实施犯罪行为后，不可能不留下他曾经出现过的痕迹。

2. *Nul ne peut agir avec l'intensite que suppose l'action sans laisser des marques multiples de son passage, tantot le malfaiteur a laissi sur les lieux des marques de son activiti, tanto par une action inverse, il a emporti sur son corps ou sur ses vetements les indices de son sejour ou de*

son geste.（1923）

没有人在用武力（高强度）实施犯罪时可以不留下任何痕迹；或者做错事的人（重罪犯、罪犯、违法者）会在犯罪现场留下痕迹，或者另一方面，他会在他身上或者衣服上带走一些东西，以此表明他去过哪里或者做了什么。

尽管 Locard 提出了转移理论，但并没有类似地著作支持、验证或反驳这一理论。然而，转移理论在法庭科学界却是不证自明的，它不需要证明就已被广泛接受了。

以上两段引用中第二段是 Locard 对在犯罪时究竟发生了什么做出更为完整的解释。例如，他提出物质的转移既是从罪犯到犯罪现场，也是从犯罪现场到罪犯。重要的是，以上论述表明当两个物体接触时，转移会在两物体之间双向发生。但是这并不是原版翻译，而是仅仅说明这段文字表明了不同的物质可以从罪犯转移到犯罪现场，或者从犯罪现场转移到罪犯身上。地毯纤维可能在聚集在疑犯的鞋子上，但是他的鞋子可能不会在地毯上留下痕迹。

在过去的 80 多年中，转移理论已被人们认作法庭科学的关键。但令人奇怪的是，竟然没有人对该理论进行否定性验证。当然，如果这一理论是完全错误的，那么就不会存在可用于检验的物证。我们并不想曲解"这是不可能的……（*Il est impossible…*）"这一理论，而只是想表明作为人们可以经常观察到的一种事实，两个物体的接触必然会导致物质从一方向另一方转移。我们对法庭科学领域提出了一项挑战，即要着手进行这一假定的验证工作。

一、物理性转移

Locard 提出，当一个人实施犯罪时，犯罪行为的强度使得罪犯会在与其接触的任何物体上留下痕迹，或者随身带走犯罪现场的一些东西。可以把"强度"换成"力度"。这就暗示了犯罪所需的力度使得物质转移是不可避免的。

转移需要三种物质以及必要的能量。

物质 1——原始物体

物质 2——从原始物质上分离的碎片（即最后的证据）

物质 3——接受碎片转移的目标物体

能量——能量可促使碎片从原始物质转移到目标物体。通常来说，原始物体与目标物体间的接触需要这种能量，却又不是必需的。

当碎片经那些负有责任的官方人士检测出来时（通常但不总是法律实

施），它就成为证据。通常目标物体和证据之间的区别总是容易被忽略。我们将会在后面对个性化认定（我们到底有多确定证据来自于某一特定来源）和关联性（来源和目标之间有关联性的推论）进行区分。事实上，我们有必要认识到转移并非如 Locard 所陈述的那样简单，而是复杂得多。

1. 微量物证——微小物理实体的转移

Locard 对诸如粉尘、灰尘和污垢之类的微量证据十分关注（1920；1923；1928；1930；1931—1940）。在当今的犯罪实验室中，典型的微量物证包括头发、纤维、油漆、泥土，以及其他组成这个世界的物质。即使通过肉眼可以观察到，微量物证仍然需要借助显微镜的帮助来定性。这就是 Locard 认为法庭科学领域中最重要的物质，因为罪犯不会注意到这种物质会发生转移。

2. 宏观证据——较大物理实体的转移

由于转移的概念是从粉尘及其他微小物质的研究中总结得到的，因此我们通常习惯了在显微范围内考虑转移问题。事实上，在宏观范围内考虑转移问题也是非常有用的。由于在微量证据和肉眼可视的证据之间很难划出一条严格的界限，因此我们就可以毫无限制地用"宏观转移"这一术语来描述这种情况。

许多物理性质匹配的证据都可以归于这一类。例如，用于写便签的碎纸仅仅是一张完整纸的一部分，另一部分仍然装在绑架者的口袋里。破碎的玻璃也是这类证据的另一个例子。

3. 影响转移和检测的因素

有几类因素会促进或抑制物质的转移。这些因素既影响了我们检测与犯罪相关物质的能力（例如，证据），也影响了我们对所发现物质的分析和解释。在考虑关联的力度和意义时，我们必须要把这些因素考虑在内：

- 物质分离所需的外力和分离的难易度（分裂）——这些因素将影响发生转移的碎片的数量和大小。例如，在相同大小的力的作用下，棉花纤维比钢门更容易分离。
- 接触过程中转移所需要的力度以及材料的可转移性——这决定了碎片是会附着于原始体还是会向目标物体发生转移。
- 发生转移的碎片的数量——原始物质所具有的因素会决定转移到目标物体上碎片的的数量。
- 持续转移——这是指碎片的能力，即一旦从原始物体转移到目标物体上，就会依附在目标物体上。

- 二次转移——这是指一个碎片从原始物体 A 转移到目标物质 B 上，然后又从目标物质 B 转移到了目标物质 C 上。要确定碎片从原始物体 A 转移到目标物体 C 上，就必须推断 A 与 C 之间发生过接触，但事实上却没有发生过这样的接触。

- 无关的转移——这是指经检测发生转移的物体事实上与犯罪事实无关。

通过最后的两个因素，我们意识到实施犯罪并不是原始物体和目标物体之间发生转移的唯一时间。任何犯罪现场都有大量的物质，有些与犯罪相关，但是有的不是。然而，Locard 关于转移的理论忽视了非犯罪过程中发生的转移。在确定原始物质与目标物质建立关联性的过程中，这将会是一个重大的限制。

二、空间特征转移

1. 压印证据

虽然我们通常考虑的都是实体物质的转移，但是许多刑事侦查检测所处理的物体却在接受介质上留下的痕迹或特征，而非实体物质的转移。指纹、鞋印以及轮胎印等都属于这类证据。这种情况的产生主要是通过把特征压在介质（例如，工具印痕）上，或者经介质（例如，通过天然油上和汗液留下的指纹）把特征以印记或痕迹的形式留在物体上。我们也可以将这种机制视为转移，但是在这种情况下，转移的是特征而非物质。

2. 三维—二维—一维的转变

在大多数的特征转移中，一些空间信息会丢失。例如，在工具印痕中，痕迹通常是由有缺陷的工具在目标物质上造成的。这里提到的缺陷可能是一个三维的凹陷或者凸起（图 4.6）。当检验基质上的痕迹时，通常只对比一个维度（宽度）的特征可用于比较。长度在痕迹产生的过程中就丢失了，而厚度又取决于一系列因素，如两种介质的相对硬度（原始物质和目标物质）以及它们之间的角度。因此，三维特征就被减少到了仅具有一维的印记。

在摩擦嵴检测中，通常只有一个维度的空间信息可用于证据比对和参考。一些检测人员会进行包括将毛孔和指纹自身特征综合考虑的更为复杂的分析。但是，指纹检测人员仍局限于最多两维的分析。

鞋印和轮胎印保持了三维的特性，但是这些典型的检测通常也只使用宽度和深度这两个维度的数据。用于进行检测的维度数量最终取决于这个痕迹是否具有三维信息的压印，或者是否为一些其他介质（如粉尘）转移

图 4.6　工具和印记

注：任何一件工具都是三维的。然而，由其所造成的痕迹却千差万别，通常仅有一个维度可用于进行工具和痕迹之间的比对。

到目标物体导致深度信息丢失的痕迹。正如我们之前已经提到过的，一些物质会伴随着印痕和痕迹一起转移，但是这些物质通常不会引起我们的注意。转移物质的性状所提供的信息可能要比物质本身还要多。在由尘土形成的地面鞋印上，鞋子并不能说明其本身的任何特点。

虽然在表面看来，特征转移并不符合 Locard 的论述，但是我们认为这就是 Locard 定律的合理推广。一种理解方法是把物质转移和特征转移结合到一起，统称为证据来源的信息。了解证据的自然属性有助于分析人员提炼出最有用的信息以分析相关问题。也许对鞋印和鞋印中尘土二者进行同时分析可以有助于确定鞋子曾经踩过哪里。在对从破裂的指纹流出的液体进行 DNA 分析的同时也可以鉴定指纹曾经压在哪里。在我们把所搜集到的关于证据来源的信息作为转移的考虑对象时，一种崭新的、基于信息理论的研究方法已经出现在了法庭科学领域。这也许将会第一次引发对 Locard 转移理论的假设检验。

第五节　总　　结

我们在此重申，了解物质的基本自然属性是法庭科学专家的重要起点。拥有扎实的化学和物理学基础为此提供了背景知识。对物质相关特性的检测信息会对回答法律问题起到帮助作用。

为了区分这些对于法庭科学而言独一无二的原则，我们在本章明确介绍了两个我们认为涉及证据来源的原理：可分割和碎片从原始物体向目标物质的转移。可以确定的一点是，无论犯罪是否发生，无论我们是否注意到，物质的分离和转移时刻都在进行着。然而在应用于法庭科学时，物质的分离和转移就变成了证据的分离和转移。值得讨论的是，当今在犯罪现场所发现的证据的数量和种类要比20世纪初复杂得多；而不能否认的一点是，对于罪犯从犯罪现场带走或者留下的物质最简单的观察其本身具有模糊性和复杂性。物质的分离和分离物质的转移或特征的转移为在发现犯罪收集、分析以及解释证据提供了理论框架。

参考文献

[1] Doyle, A. C., Adventures of Sherlock Holmes: The Red – headed League, The Strand Magazine , 1891.

[2] Kalia, R. K. et al., Role of ultrafine microstructures in dynamic fracture in nanophase silicon nitride, Phys. Rev. Lett., 78, 2144 – 2147, 1997.

[3] Locard, E., L'enquete criminelle et les methodes scientifique, Ernest Flammarion, Paris, 1920.

[4] Locard, E., Manuel de Tachnique Policiere, Payot, Paris, 1923.

[5] Locard, E., Dust and its analysis, Police J., 1, 177, 1928.

[6] Locard, E., The analysis of dust traces, Part I – III, Am. J. Police Sci., 1, 276, 401, 496, 1930.

[7] Locard, E., Traité de criminalistique, J. Desvigne, Lyon, 1931 – 1940. Shannon, C. E., A mathematical theory of communication, Bell Syst. Tech. J., 27, 379 – 423, 623 – 656, 1948.

[8] Thinkquest Chemystery page, Introduction to Thermodynamics, ref. Atkins, P., General Chemistry, 1996, available at http: //library. thinkquest. org/3659/thermodyn/intro. html.

[9] Thornton, J. I., The snowflake paradigm, J. Forensic Sci., 31 (2) 399 – 401, 1986.

图 5.1 利用发光氨检测血液

注：你能看到什么取决于你的观察方法。在这幅图示中，血液用肉眼是不可见的（顶部插图），但是在暗室中利用荧光氨进行观察，血液及血液性状都能完全显现出来（底部插图）。

第五章　物证的认定

人眼总以他们希望的眼光来看待事物，而且他们只在寻找早已存在于他们脑中的事物。

——这段话被贴在巴黎司法部科学警察学校的教室中
Luke S. May《犯罪报复论》，1936 年

在调查过程中最困难的挑战就是对相关物证的认定。在进行实验室分析之前，必须要确定哪种物体是犯罪的证据，否则它们将永远不会得到检测，就更不用说得到解释了。事实上，是犯罪行为决定了相关证据。本章中我们将会对决定与证据（尤其是物证）相关的条件和环境进行探索。我们也将会讨论证据与参考物质之间看似明显但又复杂的关系。我们将在第八章中详细讨论犯罪现场这一问题。

第一节　证据和法律

正如本书简介中所论述的那样，法庭科学只存在于法律之中。法律规定法庭科学专家要帮助建立起犯罪的相关要素。除了我们将要在第六章介绍的鉴定证据外，我们仅会在本章中间接地提出间接证据。在此我们将再次强调第一章介绍的部分内容，人们经常把间接证据与薄弱证据相混淆。律师尤其喜欢把证明力很强的证据称作直接证据。例如，在最近的一则新闻中引过这样一段话："律师说'我们有大量直接证据'，包括 DNA 证据和犯罪嫌疑人向其父亲和兄弟的自认。"（Lavie，1999）虽然这份自认可能是真的，也可能不是，但其仍然是直接证据。并且，尽管 DNA 鉴定结论证明力很强，但仍然不能证明疑犯实施了谋杀，也不能确定 DNA 是何时留下的；它只能表明疑犯在某一时间到过与犯罪有关的地点。基于犯罪现场的环境因素，这也许会很有证明力，但这并不能说它就是直接证据。

科学只能证明一种元素是存在的，而不能证明一种元素是不存在的。简单来讲，推定包括两部分，事实和假定。推定不是事实，它依赖于事实，但也依赖于假定。

例如，在被弃于森林的尸体上发现了红色羊毛纤维。警察逮捕了一个在他的衣橱里发现红色羊毛毛衣的疑犯。刑事专家检验了这两种物质并向警探报告这两种物质在显微观察下是相同的。警探就会由此推测嫌疑人就是行凶者。科学仅仅提供了这样一个事实，即两种红色羊毛纤维是相同的；警探做出了多种假定（再做检验会继续证明两种纤维是相同的，没有其他人会有同样款式红色羊毛毛衣，疑犯在案发时穿着在他衣橱里发现的这件红色毛衣，纤维在犯罪过程中发生了转移并在此后保持了此种状态等等）来支持他的（牵强的）推定，即通过尸体上的纤维可以认定疑犯就是杀人者。

我们将在第八章更加细致地讨论这个重要概念，但是现在，我们要强调，科学仅为物证提供了事实基础。由于我们的目的不在于此，所以我们仅将简单地进行阐释。

第二节　犯罪行为、犯罪案件以及犯罪现场

犯罪就是违反法律的行为。因此，我们可以把犯罪现场定义为任何与犯罪行为相关的地点或场所。犯罪现场与犯罪案件不同，后者是指实实在在的犯罪。

证据的认定可以发生在犯罪发生后的任何时间。然而，案件发生与搜查现场以及发现证据之间的时间间隔会影响证据的认定及其与犯罪案件的联系。时间会影响我们判断是谁、把什么遗留在某些特定的地点。将多个犯罪现场联系起来的可能性也会随着时间的推移而下降。

此外，从犯罪案件发生到将发现的物质认定为证据是需要时间的。正是在此期间，样品会受到一些未知以及不可知的因素影响，这也会影响我们对证据的理解。这就是案件中样品的不可控性。

第三节　什么是证据？

有趣的是，至少在美国，法律仅凭相关性来定义证据。具有相关性的证据可采；不具有相关性的证据不可采。以下是美国联邦证据规则❶（1999）第1章和第4章的节选（图5.2）。

---

❶　证据统一规则（1988）与联邦证据规则极为相似。各州已开始实施这两项规则以实现标准化。

美国联邦证据规则

第1章

总则

规则 104（b）　以事实为基础的相关性

当证据的相关性取决于一定事实条件的实现时，在提出的证据足以支持该条件已经实现时，法庭可以据此采纳该证据。

第4章

相关性及其限制

规则 401　相关证据的标准

如果证据具有使得对确定诉讼具有重要意义的事实更可能存在或者更不可能存在的任何趋向，则该证据具有相关性。

规则 402　相关证据具有可采性；不相关性证据不具有可采性

相关证据具有可采性，但《美利坚合众国宪法》、国会立法、本证据规则以及联邦最高法院根据立法授权制定的其他规则另有规定的除外。不相关证据不可采。

规则 403　因偏见、混淆或拖延时间而排除的相关证据

如果相关证据的证明价值由于以下一个或者多个因素的影响而过度评价，法院可以排除该证据：不公平损害、混淆争点或者误导陪审团、不当拖延、浪费时间或者不必要地出示重复证据。

图 5.2　《美国联邦证据规则》第 1 章和第 4 章

因此，科学所要做的就是定义物证的概念性质。物证的材质属性仅仅要求其具有可检测性。人们可以依靠感官或借助光学、物理和化学方法来完成对物证的检测。物证也可以以同样的方法进行检测、比较或者分析。从概念上讲，证据必须与犯罪相联系。有趣的是，在对你的会议室进行检查以获取指纹，或者在停车场检测未知污点以查找血迹，这些样品只有在有人偷了老板最喜爱的咖啡杯或者建筑物外发生了谋杀案时才会成为证据。为满足法律的要求，证据必须提供关于犯罪的真实信息，以建立与犯罪过程之间的相关性。

我们来举个简单的例子。一个人在经过公园时遭到了袭击，由此引发了一场拳斗。袭击者把受害者的鼻子打出了血。受害者向警察报警说袭击者殴打他，袭击者随后被捕为疑犯。警方收集了这两个人的衣服，并且依靠科学家的帮助来确定疑犯是否是袭击者。受害者的证言、疑犯的自述、其他目击证人以及二人的衣服等都被认定为法律上的相关证据。然而，只

有衣服是物证。它是具有具体形态的，因此我们能够对其进行检测分析；由于它是受害者或袭击者穿过的，因此它与犯罪具有相关性；其相关性只有在检测和分析后才能建立起来。衣服本身对于重建案件事实可能帮助不大；但是血迹、纤维或者伤痕也许可以建立整个犯罪事实。

一、证据的搜集

一些种类的证据很明显与犯罪事实相关。刺伤的血迹，从尸体中取出的子弹，或者入户盗窃砸碎的玻璃，这些很明显都是犯罪行为产生的并且很容易发现。这类证据的认定通常只需要通过观察就可以完成。但是其他类型的证据与犯罪之间的联系却不是那么明显。我们每天都会掉几百根毛发（有些人会比其他人多一点），所以人类的毛发几乎是无处不在的。无论是否与犯罪有关，在犯罪现场都会发现人类的毛发。被强行扯下的毛发会增加其与犯罪的相关性；带血的毛发又会大大增加这种相关性。

人民诉 Axell 一案就涉及了一个被女性杀害的便利店员工。警方发现，受害者手中抓着十根带有毛囊的头发❶，这种情况表明受害者在与某人搏斗的过程中扯下了其头发。由于带有毛囊的头发只有经外力才会从头皮上扯下，由此可以推测受害者抓住的毛发与杀害他的袭击行为相关。通过 RFLP❷ 得到的头发 DNA 分析显示，头发证据与从 Linda Axell 身上提取到的头发的基因是一致的。虽然 DNA 分析对于增强最终认定这些头发属于 Linda Axell 的证据证明力是极其重要的，但它们对整个犯罪过程的认定却是由环境决定的。要认定这些头发与谋杀相关就必须通过它们的位置（受害者的手里）以及它们被扯下来的形态。如果没有这两点，DNA 分析结果在认定犯罪方面也就没有那么重要了（也许当时就不会进行 DNA 分析了）。❸

请记住法律要求相关性问题。无论是刑警、刑事专家还是律师提出的，问题都必须显示犯罪的基本要素；关联性决定了调查以及之后犯罪现场调查的目的。法律问题也是影响最终被认定为证据的因素。我们通过肉眼观察以发现证据与侦查工作的演变是相悖的。只有观察并不能解决问题；带有目的地去观察或者寻找是调查的中心。为了能有效地搜查证据，侦查人员必须能够辨别什么证据是与犯罪相关的，否则他只会在漫无目的的搜查中浪费大量时间。

---

❶　带有毛囊的头发是处于生长期并且不容易掉下来的头发。

❷　限制性片断长度多态性（restriction fragment length polymorphism，RFLP），是第一种被广泛应用并普遍接受的 DNA 技术。

❸　RFLP 分析要求头发根部要有毛囊物质。掉落的静止期头发通常不能进行 RFLP 测定。

无论我们是否注意到，我们会在生活中形成暂时性假定，这一点在我们对待犯罪时也是如此。我认为火车会在早上8：14准时到达车站。因此，如果我在8：13赶到车站的话，我还有机会在上火车之前买一杯咖啡。我的假定是基于火车总是会准时或者延迟到达车站这样一种事实，而且基于我的假定，今天也会如此。同样，我认为出门时我会在门边的钩子上找到钥匙。这是基于我通常在进门后会把钥匙放在那里，并且任何人（包括我在内）其间都没有动过它。没有暂时性的假定，我们将无法生活；每一项决定的做出都需要中立，要考虑到所有的可能性。我们没有必要消除先入之见，但是必须要确定假设所依据的基础。然后我们就可以利用这些信息去指导我们的行为，并且依据新信息改变我们的假设。

为解决出现的犯罪后果，法律实施的目的就是要解决犯罪，并且迅速有效地控告罪犯。因此，负责检查现场的侦查人员就必须判断出发生了什么犯罪，有哪些法律要素，以及他可能找到什么证据。在认定完犯罪之后，调查人员就会收集到做出初步假定的信息。调查人员所面临的挑战是他需要判断会存在什么证据。与此同时，他必须考虑在犯罪中会产生什么证据。这些互补的概念是以调查人员（或者是刑事专家，如果他能进入现场）的预期为基础的。想要形成一种预期，我们需要足够的有关犯罪的信息。换句话说，我们必须预料到犯罪发生后会产生哪些物理表象。

例如在谋杀案中，犯罪手段和一个系列犯罪非常相似，这起案件发生在当地有名的犯罪团伙所在地。在处理这种案件时通常做法是在警方所收集的信息的基础上进行调查，确定一个首要疑犯。之后，调查人员会根据疑犯的假定开展证据搜查。尽管暂时性假设对于开展犯罪现场调查以及搜查证据都是必需的，但是调查人员必须要根据新获取的信息更新其假设。有时候，我们会盲目认为没有信息能够改变我们对发生事件的假设。

科学家已在法律之外定义其角色并且对其负责的其他科学工作保持客观性。这并不能表明科学家没有先入之见；相反，科学家会带着多种而非单一的假设参与到现场调查中去。例如，我所期望能够找到的证据是根据这个人实施的犯罪，或者是其他人实施的犯罪得到的。如果我们应该带着目的去调查，那么我们必须确保目的之一就是寻找有罪证据（支持最初假设的证据）或者无罪证据（支持其他假设的证据）。

在确定所找到证据与犯罪相关之前，我们必须要考虑其所存在的环境。毛发和纤维都是我们生活中普遍存在的，它们存在于犯罪现场是理所当然的。仅仅检测到一根特殊的纤维，甚至发现参考物质与证据样品相匹配都不能确定它们与犯罪相关。Morin 一案（Comission on Proceeding Involving Guy Paul Morin, 1998）就说明了如果没有正确考虑案件的具体情况就容易被误导。纤维在这方面确实存在一定的难度，因此我们必须清楚全面地理解其与犯罪的相关性。

在 Morin 一案中，警方从被谋杀的女孩尸体上以及疑犯汽车和房子中收集到了纤维。随后警方又收集了大量纤维，并且从中选出了一些与在尸体（已知的犯罪现场）汽车（有嫌疑的犯罪现场）以及房屋（有嫌疑的相关环境）所收集到的纤维具有相似性的纤维。在仅经过两轮审判和一次司法调查后人们就发现，这两家是邻居，有时会去彼此家做客或搭乘汽车，并且经常在同一家洗衣店洗衣服。法官采纳了司法审查的意见：由于受害者和疑犯之间有共同的生活环境，因此纤维从一开始就没有价值，也就不应该收集。当然，人们怀疑大部分被认定为匹配的纤维是在实验室中受到了污染。

我们强调的是，证据搜集的思考过程与证据的解释不同。前者是推论——我们在之前经验和信息的基础上建立一种理论，并将通过该假设指导我们去哪里寻找。这一证据调查的假设和思维方式会由于其违背了 Bayes 定理的条件（这些条件是根据假设而非证据得出的）而受到一些人的反对。因此，为了解释、搜查证据，我们必须要有推测、预期以及初级假设。相比较而言，解释证据运用了归纳推理——我们综合了所有证据，包括检验和分析结果——并且形成了对该案的一种看法。我们认为 Bayes 定理是最适合解释证据的。我们将在第六章和第七章中对此进行详细讨论。

二、证据的形态

犯罪现场以及所有的证据都会受到时间和环境的影响。我们将在第八章中讨论动态犯罪现场及其对收集和保存证据的影响。现在，我们仅对时间变化对犯罪现场证据认定的影响做出简要介绍。

由于物体在犯罪发生前并不处于固定的状态，所以它们也不会为方便调查分析而在某一时间变成固定状态。在第四章中我们讨论了可分割物质原理和转移理论是怎样形成证据的。物质变成证据的那一刻就像是一个变成了见证犯罪的沉默证人，环境的影响使它改变了原始状态。由于受到生物或非生物的作用，证据不断地发生改变；这并不会因作用是有意施加的还是随机的而有所不同。

这种变化对生物证据来说是最明显的。在一所房子里，经粉刷后墙壁上的一摊血迹最初是湿而红的。由于血液本身的生物化学反应以及外界空气的影响，血液很快就变干并凝结成血块。在空气中更长时间的暴露会使血液中亚铁血红素发生氧化反应，血迹会变成越来越深的暗红色，最后会变成褐色。同样的血迹如果是在人行道上还将会受到日光以及高温的双重影响，在更短的时间内它就会由红色变成黑色。雨水或散乱的脚步会使血迹变得模糊，并最终消失。为什么我们没有将它认定为证据？为什么我们没有辨认出它是血迹？为什么我们没有完全辨认出来它？

非生物物证也会由于受到时间和物理因素的影响发生改变。例如，一颗子弹从枪管射出到它被火器专家从墙里挖出来的这一段时间就会发生改变。这颗子弹也许穿过了人的身体，很可能沾染了生物物质或者由于打到骨头而受到破坏。它进入到墙体里也许会更大程度地改变其整体形状并潜在地破坏其微结构。或者子弹会炸裂或者变成很多碎片，或者它会留在体内没有取出来。如果子弹和枪支在一段时间内没有被发现的话，它们也许会继续发生变化。这些变化会让我们的认识以及将证据和犯罪直接联系起来变得更加困难。

与之类似，一张留在犯罪现场的彩色纸张，在经过阳光的暴晒后会褪色；它也许会被反复地淋湿晾干，发生质变；它也许会被风吹走，这样我们就无法找到它并将它认定为证据了。如果我们要找寻的这张纸是勒索信的另一半，写在上面的字可能会褪色并受到污染。如果字迹是用"隐形墨水"写的，就很有可能看不到，直到我们能发现字迹并且带着检验的目的去检测上面写了什么。

所有这些情况对我们在犯罪现场识别发现证据都是一种挑战。这些情况也会对我们确立证据和样品之间的相关性产生影响。我们将在第六章中讨论用于推定两个物体同源的标准。我们尤其要说明可解释性区别，这是法庭科学最基本的原则之一，没有这项原则我们将无法进行法庭科学工作。我们也将在第七章中讨论证据缺失。

第四节　证据及参考物质

法庭科学区别于其他所有应用科学的特别之处在于其对证据样品和参考物质的比对。这个标准得到了多位法官在评判辩方专家对法庭鉴定发表时的认同（人民诉 Maclanahan 案，1998）。证据和参考物质之间的联系是可以被操作的。正如其他所有事情一样，它也取决于具体问题。在一起奸杀案受害者床单上发现的血迹就可以被认定为证物，直到我们证实它属于受害者。它也可以作为第二参考物质，在 20 年后与疑犯裤子上发现的血迹进行比对。尽管如此，对大多数证据而言（广义范围），证据与参考物质之间的关联性是显而易见的。很明显，在犯罪现场发现的射击后留下的废弃弹壳就是证据，在疑犯枪支中子弹射击后留下的残留物很明显就是参考样品。转移到汽车挡泥板上的裤子显然是证物，并且无论车主是否负有责任，这辆汽车也成了参考物质。

　　也许不明显的是，人们应该以证据或参考物质的特点为基础进行比对。在很大程度上，这种判断会影响分析结论，并且正确的理解对于在犯罪现场合理收集证据也是很关键的。尤其应当强调的是，这个概念对于理解犯罪现场中的微量证据和可能的参考物质都是很有帮助的。由于毛发和纤维都是生活中普遍存在的，这样就很难判断哪些与犯罪相关，哪些是偶然存在的。让人无奈的是，刑事专家有时会先搜查疑犯和他周围的生活环境（房子、汽车、工作场所）以搜集参考物质，然后才在犯罪现场寻找符合的证据。Stoney（1984）曾经表示过这是后退；通过在犯罪现场寻找参考物质来确定与犯罪有相关性的毛发、碎木屑或者纤维，这是在强调参考物质而非证据。如果只把专注点放在收集特定疑犯的参考物质，我们可能就会忽略那些微量物质也许只是在犯罪的过程中偶然积累所得，或者其他参考物质才是证据的来源；更糟糕的是，我们也许会遗漏那些真正具有相关性的微量物证。最具有相关性的证据是那些很明显与犯罪相关的物质。那些在第一次调查中就被认定的证据会给调查和分析植入偏见。判断微量物证证据价值的标准包括：数量多少、物质本身在受害者的生活环境中并不存在。这个过程也许就是证据认定中最大的挑战。

第五节　总　结

　　法律规定了物证的相关性。不需要通过参考物质就能建立法律事实的物证叫作直接证据；识别证据就是直接证据。类别证据和个体化证据都需要参考物质以建立其相关性；这就是间接证据。我们将在第六章尤其是第七章中展开讨论相关性的概念。

　　物证分析最重要的方面是：外形检验和相关性认定。离开了这个出发点，任何实验室检验都是无法进行的，也许从最坏的方面说，是不具有相关性的（或者是另一种可能）。为了找到相关的证据，我们必须带着目的去搜查，竞争性假定是我们搜查证据的有用工具。犯罪留下物证的状态也许并不与案发当时一致。搜查人员必须要了解多种证据的属性，以及它们是怎样随着时间和其他因素的影响而改变和变质的。

参考文献

[1] Commission on Proceedings Involving Guy Paul Morin, The Honourable Fred Kaufman, C. M. , Q. C. , Queen's Printer for Ontario, 1998, available at http：//www. attorney-general. jus. gov. on. ca/reports. htm.

[2] Federal Rules of Evidence, Legal Information Institute, Cornell Law School, 1999, available at http：//www. law. cornell. edu/rules/fre/overview. html.

[3] Lavie, M., The Associated Press, Tel Aviv, Israel, July 5, 1999, available at http://abcnews. go. com/sections/world/DailyNews/sheinbein990705. html. May, L. S., Crime's Nemesis, Macmillan, New York, 1936.

[4] People v. Axell, 235 Cal. App. 3d 836, 1991.

[5] People v. Maclanahan, San Francisco SCN 16241, California, 1998.

[6] Stoney, D. A., Evaluation of associative evidence: choosing the relevant question, J. Forensic Sci. Soc., 24, 472 – 482, 1984.

[7] Uniform Rules of Evidence, Biddle Law Library, University of Pennsylvania, 1988, available at http://www. law. upenn. edu/bll/ulc/fnact99/ure88. htm.

图 6.1 小偷

注：每个刑事专家都希望通过少量的分析得到有用信息。对案件中以上照片的分析还是要归功于 Edmund Locrd 或 Alphonse Bertillon。我们可以发现诸如背心上的纽扣、手中的武器之类的细节。另一只手上没有小指也为身份认定提供了重要线索。杜安·狄龙（1998 年）指出这个证据太完美了以至于不是真实的。他至少在五本书中使用了这张图，每张图都有不相同的出处。根据这些不同的解释，很明显是小偷跌入/摔入/跳入了黏土/泥浆/沙地/尘埃中。由此产生的印迹被印在了某个媒介上。这张照片本身就值得调查，其结果将在 AAFS 大会中的 "Last Word Society" 会议上展出。

第六章　分类、鉴定和个体化
——推断的来源

发现二者的化学成分是……相同的！

——Jim Trotter Ⅲ，摘自电影《智勇急转弯》

（Lane Smith 扮演检察官）

第一节　证据和来源的关系

在《犯罪调查》（1953）中，Kirk 指出，犯罪调查者所面临的中心任务是确立个人身份。他继续指出，与该任务相补充的是对物体进行鉴定，这可能会反过来有助于确立个人身份。Kirk 概述了通过物证提供的线索确立个人身份所面临的问题和困难。在这一章中，我们将继续这一讨论。

在第三章中，我们介绍鉴定和个体化是法庭分析中的法律目标。从历史上看，"鉴定"这个词有两层含义：一是明确物质的本质，二是暗含个体化认定的失败。我们认为这两层含义在法庭科学中都是十分重要的，进而又引进两个词以加强这两个概念之间的联系。尽管我们不得不承认这两个概念在某些情况下可能会重叠，但我们还是要提出以下定义：

鉴定：确定证据的物理化学本质（没有具体的参照物）。

分类：推断证据的潜在的多个共同来源。

个体化：得出两个物的单一共同来源的结论。

由于鉴定的客观性决定了鉴定本身就是其目标，我们把鉴定描述为通往个体化道路上的分岔口（图 3.2）。鉴定和个体化是刑事侦查学实践中的重要概念。使用哪一个概念取决于法律问题以及证据本身的特点。另一方面，分类作为一个结束点是由于疏忽而非故意。我们带着个体化的目标出发，却由于证据或者检测的一些局限性，无法将来源范围缩小为一种。虽然我们不能成功地进行个体化认定，我们可以限制证据所属的类别范围，并且定义这个范围内物体的特点。这就是分类。

在本章中我们指出了确定法庭科学定义的一个重要方面，即对证据和参考样品进行比较从而确定二者之间关系的过程。我们从分类开始——从而进行鉴定或者个体化认定——接下来进行鉴定,刑事司法制度中的无名英雄。我们会以个体化认定的结论结尾。但是首先,我们要插入一段简短的题外话来讨论法庭比较中的几个常见概念。

一、原则、程序或目标

在上一章中,我们介绍了分类、鉴定和个体化都取决于对事物基本特征的理解,或者根据我们的目的来说,就是对证据本质的理解。在这一章中,我们将会进一步介绍物质特性的产生以及这些特征中可以用于鉴定或确定来源的品质。通过个体化过程中对两个相似物体的比较可以得出同源的结论。包括 Kirk(1953;1974)、Tuthill(1994)在内的作家都把个体化看作一个原则,但是我们认为个体化是基于化学和物理原则已达到特定目的的程序。

二、来源问题

分类和个体化都在试图回答来源这一问题。但是,人们却很少指出分类来源的结论和个别化来源的结论之间的不同。分类可以在多个来源的物质中进行;证据可能来自物质 A,但是它也可能来自无法与 A 物质通过检测区别的物质 X,Y 或者 Z。存在多个来源的可能性可能会被学生和刑事侦查专家忽视,并且这种可能性可能不会传达给律师。这不单单是因为证据和参考物质属于同一种类,而且我们无法确定证据是来自于哪个来源。

另外,必须要做好来源的可能性等级分类。这取决于满足犯罪构成条件所必需的法律要求。为了阐明我们的观点,我们以毯纤维为例。

现有条件足以表明证据就是地毯纤维。它是一种聚酯地毯纤维。它是一种由杜邦公司制造的聚酯地毯纤维。它是杜邦公司在 1977 年制造的一种绿色地毯纤维,并被分发给 15 家地毯制造商,并且在 1978 年被装在一辆特定的货车上。或许你想要得到的信息是它是杜邦公司在 1977 年制造的一种绿色地毯纤维,在 1978 年被安装在一辆特定的货车上,它就摆在驾驶座后面与门相对的空间里。

如果该问题表明纤维是来自地毯而非衣服,那么就可以仅通过说明它是一种地毯纤维这一相对简单的命题来表示。另一方面,如果案件的重点转向带血的地毯纤维是否来自于货车驾驶座后面与门相对的空间,分析人员必须判断是否有做出此项调查的必要性。案件的环境和法律需求决定了证据来源的可能性级别。

第二节　分类——相似物的归类

在分析人员做出到底是进行分类还是个体化认定之前，他必须对待检物质的类型有所了解。检验的第一个级别仅仅包括人类感官观察。它是固体，液体或者气体？多大？什么颜色？什么形状？什么质地？它有什么明显的视觉特征？它有气味吗？闻起来像什么？❶虽然通过从罐子里散发的气息来检测它是否是易燃性液体或者利用触觉方式来检测床单上的精液是很久以前的事了，但是对样品进行初步评估也是十分重要的。

这让我们想起了一个学生对油漆的分析。复杂的仪器分析方法让她眼花缭乱，以至于她从未简单地去看一眼，更不说通过显微镜来辨别颜色了。这些方法包括高温分解气相色谱－质谱联用仪和傅里叶变换红外光谱。不需要通过 DNA 分析来确定大象与萝卜是否属于不同的种类。除了人类感官之外，简单的化学、物理、以及视觉筛选对于缩小物质归属种类的范围也是很有帮助的。在低倍放大镜或高倍放大镜下它是什么样子？它有多重？它是有机物还是无机物？在特定的溶剂中它是否可溶？在特定的推定性测试中它是否会发生反应？这些都是帮助我们对未知物质或者物体进行分类的工具。

由于分类的过程有赖于我们把物质归入某一种类的能力，我们必须知道某类物体所共有的特征。为了做到这一点，我们必须要了解这些类型特点的本质，他们产生的方式，以及由它们所得出的结论的局限性。

一、类型特征

我们从回顾文献中对类型特征的几种定义开始。不同作者选择不同的语言来描述鞋子的种类特征，这可以作为此次讨论的起点。Osterburg（1968）描述为"它们是明显的、能够对一个物体加以区别的总体特征"。Cassidy（1980）则更精细地描述为"它们是在物体生产过程中所产生的大小、形状、风格和样式特征"。Bodziak（1990）将它们解释为"在生产过程中有意添加且不可避免的、可重复产生的特征，这些特征在共同生产的其他鞋子上也会存在。

再看其他物体，经检测具有类似特征的物体属于同一类型。我们可以

---

❶ 尽管大部分的犯罪实验室通常都不会处理诸如音频、视频之类的电子证据，但是电子证据也经常是案件中证据的重要组成部分，并由专家进行鉴定。由于观看电子证据需要电子回放设备，所以他们所涉及的不仅仅是听觉。言词证据（例如供述），仅需要人类的感官判断，但是这并不是大多数分析人员会遇到的情况。判断是否能在特定条件下听到一定距离之外的枪响。这可能需要使用分贝测试仪。

对一个大办公室里的所有铅笔进行视觉测试。黄色铅笔属于一个大类。黄色 2 号铅笔来自该大类的一个子类，带橡皮擦的黄色 2 号铅笔就构成了一个更小的类别。除了黄色以外的其他颜色的铅笔，不是 2 号型号的铅笔，或者没有橡皮擦的铅笔都被排除在第三个最小的类别之外。

我们由此得出了类型特征的定义：

类型特征是由可控的程序产生的特性。通过这些特征可以把相似的物体归入其中。

决定类型特征的特性是物质本身所固有的；如果没有这些特征，物体或物质可能是其他物体或物质。例如，在两片木材的中间嵌进石墨的铅笔是木质铅笔；带有可重复装卸的石墨条的铅笔是自动铅笔。可以把二者都归为铅笔这一类，我们也可以毫无困难地区分木质铅笔和自动铅笔。我们不会将这二者混淆（虽然我们可能无法区分二者写出的字迹。）

把某物归入含有相似物体类别的一个结果就是我们把它从其他类别中排除出去了。具体来说，如果我们将某物归为毛发，我们就把它从货车这一类中排除了。换句话说，对于分类来说，把某物排除出某一类别与将其归入某一类别一样重要。从更实用的方面讲，如果分析显示毛发属于猫的毛发，这就排除了它是人类的毛发。分类可以回答重要的问题，而且可以基于分类结果做出明智的决定。将其归为猫的毛发可能会产生分析前没有出现的问题，例如，能否通过该毛发找到受害者的猫？前面所述的内容也介绍了物质分类的分析方法；如果你不能证明它是什么，那就证明它不是什么。

1. 由可控的生成程序得到的类型特征

类型特征通常来自于一些可重复的生成程序。这些程序可以是机械性的，也可以是生物性的。由于物质的生成过程是由自然或者人类控制的，因此由此程序产生的物质都具有相同的类型特征。古柯植物产生的可可因，鞋厂生产的一个型号的鞋子，特定型号枪管上的膛线特征，这些都来自于批量产生具有相似特点物体的程序。在产生或者制造的过程中，这些物体就会产生由该程序所带来的难以区分的特点。例如，所有古柯植物产生的可可因分子都可以通过对其化学结构进行分析从而加以认定；所有同一型号的鞋子都具有相同的底纹，包括底纹中的缺陷；枪的膛线特点是由生产它们的压印工具和程序决定的。这些可重复特征都是分析人员对物体和物质进行实验室归类的对象。

检测范围利用了可重复类型特征所无法避免的局限性。如果观察足够仔细，即便是同一个程序制造出来的物体也会发现有围观特征区别。从本质上讲，围观特征是不可控的，因为它的产生具有随机性。这种在制造或生产过程中产生的偶然不同是我们在这一章将要讨论的个体化特征的来源之一。例如，批量生产的枪管上的微纹差别，鞋子上聚氨酯塑料泡沫形式的不同，以及 DNA 复制过程中产生的可能导致古柯分子变异的突变。

2. 具有相同类型特征的物体可能来自不同物质

也许最明显也是最具探讨价值的就是在种类证据所固有的"一个证据有多个来源可能"（图 6.2）。由于多来源物质的存在，任何一个来源都可能与证据相匹配。例如，数百万的轮胎可能是由同一个模具制造出来的，它们都有着同样的宽度和胎面设计。这些通常是我们从轮胎痕迹中可以发现的唯一特征。基于这些类型特征，这些轮胎中的任何一个（或者至少是当时在某地理区域中的数千个轮胎）都有可能是该痕迹的来源。

我们首先讨论鞋子的类型特征和鞋印。请考虑以下假设：

在尘土中发现了一个不完整的鞋印。鞋印包含了鞋子的一些细小特征，包括宽度（但不是长度）、鞋子的商标和一些鞋底细节。通过研究我们发现，具有这些类型特征的鞋子有聚氨酯鞋底，并且是 R－US 鞋子公司在 16 个月前生产的，之后就停产了。厂家告诉我们大约有 10 000 只鞋子与我们测量的宽度是一样的。

我们锁定了一个疑犯，调查显示在他的衣柜中有一双 14 码的同样风格的鞋子。将疑犯右鞋的鞋印与证据比较，发现类型特征完全吻合。如果没有明显的个体化特点，我们将怎么确定疑犯的鞋子和证据之间的关系呢？

在这种情况下，分析人员有义务确定假设和替代假设，并通过二者对证据进行分析。假设是指疑犯的鞋子是该鞋印的来源；替代假设是指其他具有类似类型特征的鞋子是该鞋印的来源。鞋子和鞋印之间关系的任何结论就必须既考虑到匹配信息又考虑到其局限性，至少也要对结论的证明力量做出评价。如果不考虑这些要素，结论就会是片面的，甚至会具有误导性。

有时，我们需要考虑类型特征之间的继承性。例如，为制作陶器开采的黏土会从采石场运到许多不同的陶瓷厂。因此，这些工厂生产的陶瓷在矿物成分分析时会表现出相似的类型特征。每个厂家批量生产的碎片也可能具有另外的类型特征，可能是在某个特殊的位置压过印或涂过颜色。枪弹检查员已经确定，特定类型的枪管在制造中有各自的特点，并把这些特点称为子类特征（Nichols，1997）。桑顿也讨论了这一问题以及它对法庭检验的价值（Thornton，1986b）。

证据来源的确定取决于证据本身和证据的状态。假设我们有一把具有精细浮雕设计的壶，它来自一个陶瓷制造商。利用这个信息，我们可以得出这个壶是在哪里制造的，黏土来自哪个采石场。相反，假设我们只有一小块陶器碎片。没有找到这个壶上的其他碎片。尽管我们可以根据黏土找到采石场，我们仍然无法确定壶上的小碎片来自哪个制造商。

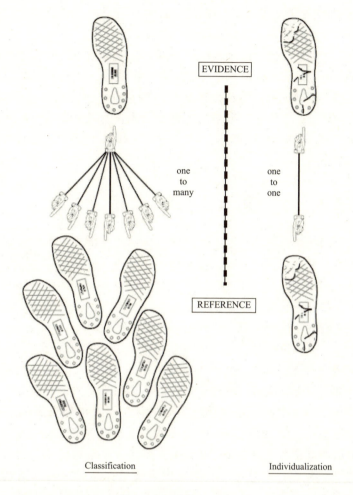

图 6.2 一对多，一对一

注：当证据只表现出类型特征时，不可能确定出其唯一来源。证据也可能来自其他没有明显类型特征的物体。因此，一个证据可能有很多来源（分类）。当证据表现出个性化特征时，分析人员就可以确定其唯一来源。分析人员认为，具有明显个性化特征的物体是唯一的。在这种情况下，证据只有一个可能的来源（个体化）。值得注意的是，我们从未把证据和其推定来源进行对比，而是将其与来自这个来源的其他物质进行对比：从手枪里射出的子弹，来自同一根手指的指纹，来自一个人的血液样本。

3. 在什么情况下证据属于种类证据

因为一个种类的最小基数是二，所以几乎任何类型的证据都可以视为类型证据。在参考样本和证据个体化特点无法用来比较的情况下，可能会称为个体化证据的证据也会被视为类型证据。

所有类型的证据必须要作为类型证据。即便是极其罕见或不寻常的纤维，都是大量生产的，因此也不能通过成分对其进行个体化认定。通常用显微镜进行观察的毛发，是种类证据中最脆弱的一类。事实上许多分析人员认为，毛发应该仅仅用作排除性的证据。在缺乏物理匹配或不寻常特点的情况下，玻璃只能被划分到一个相对较大的类别中去。基于成分，油漆和高分子都是类型证据；然而，版面层级的存在增大了个体化的可能性。膛线特征和从工厂中刚生产出来的工具都只能作为类型证据。最后，血液的血清学分组只能提供类型特征，尽管通过使用几组标记该类型的范围就可以大大缩小。

第三节　鉴　　定

由于个体化认定是法庭鉴定的最终目标，无法进行个体化识别有时就等同于失败。这是不幸的，因为它忽略了刑事侦查学中占据法庭鉴定领域绝大部分工作的方面。值得我们回顾的是，鉴定将具有共同特征的物质归为一类。这些可能是黄色铅笔，22 口径的子弹，9 码女士鞋，或者海洛因分子。毫无疑问，读者还可以想到很多类似的例子。

我们已经提到过很多次，通常情况下鉴定可以满足证据的法定标准。在涉及非法物质（也即毒品）的刑事案件中非常明显，在刑事案件中，仅仅持有特殊的化学物质就可以被认定违法；人们只需要证明被称为海洛因的分子存在。另一个例子是对酒后驾车的评估（在酒精的影响下驾车），酒后驾车是指在一个人的血液、呼吸或尿液中发现一定浓度的酒精，在这种情况下法律禁止驾驶机动车。在人体系统中存在酒精的分子与其他任何分子酒精是一样的；如果在驾驶时体内酒精浓度高于预定范围就是非法的。有趣的是，这是物证作为直接证据而非间接证据的唯一情况。只要找到可卡因就是构成犯罪的直接证据，事实查证这不需要对这一结论进行任何推理或假设。

第四节　个体化

在《犯罪的发生》中，Kirk（1963）认为个体化作为刑事侦查学的一个独特分支，有自己本身的规则。虽然并不是所有的证据都可以或必须进行个体化认定，但这个概念仍然是我们这一行业的标志。从某种程度上说，鉴定被用于确定某一物质以符合法律的要求。当我们的目标是确定物体的来源时，我们就必须使用个体化认定。我们将在本章的余下部分探索在鉴定过程中所遇到的问题和假设、陷阱和泥潭。

一、同源结论的确定

今天，刑事专家都一致认为个体化认定的目标就是确立单一共同来源的推论。也即两个物体有共同的来源，它们曾经是一个整体（物理匹配）或者它们都来自一个相同的物质。例如，作为证据和参考物质的子弹都来自同一把手枪，作为证据和参考物质的鞋印都来自同一只鞋，许多碎纸片曾经是同一张纸的。这里隐含的意思是，没有其他可以产生这两个物质的来源。这就是个体化和分类之间的主要差别。当对一种物质或物体进行分类时，仍有有多个来源的可能，当对其进行个体化认定时，可能的来源数被缩小到"一"。分类和个体化的区别可以概括为"一对多""一对一"（见图 6.2）。值得注意的是，这些短语仅描述了物质和来源之间的关系，而非物体或者物质物理属性。

二、个体化和独特性

在我们理解个体化之前，我们必须探讨个体化和独特性之间的关系，以及构成独特性所必需的条件。大多数门外汉以及大多数科学家仅从表面上接受了独特性的概念。值得我们肯定的是，这种观点不但合理，也是信仰的飞跃。作为法庭科学工作者，我们对于独特性既是可实现的也是存在的这样一种信念，是我们工作的核心。但我们必须清楚地看到，它是一种信仰，不是事实。它不仅没有得到证明，同时也是无法证实的。用科学的语言来说，独特性这一理论是不可证伪的（Popper，1962）。然而，因为我们依赖由对独特性的假定所做出的推论，我们必须要讲清楚假设以及个体化和独特性之间的关系。

1. 物体是独特的

当我们说一个物体是独特的时候到底意味着什么？基础物理学告诉我们两个物体不可能在同一时空重合。Hayakawa（1939）则更幽默地说，"牛 1 不是牛 2"。因此根据定义，宇宙中所有的物体都是不同微环境中的主体。即便是曾经是一个整体后来又被分开了的两个物体，比如撕碎的面料或破碎的玻璃，它们现在都占据着独立的空间，并且可能经历与彼此不同的改变。从这个角度而言，物体都是独特的。

2. 个体化特征的产生

独特性的另一个方面是物体的产生。我们之前已经介绍过物体可能是由自然产生的，也可能是经人类制造产生的。

（1）自然产生。比利时统计学家 Quelet 被公认为是最早论述自然多样性的人物之一。他的名言"自然有无限多样的形式"（Tornton, 1986 a）是人类个体化的理论基石。回顾第二章，Bertillon 在 Quetelet 理论的基础上建立了第一个个体识别有机体系。Tornton（1986）指出 Quetelet 最初的论述已经变为"自然绝不重复自己"。这个概念是一个进步，它可能是也可能不是 Quelet 的最初意图。尽管如此，有一点是十分清楚的，自然作为一个工厂同时产生了类型特征（就像我们上面所讨论的）和个体化特征。个体化特征来自于随机变异。在生物体内，这仅仅局限于趋利改变；在非生物物质中，这种约束就不存在了。生物进程产生的随机模式包括木材的纹理和颜色，❶DNA 突变，❷ 以及指纹的节点❸（图 6.3）。由纯粹的化学或机械过程产生的随机模式包括沉积岩中的沉积地层，被水侵蚀的冰，以及经常提到的雪花的形成。

（2）人为产生。人造物体的独特性与自然产生的略有不同。由人类手工制造的物体都彼此不同。没有工匠会制作 10 个大小和形状都相同的陶罐，手工制品的局限性会排除绝对的一致性。由于现在手工制品越来越少，它们比同类型的机器制造品更昂贵，所以我们就更看重它们的独特性。在 20 世纪，机器生产的所有产品都变得很普及。机器生产具有一致性，而且大规模生产会降低它们的成本。然而，对于刑事专家而言，如果要判断刚刚通过吐丝器产生的两种人造纤维的个体化特征，或者刚刚通过锻造得到的螺丝的个体化特征都会变得越来越难。对于大规模生产的物质来说，个体化特征的获得主要通过使用、磨损或者接触不同的环境。例如，鞋底是在穿的过程中产生了独特的沟壑和切口，螺丝刀是在使用中产生了凹痕和变形。

（3）熵和障碍。在第四章中我们介绍了个体化特点是熵的直接后果，熵是宇宙趋于无序的趋势。规律是在物体生产的过程中所产生的，无论是植物产生的可卡因还是机器制造枪管。由相同方式产生的物体会获得类似地特征；这些都是类型特征。相似的程度取决于制造过程中的控制。如果生产过程中的控制程度低，相似度也就越低，并且不相似的范围也会越大。工具生产就是一个很好的例子。一字螺丝刀只需要扁平并且能插进螺丝槽中。只要符合这个目的，多大的误差都是可以接受的。微纹的存在并

---

❶ "年轮"的增长产生了木纹，这是随着季节的变化而发生的，而且其高度依赖气候条件、营养物质和其他因素。尽管人们曾经一度认为可以通过数年轮来计算一棵树的年龄，但是现在这种计算方法已经不可靠了。许多的因素会影响年轮的环数、宽度和颜色，而且树干的不对称性会使木纹具有随机的特性。林德伯格案例是充分利用这些特征的例子（Koehler, 1973; Palenik in Saferstein, 1998）。

❷ 在任何基因组的"非编码"区域中，序列和长度的突变都是随机的。（Lewin, 1997）。

❸ 尽管指纹是由基因决定的，但指纹比对的细节是在胚胎发育时期随机形成的（Ashbaugh, 1996）。

图标6.3　自然的随机形式

注：自然有无限多样的形式。这些独特的形式会出现在你能看到的任何地方。你能猜出这些图片是哪里吗？（从右上角顺时针方向：坦桑尼亚恩戈洛保护区火山口的斑马；加拿大死亡谷的岩层；巴塔哥尼亚莫雷诺冰；指纹；加拿大死亡谷的沙丘；加拿大怀特山脉的狐尾松。）

不影响螺丝刀的主要性能，更不用说边缘的细小缺陷了。出于这个原因，人们不会去控制边缘的微观状态，也不会控制微纹的数量或位置。由于大规模生产，大量的螺丝刀第一眼看上都是一样的，甚至在微观特征上也很相似（Murdock 和 Biasotti，1997）。然而，从开始制造的那一刻起，工具就开始与其他所有类似地螺丝刀不同。除非它是一个神奇的、可以自我修复的螺丝刀，否则它不可能违反热力学第二定律，通过使用（计量和压痕）甚至是简单的存放（铁锈和污垢）都会产生无序。这种无序就表现为个体化特征。

让我们更进一步地来考虑这把螺丝刀的命运，用它在门框上划一道压痕。当压痕形成时，随着熵的影响螺丝刀和压痕的特点就会发生变化。这也关系到我们认定螺丝刀和压痕相匹配的能力。如果压痕是刚形成的，那么由相同螺丝刀划出的压痕就会与证据非常相似，这样就可以确定两个压痕有相同的来源，即该螺丝刀。如果是在一年以后才发现这个压痕的，那么它与用同一把螺丝刀划出的新痕迹直接的关系可能不太容易确定。不仅痕迹容易发生变化，而且螺丝刀也会在环境的影响下发生改变。在经过一年之后，可以用于比较的可能只有类型特征，这样就扩大了该压痕可能的来源。在极端的情况下，类型特征也可能发生改变，从而会导致非结论性的结果或者错误的排除。

3. 检验规模取决于生产规模

我们所看到的事物取决于我们看问题的方式。从太空上看，地球上的海岸线看起来非常平滑。而当站在海岸线附近时，我们看到的海岸线却是参差不齐的架子。用肉眼看岩石的边缘也是很平滑的，但用放大镜更加仔细地检查时就显得更为粗糙了。

在检查法庭证据，以决定哪些特征是明显特征的时候，我们必须要明确多大的检测规模就可能会影响我们的最终结论。比如一颗子弹，通过肉眼可以清楚地观察到它的制造特点，如直径、形状以及凸面和凹槽的数量。根据子弹的情况可以我们推断出一些其他相关特征，如包壳和弹头的构造。当我们停下来在这一层次上的探索，我们就可以得出两颗具有相同特征的子弹来自于同一杆枪管。如果接下来会在显微镜下比较这两颗子弹，就我们就可以看见微纹。通过这些特征，我们就可以确定这两个颗子弹是相同的，甚至在显微镜下的对比结果也是一样的。接下来我们就会在比较扫描电子显微镜（SEM）❶下检查子弹。我们会发现如果用比较扫描电子显微镜来检查这些相似条纹的边缘，其结果与以前在比较显微镜下所得的结果会完全不同。这是否意味着我们已经否定了先前有关同源的认定呢？不，因为我们不希望这样的细节会从不断发生。检查的规模是由检测人员决定的，而且证据的性质和特征对于检查的规模也起到关键作用。

当检查的方向多于一个时，我们会迷失其中。或者我们使用的显微镜放大倍率过低，检测不到个体差异；或者我们使用得显微镜放大倍率过高，所检测到的差异就会成为体系中的干扰。正确的检测规模取决于特

---

❶ 尽管这种工具确实存在，但是我们仍然认为这是不同寻常的努力。

征的产生规模以及证据的来源，在某种程度上取决于证据的历史以及证据的本身。在进行指纹比对时，可以通过立体显微镜将指纹图谱放大为适于观察的尺寸，但是如果要通过这种显微镜来观察纸的纹理或墨水的纹理显然是帮助不大的。然而，当问题是指纹是否为伪造而不是证据是否与参照物质相匹配时，纸和墨水的微小特征就突然变得十分重要了，这时就需要进行不同范围的检测了。

信号与干扰。与检验范围密切相关的是"信号与干扰"。这种类型的问题通常反映在化学反应的分析和仪器数据的输出上，而非严格的视觉比较。虽然在视觉图像中经常会出现干扰物，但是这比起对品质特征进行错误的解释来说，更有可能导致数据和解决方案的丢失。当我们通过工具或程序检测证据时，就需要经过更深层次的思考来对待信号和干扰之间的区别。

大多数人都对用小蓝点表示的由聚合酶链式反应产生的 DNA 类型图谱很熟悉。这些小蓝点就是特定 DNA 序列重组所产生的链式化学反应的顶点。相关从业人员都知道，在蓝色小圆点出现后不久，非特异性的背景颜色就会开始出现。不熟悉测试系统的人很容易受到误导，并对代表 DNA 类型的弱信号是否会出现在样本中十分关注。就是因为这个原因，就需要在小蓝点一出现时就用高画质相机将其记录下来，并且把最初那根不再代表正确遗传图谱的纸条丢掉。

对任何形式的色谱分析或电泳分析都必须做出相似的判断。系统中固有的光学脉冲是否会沿着基线随机波动闪烁？这些脉冲是否是一些具有利害关系的组成成分？区分信号与干扰的能力取决于证据本质和测试系统的理解。为了让这些关键的决定更可靠，分析人员必须广泛应用检测系统和检测工具，以及分析人员自身所受的教育、培训和经验。这对于法庭工作的本质来说是至关重要的。

三、个体化特征

我们现在已经确立了几个要点。

1. 所有物体在时空中的存在都是独特的。
2. 类型特征是由重复的、可控的程序产生的。
3. 个体化特征是由随机的、不可控的程序产生的。
4. 来源和从它上面分离出去的物质从它们在时空上独立开始就发生变化。这是第四章中所讲的可分割物质的必然结果之一。

因此，我们可以将个体化特征定义为：

个体化特征：由随机的、不可控的程序产生的特征。他们被用于对同源物质进行个体化处理。

四、具有个体化潜质的物证

多年来，分析人员已经利用系统默认值和设计图集了有关个体化特征的大量实证数据（例如，Biasotti，1959；Pounds 和 Smalldon，1975；Gaudette，1978；1982；Bodziak，1990；Stoney 和 Thornton，1986a，b；1987 年，Murdock 和 Biasoti，1997；Nichols，1997；Grieve，Bermann，1997；Houck 和 Siegal，1999）。❶ 从这些数据看出，通过同源结论得出所依据的数据和特征，个体化认定的标准已经产生。在历史上，组织的规范程度、传播的广度以及测试标准的严谨度标准都不相同。然而，刑事专家都一致认为，特定种类的证据具有个体化的可能：

- 物理上匹配的证据
- 打印证据和压印证据
- 所有类型的工具证据，包括枪支
- 鞋印（相对于脚印）
- 生物印记，包括指纹、脚印和来自身体其他部位的印记，如耳朵

（Van der Lugt，1997；Burge 和 Burger，1999）和嘴唇（Moenssons，1999）。

- 笔迹证据
- 生物证据中的 DNA 分析

尽管综合数据库仅适用于 DNA❷，但仍存在大量检测人员用于证据比对。

五、个体化的概念流程

根据对证据本质及其潜在个体化的理解，我们提出了检查证据的概念性程序。这个过程会指导我们的实际检查和分析。以下几点将会对可能影响物个体化的潜质的因素以及由此产生的证据做出总结：

a. 特征是如何生成的（可控的或随机的）；

b. 特点产生的控制水平（大小、可控或不可控特征的本质）；

c. 生产规模（特点大小与物体尺寸之间的比较）；

d. 检测范围（检测结果与特点大小、物体大小之间的比较）；

e. 这些特征是否能转移到其他目标上用于证据材料检验。

我们强调需要积极寻找能确定证据和参考物质同源的一致性特征，但是如果发现了差异就可能会影响我们做出最终判断。对于原物检验来说最

---

❶ 这些参考数据只代表了大量个体化特征样本中的很小一部分。在生物学证据中，血清和 DNA 特征的种群研究非常多，就不在这里一一举出。

❷ 奇怪的是，生物证据中的统计数据反而使个体化认定的意见更有争议。

主要的步骤都已在下面列明，每一项都会在本章的一个子部分中阐明。

证据的类型特征和个体化特征分析

以下描述了分析证据以确定其潜在来源的总体框架：

a. 证据物的收集和保存；

b. 经推论得出的来源物质的收集；

c. 证据类型特征和个体化特征的选择；

d. 证据和参考物质之间的对比；

e. 结论：证据和参考物质同源或证据和参考物质非同源。

（1）收集和保存。我们将在第 8 章介绍正确收集证据的方法。我们在这里要简单强调的是，在对证据进行搜查和识别之后，必须要在收集过程中用眼睛仔细观察并注意保护潜在的个体化特征。电视剧"私家侦探"是关于一个侦探把自己的钢笔放在枪管中来保存指纹的一个漫画，它介绍了识别、收集和保存证据中处理细节的问题。谁能判断出哪个证据对案件最相关、有用的，谁就是这方面的高手。最终，要收集适当的参考资料以完成对比。

（2）检验。

选择证据的类型特征和个体化特征。

选择用于比较的特征是证据检验中最具有挑战性的方面，因为它表现了检验人员在教育、培训和经验方面的情况。它包括仔细检查和观察那些可能有助于分类和潜在个体化的特征（Nordby，1992；Smith 等，1993）。

在理想的情况下，分析员在检查参考物质前就要先对证据进行检查以进行分类或者个体化认定（Smith et al.，1993）。这就减少了检测人员预先判断的可能，并使她在将证据与假定来源进行比较之前就要先将其与不确定的来源比较在其身上发现的任何特征。虽然有些人可能会驳斥这个论点，但是它确实会减小先在参考物质中找到、后在证据上发现的特征的价值。先在参考物质中发现的特征会使人们在潜意识中期望在证据中也能找到同样的特征，特别是在我们相信它们一定会匹配的条件下。因此，先进行参考物质的检验会使我们让检验的证据满足我们的期望（Nordby，1992）。

证据特征的确定可以在没有具体参考物质的情况下进行。在有疑点的性侵犯案件中都需要例行常规的样品检查，以获得精液所有者的 DNA 图谱。这些特征都将会被用于建立数据银行来搜索有前科的罪犯，并取得证据和来源之间的联系。枪支证据和指纹证据也有类似地数据库。在所有案件中，分析人员都要在寻找参考物质数据库之前确定证据的特征，以显示这项程序的可行性。

有多少特征？

这是法庭科学中具有神奇魅力的问题之一。一个随机获得的特征通常并不足以对特定类型的证据进行个性化认定。例如在枪支检查中，人们可以在不同的枪支上找到两排或三排相匹配的条纹（Biassotti，1959；Murdock 和 Biasotti，1997；Nichols，1997）。同样，人们也可以从不同的手指上找到两个或三个相匹配的指纹节点。因此，一方面一定程度的工作积累对判断需要检测的特征和证据类型的局限性来说都是很重要的。❶ 在枪支检验中，统一的标准是在特征的数量和质量都足以使检验人员确定证据来源的基础上建立的（Murdock 和 Biasotti，1997；Nichols，1997）。另一方面对于鞋印证据而言，需要强调的是，分析人员应该把认定的标准放在特征的种类上，而非特征的数量。（Cassidy，1980；Bodziak，1990）。在指纹鉴定领域存在两种观点，即对比的重点是匹配点的绝对个数，还是分析人员的专业判断上（Ashbaugh，1996；Cole，1998；1999）。就基因分析而言，标准的确定是根据种群频率而非位点的数量。

证据和参考物质之间的对比。

一旦检验人员选定了个体化特征，他将会把这些特征与其他物进行比较。检验人员会找出两个物体间难以区分的各种形式——大小、形状、颜色或其他标准。如果特征是在该证据类型特征的变化范围内，那么这些特征就与证据类型特征一致。这通常是通过对已知特征进行反复分析来完成的。对于可量化的数据，变化的范围反映出了理想状况下正式验证研究的结果；对于定性的证据，通常是分析人员根据其经验和判断确定特征的变化范围。

同时，分析人员必须积极寻找可能不利于得出两个物同源的差异（史密斯等人，1993）。这是我们推翻虚假假设的核心，即这些物质同源。分析人员必须要确定这些情况是可以解释的还是不可以解释的，而且在一定程度上，所做出的判断会影响他的结论。即便是无法解释的区别也足以证明假设无效并否定潜在的个体化可能。

基于法庭证据的本质，证明特征是否相似的过程并不是直接的。我们

---

❶ 尽管措辞不同，各学科对个体化认定的标准都具有一条共同的主线。例如：指纹——诸如相同位点数量和明显性之类的特征可以排除巧合的可能性（Tuthill，1994；Ashbaugh，1996）。鞋印——偶然性特征不会出现在另一个鞋底（Bodziak，1990）。笔迹——足够数量的细节特征，没有不可解释的变体（Homewood 等人，1999）。工具痕迹（包括枪支）——连续细纹（特征）的数量和质量都超过不匹配子弹。通常至少要包括三到四个高质量的细纹（Nichols；1997 年，Murdock Biasotti，1997）。至于生物的证据，当有大量可以利用的数据时，将会采取不同的标准。美国联邦调查局第一个提出要采用数量限制，在数量限制之外它单独建立了一个个体 DNA 档案（未出版）。许多其他 DNA 分析人士并不以数量限制为基础，他们继续把 DNA 作为罕见的类型证据，只提供种群频率的似然比，把判断的责任留给陪审团。在接下来的部分中，我们将会介绍证据证明力的数学表示方法。

应该观察得多么仔细？我们观察的范围应该多大？在某种程度上，每个物体都会与它的来源有所不同。这也是分析人员可能会在这些问题上产生分歧。由于任何可以看得到的差异（明显或者不明显）可能是证据所固有的（内在的差异），也可能是受外部因素所致，如证据转移或检测的方式（外在的差异），分析人员不仅要认识到证据的本质，而且要认识到检测的本性。事实上，最可能影响分析人员判断相似度可靠性或证据与参考物质之间关系的因素是外部因素。本书并没有把各种类型证据的特点都囊括其中。我们将会在这里介绍一些典型例子，让读者自己概括这些基本的概念。

物理匹配的证据。让我来看边缘形状能够吻合的两张纸片（图6.4）。通过肉眼观察这两张纸合在一起，而且大多数人都会认为它们曾经是一张纸。通过手持放大镜检查，就会发现边缘有多个位置明显不匹配。用高分辨率的显微镜检测纸的边缘时，就会发现边缘有许多明显的断层。检查人员首先必须要判断对证据应该采用什么样的检测规模。

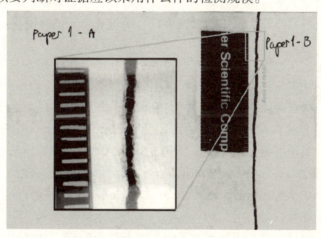

图6.4 纸张放大

注：对证据和参考物体之间的比对需要检验人员所受的专业教育、对证据性质的认识（通过研究获得并由专家验证）以及分析此类证据的经验。在这个例子中，对纸张边界的检查需要确定放大的倍数。放大倍数过低会导致检测不到重要差异；放大倍数过高只会显示会差异和很少的互补。这种情况发生在将两张纸叠放在一起同时撕裂的情况下。

值得注意的是，检验规模对于证据而言只是一个外在因素。例如，如果实验显示一张纸的两半在高分辨率的显微镜下总是不匹配，那么对于证据规模和特征规模而言，这种检测规模可能过大。相反，如果实验表明来自不同纸张的两片纸在肉眼看来是没有区别的，那么对于证据规模和特征规模而言，这种检测规模可能过小。检验程序的选择依赖于该领域之前的实验和经验，以及检验人员个人的素质。如果检验人员发现纸片边缘的不连续性很明显，他必须解释其判断是无关紧要的还是十分重要的。这里存在两种可能性。或者两个纸片曾经是一体的，在它们分开以后条件发生了变化，其中一个或者二者的边缘都遭到了破坏。分析人员可能会用这种说法来解释差异的存在。相反，上述破坏可能无法解释差异（例如，如果在每个纸片对应的位置都存在突出物而不是一个潜在的互补的凸出或凹陷）的产生，这就使检查人员认定这两张纸片来自两张纸。检查人员的判断是基于他对纸的了解、有关这种特定类型的纸张的信息、碎片的质地、撕纸实验（尤其是这种特定类型的纸）、纸张在不同环境下的受破坏情况、所获得的样本之前的信息。他可能会重建导致这种破坏的条件。将所有以上这些信息与自己的个人经历结合在一起，分析人员将要么断定这两张纸片曾经是同一张纸，任何不匹配的特征都是可以解释的；或者他会断定由于无法对边缘的差异进行合理解释，纸片来自不同的两纸张。类似地思考适用于任何物理匹配的问题。

生物证据。最容易受到破坏的物证就包括是生物证据。一旦离开生命体，生物材料很快就会很快失去完整性。哪怕在很短的时间里，即便是像 DNA 这样最坚固的生理活性物质，在非最佳条件下也会发生质量和数量的下降。正是由于这个原因，从证据样本中提取到的 DNA 图谱与参考样本即便在同源的情况下也可能会表现出内在差异。幸运的是，由于法庭 DNA 类型检验已经进行了广泛的验证研究，分析人员就可以从一个更优根据的角度来判断差异的存在是可解释的还是不可解释的。例如，在进行分析之前，分析人员可能会评估样本中 DNA 的平均大小，以确定下一步应该做什么，并理智地选择分析系统。如果最大位点的数据发生了丢失，而其他部分的数据都很清晰，经过数据评估得出没有足够大的 DNA 存在，那么这个特定数据的缺失就是可解释的。虽然数据的缺失确实可能与参考物质的属性相冲突，但这个发现本身并不会减少同源的可能性。有时候，一些用于检测证据特征的方法（外在因素）会显示样本中明显的差异，而事实上这些样本是同源的。例如，在 DNA 鉴定中，在 DNA 鉴定中，电泳系统的差异（如是否存在变性剂）会对相同的样本产生不同的结果（Fregeau 和 Fourney，1993；Gill 等人，1994）❶。同样，不同的 PCR 引物会使相同样本中的 STR 位点产生不同的结果（Kline 和 Jenkins，1998；Walsh，1998）。❷

---

❶ 凝胶电泳系统分辨率的不同可能会导致基因座在一个系统中被分解为异质结合体，而在另一个系统中分解为同质接合体。如甲酰胺或尿素之类的变性剂可用于增加某些电泳系统的分辨率。

❷ 当样本含有引物结合部点突变时，这个突变就可能会在一种扩增系统中影响引物，而在另一个扩增系统中不发生作用。这种特定样本所产生的结果是在特定的 PCR 扩增系统中，一个位点会表现出同质接合，而在另一个系统中会表现出异质结合。

打印证据和压印证据。值得注意的是，几乎所有的打印证据和压印证据都是通过外部特征来表现原物特征的。转移介质会影响特征转移的精度，也会在转移过程中添加自己的特点。展现二维印记的基质，其本质可能会很模糊，也可能会显示来源的细节。对于没有明显显现出来的指纹，基质也会影响检测方法的选择，这也会增加特征的可视化度和分辨率。由于任何打印证据或压印证据都发生在三维空间，其产生的角度将影响特征转移，也会影响促使证据产生的作用力。当检查打印证据或压印证据时，刑事专家必须确定哪些特征可以展现来源，哪些由于外在因素的影响而不明确。如在条纹打印参考样本中，即便是在最佳转动条件下，二者也会表现出明显的差异。虽然大家都认为墨水质量、用量、转移压力以及角度方面的差异都不是真正差异。例如，在带血的鞋印中，三个相互作用的因素形成了鞋印：鞋底、血液和基质（地板或其他表面）。每一个因素都会影响到最后鞋印证据的质量。鞋底分布不均匀的血迹意味着某些特点没有转移。大量的血会流入鞋底的凹陷处，那些地方会丧失明显的特征化，并失去了个体化认定的可能。像地砖这样的凹凸不平的基质，可能会在凸出的部分留下鞋子的印记，但在凹陷的部分却没有。如果参考样本完好并带有大量细节，而印记证据既不均匀也不完整，那么这两者就会有明显的区别。然而，鞋印的检验人员得必须要完美地证明其同源。一个极端的例子就是要确定哪些差异是可解释的、哪些不会对结论的确定产生影响。

为正确评价具有一致性或不具有一致性的特征，我们必须要了解已知的特点、证据的局限性方法的功能和限制以及影响证据的其他外在因素。然而，一旦发现证据和参考物质之间有一个差异，而且这个差异是证据本质或测试的本质所无法解释的，那么就会认定这两个物体来自不同的物质。

第五节　推断同源或不同源

在分析和比较程序的最后，检查人员要考虑三个问题：

a. 是否存在不可解释的差异以证明相比较❶的两个物体来自不同的物质？

如果没有不可解释的差异，则

b. 类型特征的数量和质量是否足以做出同源的判断？

如果可以做出同源的判断，则

---

❶ 通常，这些物体一个是证据、另一个是参考物质，但也可能它们都是证据。

c. 个体化特征的数量和质量是否足以证明这两个物体来自同一个唯一的物体？

以上集证据的收集、保存、分析于一体，主要依靠实地考察和分析人员的知识、教育、经验。为综合考虑所有的数据，检查人员必须要依次思考上面的三个问题。我们必须要弄清楚应该什么样的标准，应该收集什么样的数据来满足该标准，以及它们是如何支持最终结论的。

一、同源的结论、推论或意见

现在，分析人员必须说明他对证据和参考物质之间关系的考虑结果。他通过无效假设的形式以形成关于来源物质的问题（明确或不明确）来开始检测："我将证明这个参考物质就是证据的来源。"如果不能推翻无效假设，就意味着分析人员无法证明证据和参考物质不是来自共同的物质。换句话说，分析人员不得不承认他们可能同源，至于类型证据，则表明可能还有其他的潜在来源。简单来说就是分析得出了证据和参考物质同源的推论。值得注意的是，类型证据和个体化证据都可能得出同源的结论；不同的只是来源的数量，一个对于个体化证据来说只有一个，对于类型证据来说可以有多个。

在这一章中，我们提出的是同源的推论而非结论。我们也用意见这个词来概括个体化程序。Webster's（1996）定义了这些术语，具体如下：

推论：从已知或假设的事物中所得到的。

意见：非基于绝对肯定、积极的认识，而是基于看似真实、有效或主观臆断所做的判断。

结论：论述的最后一部分，通常包括观点的总结和意见的陈述，或达成的意见。

我们认为推论这一术语是最适合描述我们对同源的理解。出于目的需要，我们可以把推论定义为从事实和假设中得到的推断。推论本身不是事实，推论与证据、检验和测试结果相结合的限制一样具有相同的说服力。这种限制在类型证据上的表现与在个体化证据上不同。关于这点我们将在本章的第六章节中讨论。

二、三种推论

假设证据的质量足以进行认定[1]，就可能会产生三个推论：

a. 物体来自不同的来源。

---

[1] 假设两个项目的特征的质量和数量足以做一个合法的比较。否则没法获得结果或结论。

b. 由于证据本身或检验的局限性，物体只能被分类但不能进行个体化认定。

c. 两个物体同源。

1. 物体来自不同的物质

我们已经说过，在证据和参考物质之间总会存在差异，即使它们有共同的来源。如果发现两者之间存在差异，检查人员就必须要确定这些差异是可解释的还是不可解释的。一旦发现有不可解释的差异时，分析人员就必须断定这两个物体来自不同的来源。

2. 物体属于类型证据，但由于证据或检验的局限性无法进行个性化认定

当潜在的个体化证据表现出不确定时，就要把其归入类型证据。证据来源的不确定性至少是由于两种情况。如果用于比较的特征很明显，但数量太少或太普通，则无法确定它们之间的来源是单一的，那么就无法对其进行个体化认定，我们只能把它们归为类型证据；这些物体可能来自多种物质。如果潜在的个体化特征只在一个物体上（通常是参考物质）表现出来，但在另一个物体（通常是证据）的细节却是模糊的，也无法认定二者同源。

后一种情况是法庭证据来源的直接后果。指纹都会受到污染，DNA 都会分解，子弹碎片都是很小的块状。当拿这样的证据与原始参考样本进行比较时，只有一部分可用于比较。可用于比较的那部分可能与参考物质无法区分，并且没有数据表明该参考物质不是证据的来源。然而，这种比较是基于部分信息，并没有达到分析人员推断单一来源所要求的专业水平。在这种情况下，不能排除参考物质可能是证据的来源，但是分析人员也必须想到其他来源也可能会表现出这些有限的特征，从而导致了其可以存在多个共通的来源。此外，证据中更加清晰的特征可能会揭示出其足以表现二者不同的区别，从而减少物质与参考样本同源的可能性。

3. 物体同源

第三种可能就是两个同源，这是个体化认定过程的高潮。个体化认定为证据和其来源的关系提供信息。如果这两个物体显示出足够数量或质量的个体化特征，分析人员就可以推断他们同源，并排除了与所有其他物质同源的可能性。证据和参考物质就通过个体化认定同源。请记住，是分析人员确信个体性（Stoney，1991 a）。由于这两个物体所表现出来的特征非常特殊，所以我们没有理由认为它们彼此之间的相似纯属偶然。没有相反的证据可以改变检查人员对物体来源的看法。

4. 结论

分析人员必须提出一个可以总结证据证明力的结论以表明推论的重要性。这包括：共同来源推论的陈述，一份合格的陈述以表明分析人员是否认为来源只有唯一的一个，还是存在多个可能的来源，在本案中由于随机事件的发生而产生了其他潜在来源的可能性。

第六节　用数学方法展现推论的价值

在本章的第一节，我们讨论了证据和参考样本间关系推论的多种。如果不能排除证据样本与参考样品来自相同的来源，我们就可以推出要么这两个物体具有多个共同来源的可能（类型），要么它们有一个共同的来源（个体化）。在本章节的其余部分中，我们将探索证据和来源之间关系的量化表达。

在前面的章节中，我们提到了不同类型证据量化数据可用性和可预测性之间的差异。我们毫不掩饰我们倾向于使用量化数据来评价证据和参考物质之间的联系以确定二者之间是否为类型证据，以支持这是个体化证据的一个共通来源。然而，我们也承认用于获取或运用非生物证据的频率数据具有内在的困难，之后我们将本章中进行讨论。然而，至少我们认为所有的刑事专家应该熟悉各种数学工具以帮助评价证据的证明力力。我们将在本章剩下的部分介绍几种数学工具。

一、推论证明力评估的必要性

如果没有对证据来源证明力的评估，检验结果就毫无价值，甚至可能有误导性。在国家研究委员会（1992）的第一个报告中就着重强调了 DNA 证据的这一点，这点被推广于所有法庭证据。

一些实际操作人员认为，仅仅描述实施的检验和取得的结果就履行了法庭科学专家的职责。例如，一些关于生物证据的报道仅仅列出了一系列其对生理液斑和参考样品所进行的遗传标记检验的结果，而让读者自己去看这些结果都是一样的。即使在报告中强调了这种相似性，但仍缺乏对其意义的讨论。这让非专业读者无法判断相似性的意义。我们认为，这是对公众的伤害。法庭科学专家处于评论证据证明力力的最佳位置。这对于潜在的个体化证据十分简单。在指纹、痕迹证据和物理匹配性的测试中，证明力通常被表述为证据和参考物质具有共同来源的意见。由于类型证据的证明力难以确定并得到支持，通常在这方面很少有类似地表述。没有附带证据和推断来源之间关系的检验结果是检验人员的失职。没有人能比法庭科学专家更好地评价其证明力。

二、推论证明力评估的工具

现在我们来谈一下当个体化认定不能成立时证据和参考物质之间关系的证明力。这些方法是帮助我们认定这种关系证明力的工具，并且可以帮助我们向利益各方做出说明。有很多工具可以协助我们对结果进行评价。为了确定哪种工具最适合对特定的证据进行评价，有能力的分析人员必须具有基本的数学与统计技能。这些项目是法医科学专家教育和培训的主要部分。

理解确认的程度这一概念是十分有用的。换句话说，我们需要一些工具来对结论中不确定的信息或者欠缺的知识进行量化处理。这种思维模式可以使我们更清楚地看待我们的任务，我们要考虑到检验结果证明力的作用和局限性，以便向利益各方更清楚地说明我们的意见及其形成的基础。

统计学的两个基本研究领域为证据的证明力提供了信息。一个是频率估计，即通过证据在特定人群中被发现的次数估计其随机出现的可能性。另一个是似然比（LRs）（通常处于 Bayes 推理的语境中），即对竞争假说的概率进行比较，其结果表示为证据在一种情况下出现的可能性会比在另一种情况下出现的可能性大多少。

1. 频率估计

频率估计是表达证据证明力最简单、最常用的方法。我们要收集关于物品或特征在可能的证据来源中出现频率的信息。这个频率随后会被用于说明这种证据会偶然出现是多么的不同寻常。在生物证据中，这被称为随机匹配概率。它可以简单地估计出在本案中证据来自参考物质以外的物质的可能性。对于生物证据来说，这是相当简单的；而对于其他类型的证据（如痕迹证据）来说，这基本上不可能。

在生物证据中，要对不同的人群进行调查并根据标准遗传理论来检测其结果。这个过程会对生物证据随机出现的概率提供合理的评估（Griffiths等人，1993）。人口研究取决于人口的相对稳定性、我们对其分布的了解、以及获得一个代表性样本的能力。通过遗传学规则的应用，我们也可以检验这种特征的独立性。

然而对于非生物证据（尤其是痕迹证据），频率研究会提供更多的临时数据。由生产得到的物质其变化既很快又难以预测；一次频率测定就像一张瞬时快照。人口比例的构成在很大程度上也取决于地理位置，而且很有可能是小范围的。因此，很难得知样品是否能代表该种群（Horrocks 等人，1999），或者该人口比例是否能正确地评估那些在另一个时间、地点所发现的证据的证明力。由于存在不确定性，由频率估计产生的误差可能比频率估计值本身还要高。当频率在不断变化时，就很难回答"偶然发现这一证据的概率是多少"这一问题。最后，作为上述问题的一个直接后果，很难想象如何检验两个非生物物体间的独立性，因为它们的分布或传播不受物理定律的支配。什么时候才能对多种特征进行检测以计算特定证据的频率（Gaudette，1978；1982；Bodziak，1990 年）？我们是否能通过对同类型证据中不同证据的测定（Decdman，1984 a，b；Saferstein 中的 Decdman，1998）或对同一个证据的不同特征（如线粒体 DNA 和显微特征）进行检验（Shield，1998 年），以得出同种类型证据的综合评估？

2. 似然比

我们在第五章中讨论了科学家在接触犯罪现场和证据时头脑里要至少有两种假设：一种是疑犯确实实施了犯罪，另一种是其他人实施了犯罪。这两种想法需要科学家同时寻找入罪证据和出罪证据。此外，它还会通过这两种假设对发现的每一项证据进行评估。

假设 1：接受检查的来源是证据的真正来源。

假设 2：其他来源是证据的真正来源。

在检验结论中，分析人员根据代替性假说来评估证据的证明力。似然比（LRs）非常适合这一逻辑。虽然 LRs 可应用于众多领域，但用于法庭评估的相关研究和数学模型是在过去的 25 到 30 年间才出现的（Taroni 等人，1998）。我们认为，似然比率比单独的频率估计能够更加优雅、完整地展示证据的证明力。❶ 似然比可以用以下公式表示：

$$LR = \frac{P\ (E \mid H_1,\ I)}{P\ (E \mid H_2,\ I)}$$

其中 P = 概率

E = 同源的证据

H = 假设（H_1 和 H_2 是两个假设）

I = 信息（我们对分析环境的了解）

符号"｜"的意思是"鉴于"或"假设"；圆括号可翻译为"的（of）"。在上述假设的基础上，似然比的分子可以解释为"当假定来源是真正来源时，同源证据的概率"。同样，分母可以解释为"当其他来源是真正来源时，同源证据的概率"。

在检查物证时，我们无法得知证据同源的可能性，但如果我们假设这一命题非对或错，我们就可以计算其概率。如果我们假设证据是来自假

---

❶ 我们提请读者要把这种方法看作一个工具，而非一种迷信。

定的来源，那么我们测试的结果与参考物质相似的概率就是 1；这就是说，我们确信证据的测试结果和参考物质是一致的。如果我们假设证据来自其他的来源，那么得到一致结果的概率就是发现这个证据的随机概率。在这种情况下，频率计算可以为可能性的测定提供近似值。

按照惯例，当似然比用于法庭科学时，H_1（假设 1）为"指控假设"（H_p）和 H_2（假设 2）为"辩护假设"（H_d）。当第一眼看到这两个术语时，许多刑事专家都感觉很陌生。科学家会马上提出对立假设，而一些人在没有对证据进行更进一步研究的情况下就放弃了似然比的应用。事实上，这一术语与数学推理完全无关。科学家可能会仅仅把似然比作为一种工具来比较合理假设，而不用考虑哪一种假设更有用。将术语变为简单的 $[H_1，H_2，…]$ 会使科学家更容易接受似然比。

（1）Bayes 定理中的似然比

从上述的讨论中我们得出似然比解释了证据来自这一来源还是其他来源的概率。现在应该退一步来思考 Bayes 定理语境中的似然比。Bayes 定理为我们更新假设的确定性程度提供了通用的模型。

Bayes 定理可用公式表达为：

先验概率（Prior odds）×似然比＝后验概率（Posterior odds）

这可以理解为："无论你怎么理解假设（先验概率），在出现额外证据（似然比）时都要及时修正你的判断（后验概率）。"

可用符号表示为：

$$\frac{P(H_1|I)}{P(H_2|I)} \times \frac{P(E|H_1,I)}{P(E|H_2,I)} = \frac{P(H_1|E,I)}{P(H_2|E,I)}$$

注意以下几点。事前几率只是给出了一些假设信息。我们对一个事件或者假说的概率都有自己的想法。在理想情况下，这可以得到数据的支持，但也可能被怀疑。无论哪种方式，都要对其进行量化表示。最初的评估结果要通过似然比进行更新。在新证据的条件下计算似然比为修改事前几率提供了方法。由此就产生了事后几率。在事后几率表中增加的 E 项表示新证据的融入。

分析人员有时会喜欢用似然比来表示检验结果，因为他们认为必须要确定事前几率。事实上在确定来源时，分析结果可以只用似然比来表示。样本中任何可以直接影响到分析结果的信息都可以作为似然比的分子或者分母。关于证据来源推论的证明力可由似然比加以表述。任何利益一方可以通过由物证检验得出的参考结果来修改事前几率。在某些情况下，刑事专家希望通过提供作为事前几率的信息来进行帮助；在任何情况下，事前几率都能为提出支持自己案子的假说提供完美的工具。Bayes 框架为将物证结果融入案件的其余部分提供了一种方法。

三、分类

我们不再冗述类型证据的数学处理。这种讨论的深度和广度不适合本书的内容，几篇精彩的论文将涵盖这一主题（Robertson 和 Vignaux，1995；国家研究理事会，1996；Cook 等人，1998 a，b；Evett 和 Weir，1998）。然而，我们要举一个使用似然比的例子来说明这种方法的实用性。

这个证据是一个 DNA 的例子。一位女性说在早晨她和她的男朋友自愿发生了性行为，在她站在门廊上看着他出门上班时被从背后袭击了。行凶者把她拖回了房子并强奸了她。受害者立即报警并接受了当地医院的检查。在擦拭完受害者的阴道后进行了 DNA 分析。RFLP 分析的结果表明精子构成中有混合物的 DNA。每个位点有三或四个环状物，这就意味着有两个提供者。从其男朋友和疑犯身上提取到的参考样本显示其结合物与证据完全吻合。因此，无法排除疑犯不是精子构成中的一个提供者。这就得出了疑犯是精液提供者之一的推论。

现在的任务是评估推理的证明力。一些分析人员坚持认为综合了所有可能因素（有时称为随机却不被排除在外的男人，或者 RMNE）的计算是最具有相关性的表述。这个计算并没有表现出被告所关心的问题（也许是多人轮奸中被逮捕的一个疑犯），即"在人群中随机挑选一个人，其不被排除外可能提供者的概率是多少？"然而，RMNE 忽略了有两个提供者这一事实，一旦一位提供者的基本被鉴定出来了，那么另一个目标也就被锁定了。仅仅总结每一个可能提供者的概率就忽略了我们得到的数据中所包含的信息，也就无法充分表现证据的复杂性。

此外，我们可以运用似然比来比较假说。在我们的例子中，最具有相关性的和合理性的假设是：

- 混合物是其男朋友（B）和疑犯（S）留下的。
- 混合物是其男朋友（B）和一个其他不相关的人（X）留下的。
- 混合物是疑犯和不相关的人（X）留下的（即从表面上与受害者无关）。
- 混合物是两个其他人（X）和（Y）留下的（即从表面上与受害者无关）。

我们首先分别评估每个假设的概率，❶ 然后利用似然比对它们进行如下比较：

LR 1. 假定这些假设中都有其男朋友

---

❶ 计算的细节请参见附录 E。我们以高加索人口频率为例。

$$\frac{P（E｜男朋友+疑现）}{P（E｜男朋友+随机抽取人）}=1500000000$$

LR 2. 假设没有其男朋友

$$\frac{P（E｜疑犯+随机抽取的人）}{P（E｜2个随机抽取的人）}=45000000$$

可以将结果总结如下：在假设 1 中证据概率（即有其男朋友和疑犯）的数量级要比任何其他假设大很多。我们要怎么进行表述呢？以 LR 1 为例，以下之一均可：

- 混合物来自其男朋友和疑犯的概率至少是混合物来自其男朋友和其他人的概率的 15 亿倍。
- 在一个提供者是其男朋友的情况下，另一方是疑犯以外的人与另一方是疑犯的概率比是 1∶15 亿。

为了说明这种方法的价值，在附录 E 中也介绍了 RMNE 的计算方法。由于忽略了分析人员所提出的补充证据（E），即存在两个且只有两个提供者，并且遗漏了案件的信息（I），即受害者同意与一个已知的提供者性交，至少有三个数量级的信息发生了丢失。

假设检验 VSBayes 定理——哪个更优？

我们已经讨论了处理法庭科学数据的两种逻辑框架——假设检验和 Bayes 定理中的似然比。在假设检验中，一次只能考虑一种观点。如果不能推翻这种观点，就要用概率的形式表示真命题与不确定性之间的关系。在一个似然比中，要对替代假说进行比较，并计算不确定性与真命题之间的关系。在计算中要把频率与其他信息相结合。

也许这些逻辑框架并不是像各持己见以让我们信服的极端者那样是对立的。Stoney（1991）写道，"似然比是由通常使用'匹配率'得来的"。我们认为学习和了解这两大哲学门派中的内在想法是十分有用的。在法庭科学专业领域发展到可以统一地理解和应用各种工具来表达法庭证据的证明力之前，大量的研究和改进是必要。当然，Bayes 模型比较精细，能够处理较为复杂的逻辑。然而，我们假设推翻这一概念仍然是应用科学的基础。我们不愿意抛弃任何这一种观点；相反，我们顺从形势的要求将两者全部采纳。我们将在本部分剩下的内容中继续探讨这些两种观点。

四、个体化

无论是使用似然比的 Bayes 模型还是假设检测，它们对个体化认定的作用都不大。严格的 Bayes 模型排除了一个替代性假设是完全错误的，我们必须接受另一个是正确的这一可能性；严格的频率论者坚持认为必须采用量化，无论数字对于实际的整体来说是多么的不合理。

尽管讨论经个体化认定后的证据的概率看似不具有关联性，我们必须要意识到同源认定的意见仍然取决于数据。无论是有意识的还是无意识的，数据都是分析人员做出判断的依据。没有相反的证据会改变分析人员认定证据和参考物质同源的判断。法庭科学实践就是检验人员提出个体化认定意见的活动。

个体化和意见——一个特殊案例

我们如何将个体化意见与假设（我们接受这个假设是因为无法推翻）检验相结合？❹ 根据定义，我们只能有一个临时的解释，这个解释随时都可能会被推翻。这对于任何应用科学（包括法庭科学）来说都是一把有趣的两论法。如果假设只能被推翻而从未得到过肯定，那么分析人员怎样才能从数据中得出确切的结论？科学家明白不可能证明事实，但刑事司法系统却通过科学以帮助重建事实。律师在帮助他们做出决定的科学家面前无能为力，因为律师的生命是由世界需要决定的实践活动组成的。科学对于纯粹的司法系统来说是毫无价值的。

然而，随着假设不断地被检验，如果总是无法将其反证就会使我们确信它是正确的，并且削弱了我们对其是错误的怀疑。另一种说法是，随着新信息的增加，我们对于假设的确定性的怀疑就会减少。最后，分析人员会做出没有其他可能的参考来源会具有我们所观察到的特征这一判断。因此，发现具有这些特征的其他参考物质的概率即为零。

通过似然比，分析人员可以判断分母（证据属于不同来源的概率）为零。似然比除以零所得到的极限是正无穷。因此，事后的几率也是正无穷。当然，纯粹主义者认为分母永远不可能是零。Bayes 理论的主张者Robertson 和 Vignaux（1995）（Bayes 说服）发现了这种两论法，并提出了临时解决方案。

在这些情况下，专家在其判断证据替代假设存在的概率很小以至于可以忽略其分子甚至事前几率的情况下才会对证据进行认定。这种情况什么时候会存在似乎取决于判断和经验，大多数这方面的作者都不会写有关专家证据的内容。这可能会导致有兴趣的人没有去从事检验模型构建中的基础性研究。理智地讲，这是不能令人满意的，而且需要更进一步的工作以了解做出决定的过程。同时，将所有科学证据都以似然比表示的提议是非常完美的。

---

❶ 通过识别测试来推翻假设是不明智的。例如，通过检测分泌型基因（80% 的人都是分泌型基因）来推翻这个人不是血迹的所有者几乎是毫无意义的，而且不会改变我们的确定性。

作为一个实际的问题，我们提出以下建议：

从主观角度讲，权威人士都认为对于实际应用领域来说，表示假设不成立的似然比非常小，可以忽略。

这个概念是任何应用科学的核心。在继续讨论之前，让我们先说明一些关键概念的含义。

主观。主观性意味着每个人的标准都是不同的。我们必须要明白，在涉及人类参与的任何活动中都有主观的成分；人类存在的本质就是我们每个人从不同的视角看问题，我们所有的决策都受所累积的经验的影响。科学没有什么不同，主观因素并没有影响我们结论的正确性。依据波普尔所说："我们必须对真理进行区分，哪些是客观的、绝对的，而哪些是主观的。"❶（Horgan，1996）。

当一位指纹专家在两组指纹中发现 9 个相同的位点时，她是"确定"的；而另一位专家可能需要 10 个位点才能达到她"确定"的标准。即使这两个专家认为存在 9 个相同的位点，但基于其主观标准的不同，他们仍会得出不同的结论。可燃液体的色谱图是客观数据。每个人都会对峰值和大小形成统一的意见。而两个分析人员可能会在这是否是一个高度脱水的汽油样本这一问题上产生分歧。

大多数。并不是所有的观察人员都会同意评估结果。这一方面是由于评估的主观性，另一方面也是因为我们通过否定来寻求进步的文化本质。❷不过，如果你不能确定单一共同来源的结论，而且没有同伴愿意和你一起承担，你可能就要重新考虑你的结论了。

合格的权威。从事系统性研究或有丰富经验的人，可以向其他人传达研究的主题，并且可以向多数人和少数人发表意见。要在特定的案件中发表意见，他就必须要审查与案件相关的证据和数据，并形成独立的结论。仅仅批评他人的结论是不够的。

小。非真实性的似然比要多小才能被忽略？然而这一问题没有绝对的答案，因为"小"是相对的。人们总是比较假设而不是在真空中单独考虑一个假设的价值。在这一章我们已经讨论了似然比是比较假设的一种方法。

实际应用。这把我们带回到了主观确定性这一概念。尽管我们已经在竭力说明假设只能被推翻而不能被证明，但我们也接受了法庭科学是一门

---

❶ Popper 认为一个理论有可能是完全正确的，但是他拒绝接受我们可以知道一个理论是正确的（Horgan，1996）。

❷ "明智的人让自己适应世界。不明智的人让世界适应自己。因此，所有的进步都是由不明智的人取得的。"——George Bernard Shaw。

给实验者提供事实的应用科学的这一事实。

当我们对证据和参考样本进行分析发现二者没有区别时，我们可以通过分析得出这两个物体同源的推论。对于可以个体化的证据，我们都会认为推论是真的，尽管我们无法证明它绝对正确。我们把同源的结论作为一种意见。基于法庭领域和个人的经验知识，我们可以将一个合理合格的结论认定为事实。

第七节　总　　结

实用主义哲学的创始人 Charles Sanders Peirce 将绝对真理定义为："无论科学家说什么，都是在他们结束工作时进行的"（Horgan，1996）。这对于我们这些在应用科学领域中工作的人来说有点哲学，尤其是在法庭科学领域中，因为在这里我们要通过"事实"来解释一些毫不相关的规律。虽然我们通过科学的规则管理自己，但我们也接受了行为的实际性质。实用主义者将斯托尼的话作为哲学的基础，即我们不能证明个体化，而只能相信它（Stoney，1991）。

然而，要相信个体化，人们就必须首先相信存在个体化的可能性。这种确信来源于对证据属性的理解，包括其固有的可能性和局限性。这很少是由一个人完成的。由确信到同源结论的飞跃需要共同的努力。此外，每一个实践人员都必须依靠个人的教育、培训和经验来证明个体化的结论。更大的共同智慧和更丰富的个人经验，会使我们更有信心地认定信念的飞跃是既合适又合理的。制约与平衡同样重要，工作团队可以帮助个人判断什么时候证据和检验的局限会影响个体化结论合理的得出。

当法律不要求个体化认定时，鉴定就足够了，也不需要更多的信息。然而，当可以但不必要进行个体化认定时，我们就要进行分类。在这种情况下，产生证据的来源可能有不止一个，而且我们必须要预测究竟可能有多少个。

恐怕我们已经忘记了为什么我们这么在意，但请记住在范例中（图3.1）我们正在推断一件证据的来源。分类在证据和来源之间建立了一种非排他性关系；个体化在证据和来源之间建立了一一对应的关系。我们是要进行分类还是个体化认定，上述信息将作为推断物体间关联性的一个连接（例如，疑犯和犯罪现场）。关联性和案件重建的过程将会是下一章的主题。

参考文献

[1] Ashbaugh, D. R., Quantitative – Qualitative Friction Ridge Analysis: An Introduction to Basic and Advanced Ridgeology, CRC Press, Boca Raton, FL, 2000.

[2] Biasotti, A., A statistical study of the individual characteristics of fired bullets, J. Forensic Sci., 4 (1), 133 – 140, 1959.

[3] Bodziak, W. J., Footwear Impression Evidence, Elsevier, New York, 1990.

[4] Burge, M., and Burger, W., Ear biometrics, in Biometrics: Personal Identification in a Networked Society, Jain, A. K., Bolle, R., and Pankanti, S., Eds., Kluwer Academic Publishers, Boston, 1999.

[5] Cassidy, M. J., Footwear Identification, Canadian Government Printing Center, Quebec, 1980.

[6] Cole, S., Witnessing identification: latent fingerprinting evidence and expert knowledge, Soc. Stud. Sci., 28 (5 – 6), 687, 1998.

[7] Cole, S., What counts for identity? The historical origins of the methodology of latent fingerprint identification, Sci. Context, 12 (1), 139, 1999.

[8] Cook, R. et al., A model for case assessment and interpretation, Sci. Justice, 38 (3), 151 – 156, 1998a.

[9] Cook, R. et al., A hierarchy of propositions: deciding which level to address in casework, Sci. Justice, 38 (4), 231 – 239, 1998b.

[10] Deadman, H. A., Fiber evidence and the Wayne Williams trial: Part I, FBI Law Enforcement Bull., 53 (3), 12 – 20, 1984a.

[11] Deadman, H. A., Fiber evidence and the Wayne Williams trial: Conclusion, FBI Law Enforcement Bull., 53 (5), 10 – 19, 1984b.

[12] Evett, I. W. and Weir, B. S., Interpreting DNA Evidence, Sinauer Associates, Inc., Sunderland, MA, 1998.

[13] Fregeau, C. J. and Fourney, R. M., DNA typing with fluorescently tagged short tandem repeats: a sensitive and accurate approach to human identification, Biotechniques, 15 (1), 1993.

[14] Gaudette, B. D., Some further thoughts on probabilities and human hair comparisons, J. Forensic Sci., 23, 758, 1978.

[15] Gaudette, B. D., A supplementary discussion of probabilities and human hair comparisons, J. Forensic Sci., 27 (2), 279 – 289, 1982.

[16] Gill P. et al., Report of the European DNA Profiling Group (EDNAP) towards standardization of short tandem repeat loci, Forensic Sci. Int., 65, 1994.

[17] Grieve, M. C. and Biermann, T. W., The population of coloured textile fibres on outdoor surfaces, Sci. Justice, 37 (4), 231 – 239, 1997.

[18] Griffiths, A. J. F., Miller, J. H., Suzuki, D. T., Lewontin, R. C., and Gelbart, W. M., An Introduction to Genetic Analysis, 5th ed., W. H. Freeman, New

York, 1993.

[19] Hayakawa, S. I. , Language in Thought and Action, Harcourt, Brace and Co. , New York, 1939.

[20] Homewood, S. L. , Oleksow, D. L. , and Leaver, W. L. , Questioned document evidence, in Forensic Evidence, California District Attorneys Association, Sacramento, 1999.

[21] Horgan, J. , The End of Science, Addison - Wesley, New York, 1996.

[22] Horrocks, M. , Coulson S. A. , and Walsh K. A. J. , Forensic palynology: variation in the pollen content of soil on shoes and in shoeprints in soil, J. Forensic Sci. , 44 (1), 119 - 122, 1999.

[23] Houck, M. and Siegal, J. , A large scale fiber transfer study, paper presented at the American Academy of Forensic Sciences, Orlando, FL, February, 1999.

[24] Kirk, P. L. , Crime Investigation, 1st ed. , Interscience, John Wiley & Sons, New York, 1953.

[25] Kirk, P. L. , Crime Investigation, 2nd ed. , Thornton, J. , Ed. , Krieger Publishing (by arrangement with John Wiley & Sons), Malabar, FL, 1974.

[26] Kirk, P. L. , The ontogeny of criminalistics, J. Criminal Law Criminol. Police Sci. , 54, 235 - 238, 1963.

[27] Kline, M. C. and Jenkins, B. , Non - amplification of a vWA allele, J. Forensic Sci. , 43 (1), 250, 1998.

[28] Koehler, A. , Techniques used in tracing of the Lindbergh kidnapping ladder, Police Science, 27 (5·), 1937.

[29] Lewin, B. , Genes VI, Oxford University Press, New York, 1997.

[30] Moenssons, A. , Lip Print Identification Anyone? (on People v. Davis — Ill), 1999, available at http: //www. forensic - evidence. com/site/ID00004_ 10. html.

[31] Murdock, J. E. and Biasotti, A. A. , The scientific basis of firearms and Toolmark I-dentification, in Firearms and toolmark identification, in Modern Scientific Evidence, Faigman, D. L. et al. , Eds. , West Law, San Francisco, 1997.

[32] National Research Council, Committee on DNA Technology in Forensic Science, DNA Technology in Forensic Science, National Academy Press, Washington, D. C. , 1992.

[33] National Research Council, Committee on DNA Technology in Forensic Science, The Evaluation of Forensic DNA Evidence, National Academy Press, Washington, D. C. , 1996.

[34] Nichols, R. G. , Firearm and toolmark identification criteria: a review of the literature, J. Forensic Sci. , 42 (3), 466 - 474, 1997.

[35] Nordby, J. J. , Can we believe what we see, if we see what we believe? — Expert disagreement, J. Forensic Sci. , 37 (4), 1115 - 1124, 1992.

[36] Osterburg, J. W. , The Crime Laboratory: Case Studies of Scientific Criminal Investigation, Indiana University Press, Bloomington, 1968.

[37] Popper, K. R. , Conjectures and Refutations: The Growth of Scientific Knowledge, Basic Books, New York, 1962.

[38] Pounds, C. A. and Smalldon, K. W., The transfer of fibers between clothing materials during simulated contacts and their persistence during wear: part I: fiber transference, HOCRE Report, Home Office Central Research Establishment, Aldermaston, 1975a.

[39] Pounds, C. A. and Smalldon, K. W., The transfer of fibers between clothing materials during simulated contacts and their persistence during wear: part II: fiber persistence, HOCRE Report, Home Office Central Research Establishment, Aldermaston, 1975b.

[40] Pounds, C. A. and Smalldon, K. W., The transfer of fibers between clothing materials during simulated contacts and their persistence during wear: part III: a preliminary investigation of the mechanisms involved, HOCRE Report, Home Office Central Research Establishment, Aldermaston, 1975c.

[41] Robertson, B. and Vignaux, G. A., Interpreting Evidence, John Wiley & Sons, Chichester, 1995.

[42] Saferstein, R., Criminalistics: An Introduction to Forensic Science, 6ᵗʰ ed., Prentice-Hall, Englewood Cliffs, NJ, 1998.

[43] Shields, W. M., The validation of novel DNA typing techniques for forensic use: peer review and validity of the FBI's validation studies of PCR amplification andautomated sequencing of mitochondrial DNA, Unpublished draft, 1998.

[44] Smith, W. C., Kinney, R., and Departee, D., Latent fingerprints — a forensic approach, J. Forensic Identification, 43 (6), 563 – 570, 1993.

[45] Stoney, D. A., What made us ever think we could individualize using statistics? J. Forensic Sci. Soc., 3 (2), 197 – 199, 1991a.

[46] Stoney, D. A., Transfer evidence, in The Use of Statistics in Forensic Science, Aitken, C. and Stoney, D., Eds., Ellis Horwood, 1991b.

[47] Stoney, D. A. and Thornton, J. I., A critical analysis of quantitative fingerprint individuality models, J. Forensic Sci., 31 (4), 1187 – 1216, 1986a.

[48] Stoney, D. A. and Thornton, J. I., A method for the description of minutia pairs in epidermal ridge patterns, J. Forensic Sci., 31 (4), 1217 – 1234, 1986b.

[49] Stoney, D. A. and Thornton, J. I., A systematic study of epidermal ridge minutiae, J. Forensic Sci., 32 (5), 1182 – 1203, 1987.

[50] Taroni, F., Champod, C., and Margot, P., Forerunners of Bayesianism in early forensic science, Jurimetrics J., 38, 183 – 200, 1998.

[51] Thornton, J. I., The snowflake paradigm, J. Forensic Sci., 31 (2), 399 – 401, 1986a.

[52] Thornton, J. I., Ensembles of class characteristics in physical evidence examination, J. Forensic Sci., 31 (2), 501 – 503, 1986b.

[53] Tuthill, H., Individualization: Principles and Procedures in Criminalistics, Lightening Powder Company, Salem, OR, 1994.

[54] Van der Lugt, C., Ear Identification: State of the Art, paper presented at the Conference for Shoe Print and Tool Mark Examiners, Noordwijkerhout, the Netherlands, 1997, Crime & Clues, available at http://crimeandclues.com/earprint.html.

刑事技术学的原则与实践：法庭科学专业知识

[55] Walsh, S. , Commentary on Kline MC, Jenkins B, Rogers S. , Non – amplification of a vWA allele, J. Forensic Sci. , 43 (5), 1103, 1998.

[56] Webster's Encyclopedic Unabridged Dictionary of the English Language, Gramercy Books, New York, 1996.

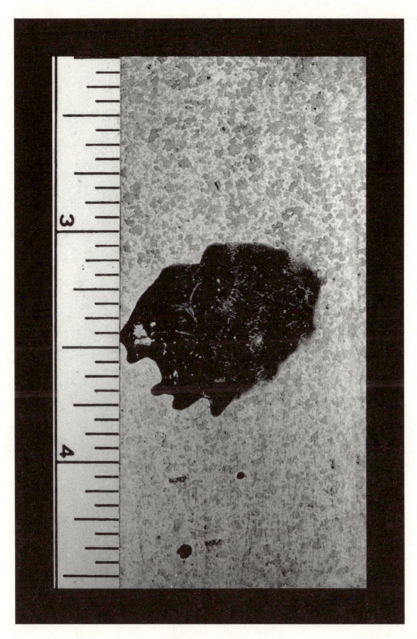

图 7.1　血迹 A

注：这个血迹是在卧室的衣橱门上发现的，Marilyn Sheppard 就是在那里被杀害了。在 Paul Kirk 博士对这起谋杀案的重建中，他认为血迹 A 不是通过血液喷溅到门上形成的，而是通过一种不同的喷溅方式造成的。正是这一关键性的发现使他断定攻击者在这次袭击中自己也受伤了。

第七章 关联性和案件重建
——相关性的推论

"旁证是非常复杂的，" 福尔摩斯深思后回答道，"它似乎直接指向一件事物，但是如果你稍微改变一些自己的注意力，也许你会发现它也在指向另一个完全不同的事物。"

——Arthur Conan Doyle

《博斯库姆古之谜》，《斯特兰杂志》，1891 年

第一节 关联性

一、证据和法律回顾

正如我们所看到的，大多数有关刑事侦查的研究和分析都集中在确定证据的来源。接下来要进行的是要通过建立关联性（两个物体之间有过接触的推论）来把特定案件中实验室结果和法律对物证的要求联系起来。科学家之间的不统一以及科学家和律师之间的不统一，都来自于没有正确地评价两种物体之间的关联性以及影响关联性过程的因素。

律师、科学家和关联性

通常，我们必须要考虑法律的目的以及科学对法律的影响。法律要求法庭在判定被告是否实施了犯罪时，必须要通过审查支持或反对该观点的证据。虽然我们在第 5 章中已经涉及了合法证据的问题，它的定义对于证据关联性的讨论也是很重要的，因此我们在此简要重复一遍。

相关证据是指具有使对确定诉讼具有重要意义的事实更有可能存在或者更不可能存在的任何趋向的证据。

法律将物证归入旁证的范畴。❶ 旁证的一个特点就是它需要一个可以

---

❶ 旁证是指间接指向主要事实或通过其他事实作为介质来推定主要事实的证据。旁证区别于直接证据的特点是：（1）旁证存在并表现了一个或多个可证明的事实；（2）旁证是一个推理的过程，该过程可以把上述事实与待证事实联系起来，以发现二者的本质。（Haight，1996）

将证据性事实和案件中主要事实联系起来的推论。对于物证来讲，这意味着要通过推论将用以确定证据来源的分析结果与被告方实施了犯罪的假设联系起来。我们之前已经区分过鉴定性证据（如：私藏的药物、血液酒精浓度）和可能的个体化证据。由于鉴定性证据在用途上是直接证据，它在相关性的建立上并不需要推定。因此，本章中所涉及的物证都是已在证据样本和参考样本之间建立起共同来源的个体化证据。

另一方面，科学把证据归入到实物证据的范畴，我们可以通过五官来感知，并且通过特定的分析技术来检验。然而，由于法庭不会审查无关证据，因此物证检验就必须比在没有物证时对法律事实（嫌疑人有罪吗?）的推定具有更大或更小可能性的影响。没有相关性的证据不能被采信。我们仅仅认为来源认定本身与法律事实并不相关。尽管 Cook 等人（1998b）简单地强调了这一观点，但是它在科学界并没有得到广泛认可。如果你不认同这一观点，请思考以下情节：

将在盗窃案犯罪现场发现的一枚指纹送交检验。检验人员排除了住户是指纹所有者的可能，并通过搜索国家指纹库确定这枚指纹来自 Fred Flintstone。

由于犯罪现场侦查技术、指纹检验技术以及 Kirk 的著作《圣·保罗》，警探获得的上述信息为他们锁定了盗窃者。但当警探发现了以下事实时，她稍微愣了一下：

在犯罪行为发生的 10 年以前，Fred Flintstone 就已经死了。

她起初怀疑这是指纹检验水平的问题，于是就请另外一位指纹分析检验人员来比对证据和参考指纹。第二位分析人员确定了之前检验的正确性，证实了指纹就是 Fred Flintstone 留下的。警探现在必须重新思考她的案件思路了。她想到了几个有趣的可能性，包括：

a. 这枚指纹是 10 年前留下的，并且与该案无关。

b. 这枚指纹只是巧合地与 Fred Flintstone 的指纹匹配。

c. 这枚指纹是伪造的。

尽管这些解释可能有些难以置信、非同寻常，但是其中之一一定是真的。因为 Fred Flintstone 不可能与此案有牵连（当然，除非 Fred Flintstone 伪造了死亡，现在他仍然在实施犯罪）。我们注意到虽然指纹检验人员竭力反对第二种可能，但警探却也许更愿意认为是这样的。从该案可以清楚地看出，仅仅从物证分析得到的事实并不必然具有相关性。没有人认为该案比 Conan Doyle 在本章开始的引语中讲得更好。观点略微改变就可能使入罪证据马上与案件无关。

二、科学中的推论性推理

科学和归纳推理

Eveet（1996）曾经论述过科学的中心活动是归纳推理。这个概念对许多法庭科学专家和大多数外行来说仍然很陌生，但是它的分支却仍然对科学回答法律的相关问题产生了深远的影响。由归纳思考得到的推论都是可感知、可解释的，并且事实发现者对其的运用也不局限于"事实"伪装下的结论。

正如我们在第 1 章中指出的那样，Karl Popper 把他对现代科学哲学的理解总结为我们从来不能确定地证明一个假设。Jeffreys（1983）补充说，由科学方法的应用带来的科学发展不仅仅是描述了我们看到什么，而且根据以往的经验推断出将来的发展。如果预测是错误的，那么以此为基础的推理也是错误的。科学所寻求的不仅仅是列出已经发现的物质，并且也需要预测如果我们在另一个地方或用另一种方法将会发现什么。科学最终要发现世间万物存在的原因，并且研究解释它们存在的规律。这些通过大量观察所得到的规律来自于用一定的方法推理出的一般理论。正如我们在第一章中所解释的，从大量的观察中得出一般规律的过程就是归纳。这种一般化过程的本身就是推理。

一个小例子：我看见太阳每天早晨都会升起。我跟我的朋友们说了这一现象，而且他们也都看到了太阳每天早晨升起。从这些特定的观察中，我推断太阳在每经过大约 24 小时后会升起。因为我的发现在我的一生中从来没有变过，所以我认为我的推理是正确的。

另外一个例子：太阳从地球的一端升起，穿过天空，并且在另一端落下。我想知道它是怎样从它升起的一端到达它落下的一端的。我推断要么是我所在的地球固定不动，太阳围绕地球旋转；要么我所在的地球旋转，而太阳是不动的。这两种推理从我所做的观察来看都是可能的、合理的。我没有任何特殊的理由去相信一个推论而排斥另一个。两者都是从特定的观察中得出的，并且都可以做出解释这一现象的原因。在没有进一步的信息的前提下，我无法在两者中做出选择。

关于这一点，我们要讲一个儿童版的 Sherlock Hemlock 的故事，案例 4 为故事的内容。如果这个故事现在看起来不太严谨，请用当时的眼光和儿童的角度来阅读。在阅读时请发挥想象力。

在这个故事中，Sherlock Hemlock 在进行犯罪现场勘验时做了很多观察。通过他对特定证据的检验，他推断出过去发生了什么。所有的读者都认为他是错的，列举出一个又一个他对证据的错误解释。很明显，我们认为有比 Hemlock 所给出的解释更合理的解释——刚刚举办了一个生日宴会！根据我们过去的经验，这种情况下总会有很多蜡烛、蛋糕以及包装纸。然而最后，夏洛克的推论被证明是正确的。由此我们得出了科学中归纳推理的两个关键特征：①对于观察到的事实可能存在一种以上的可能原因；②每一种原因都有可能是错误的。

案例 4

Sherlock Hemlock——Occam's Razor 所犯的错误

一天，当我路过我朋友家时，我发现他家的前院很乱。

"好乱啊！"我大喊，"这里到底发生了什么？"

这时出现了一个头戴方格帽、身穿方格外套、拿着放大镜的男人。

"我是这个世界上最伟大的侦探 Sherlock Hemlock，"这个男人说。"Sherlock Hemlock 能够看透一切！"

"你好！"我说。

他跳起来足足有三英尺高。

"哇！"他惊叫，"我刚才没有看见你！"

"很高兴能在这里碰见你，Hemlock 先生，"我说，"也许你能告诉我这里到底发生了什么。"

"啊哈！"这个男人说道，"这里发生了什么吗？"

"这里确实发生过什么，"我回答说，"我朋友家的前院很乱。"

"很乱啊！"那个男人说，"看来 Sherlock Hemlock 有工作可做了。"

"看！"我边指边说，"那里有一些小喇叭和纸帽子，也许它们可以告诉我们究竟发生了什么。"

Sherlock Hemlock 皱了皱眉。

"现在让我看看，"他说，"你可能没有注意到这点，在前院里有一些小喇叭和纸帽子。我知道了！Twiddlebugs 在跳他们著名的豆子糖舞。"

"什么？"我大叫道。

"每七年，Twiddlebugs 都会带着他们的喇叭出现，希望天上可以下豆子糖雨。当天上掉下豆子糖的时候，Twiddlebugs 就摘下他们的帽子去接豆子糖。"

现在，我觉得我已经知道那些喇叭和纸帽子是做什么用的了。你觉得 Sherlock Hemlock 对不对呢？

"我想现状可以很容易解释那些喇叭和纸帽子是做什么用的了，"我说，"院子里的那块蛋糕可以告诉我们一些事情。"

"安静！"那位伟大的侦探说，"你看到那边的那块蛋糕了吗？当 Twiddlebugs 跳豆子糖舞的时候，豆子糖就会从天空掉下来，这时 Twiddlebugs 饿了，他们就开始吃那块蛋糕。"

"但是你怎么解释蛋糕上插的蜡烛呢？"我问。

"天哪！"Sherlock Hemlock 说，"蛋糕上插着蜡烛！那就意味着只剩一种可能了。Twiddlebugs 在跳舞的时候，来了一只可怕的大怪兽向他们扔蜡烛。其中一根正好砸在了这块蛋糕上。"

我仔细想了想：喇叭和纸帽子，插着一只蜡烛的蛋糕。我以前在哪里见过这些东西一起出现吗？当然不是 Twiddlebugs 的舞会！

我现在已经十分确信朋友家的前院到底发生了什么了。你猜到了吗？

然后 Sherlock Hemlock 指着草地上一张皱巴的纸。

"啊哈！"他尖叫道，"然后 Twiddlebugs 发现有一只大怪兽在向他们扔蜡烛，所以 Twiddlebug 就在那张纸上写了一条消息。像'亲爱的 Sherlock Hemlock，请救救我们！有一只可怕的怪兽拿蜡烛砸我们！'之类的消息。"

"但是，Hemlock 先生，"我说，"那是一张揉皱的纸——是用来装生日礼物的。"

"别傻了，小姑娘，"Sherlock Hemlock 说，"大怪兽抢走了那张纸并把它揉皱了。然后他又把所有的 Twiddlebugs 都赶到了屋子里。就是那样！聪明无比的 Sherlock Hemlock 又解决了一个谜题！"

"也许你是一个伟大的侦探，"我对 Sherlock Hemlock 说，"但是我认为你在解释我朋友家前院里的那些喇叭、帽子以及插着一支蜡烛的蛋糕，还有那张揉皱的纸的时候说错了。我认为这里刚刚举行过一场生日宴会！而且大部分人都会同意我的观点。"

"你竟然认为伟大的 Sherlock Hemlock 说错了！"Sherlock Hemlock 说，"太好了！快看，你朋友从屋子里出来了，你怎么不问问他这里发生了什么？"

我向我的朋友挥挥手。

"朋友，"我喊道，"这位绅士和我有一点小争议。如果你可以告诉我们这里发生了什么，就可以帮我们解决这个问题了。"

"噢，"我的朋友说，"很简单。今天是我的生日，我刚刚在这里举行了生日宴会。"

Sherlock Hemlock 摇了摇他的头。

"不可能！"他喊道。"不是 Twiddlebugs 在这里跳豆子糖舞吗？不是怪兽向他们扔蜡烛吗？Sherlock Hemlock 以前从来没有推理错过啊！……噢，好吧，这是第一次。"然后，这个伟大的侦探叹了一口气向人行道走去。

"太好了，"我对我朋友说，"让我们进去看看你收到了什么礼物吧。"

"我本来打算邀请你的,"我朋友说,"但是我不能。在我们举行宴会的时候,忽然来了一些小精灵开始跳舞,然后又跑来一只怪兽向每个人扔蜡烛并把我们赶到了屋子里。你现在千万不能到屋子里去。"

"所以还是 Sherlock Hemlock 说对了!"我说。

就在那时,屋子的门开了,跑出来一群尖叫的 Twiddlebugs,后面跟着一个可怕的怪兽在向每个人扔蜡烛。

"看哪!"我说,我为自己能亲耳听世界上最伟大的侦探 Sherlock Hemlock 解决他最伟大的案子——我朋友家前院很乱的谜题而兴奋不已!

摘自:Betty Lou 根据 Arthur Conan Rubberducque 爵士记述整理,《Sherlock Hemlock 和 Twiddlebug 之谜》,西方出版社,1972。

(1)替代性解释。在假设检验中,我们经常满足于简单地推翻无效假设,而不是提出另外一个特定的替代性假设。然而,在处理犯罪案件的过程中,最好是可以将我们所说的"竞争性假设"解释清楚,这是对我们所发现的事物的其他解释。在我们所举的太阳的例子中,有两种解释(或假说)是来说明太阳如何在每 24 小时内就有一次从西方移动到东方。为了弄清楚现象的原因,科学家无论是出于有意还是无意,都必须考虑到至少两种解释的意义。

我们带着乐趣来读 Sherlock Hemlock 的推论,并且自然而然将它们和我们自己对证据的评价进行对比。他不合情理的推断看似比我们自己的推断更无说服力,我们确信他说错了,我们说对了。这就为我们提供了一个很清晰的例子:对一系列已经发现的事实中的两个竞争性假设进行比较,最终会推翻一个假设,而接受另一个作为事实的解释。

类似地,一个科学家必须对两个或更多的原因进行比较。否则就会因为没有发现其他可能的解释而产生偏见。如果我认为只有一个原因可解释这个结果,那么我就可能忽视证据是在指向另外一个方向,并且我也会只去寻找支持我假设的证据。科学的客观性就表现为要去寻找不同的解释并且要对它们是如何产生这种现象的做出评价。

(2)不确定性。诚然,由归纳理由得出的推理具有不确定性。当对同一现象做出进一步观察时,我们对归纳的不确定性就会发生改变。如果新的信息并不能推翻我们的先前假设,那么我们对事实的确信程度就会增加或减少。这种不确定性的表述(数量很多)对于如何将同一现象的新发现与之前的观察结果联系起来是很重要的。依据该领域中至少一个专家组的观点,这种不确定性是可以用可能性来合理衡量的(Lindley,1991)。

与预测未来事件的学术科学不同,应用科学侧重于解决日常生活中的实际问题,通常还涉及对过去发生的事件的推断。考古学家设法从残片中推断整个文化和语言，文化资源保护者通过对艺术作品的检验去找到艺术的起源。类似地，在法庭科学中我们对过去发生的犯罪案件进行归纳推论。我们检验物证以确定它是否可以告诉我们特定案件中的一些信息。它不会告诉我们一切，因为每一件事情都有不止一个潜在的原因，即使一些潜在的原因是非常不可能发生的。这就是法庭科学中推理性思考不确定性的来源之一。

在 Sherlock Hemlock 的故事中，故事结尾处房子的主人所说的故事使我们否定了第一个关于生日聚会的假设，而更倾向于第二个假设，即 Twiddlebugs 的舞会。如果没有这个信息，我们仍然会坚信生日聚会的假设。

意识到任何推论都不是绝对真理或者不可改变的事实对于法庭科学专家来说是十分重要的。由于物证只能代表影响案件的一小部分因素，所以科学家几乎不可能具有与案件有关的所有信息。对于一个被科学家和事实发现者都接受的推论，他们还要对未知的信息做出假设。科学家会根据新信息来改变她的假设，当假设发生变化时，推论也会相应地发生改变。而其他的科学家或事实发现者会做出不同的假设，这就产生了不同的推论。人们总是对假设产生不同的意见，而不是事实。

三、法庭科学中的推论性推理

基于我们目前的所有讨论，我们把以下一点作为法庭科学的基本原则：

> 归纳推理是对在犯罪案件中收集到的证据进行评估的重要
> 工具。

我们都已经了解到法庭科学的最终目的就是得出确定证据来源的推论。我们也都意识到法律要求建立证据和来源相关性的另一种推论。现在，我们要进一步讨论关于在两个或多个物体间建立关联性的分歧和争议。

1. 关联和解释——在理解方面的分歧

值得注意的是，在法庭科学文献中很少用到"关联"一词。人们只能在一些不完整的文章片段中找到"关联"一词，而这对于解释这个词本身的含义几乎是没有帮助的。

Osterburg（1986）认为具有关联性的证据就是"把一个人与犯罪现场联系起来"的证据。Stoney（1984）把具有关联性的证据描述为"将疑犯和犯罪行为联系起来"的证据（和 Osterburg 的意思不完全一致）。DeForest 等人（1983）在谈到具有关联性的证据时说"能表示人与物证之间具有联系的证据"。Kirk（1953；1974）在表达这一概念时并没有使用"关联"一词，而是定义为通过对谋杀凶器的鉴定就可以找出案发时实施犯罪的人"——这是把犯罪者和物证相联系的一次有利尝试。

除了以上这些有限的关联性界定外，我们还应当讨论如何把证据与参考物质之间的关联性发展为在人物、地点和事件之间建立联系。言下之意就是，一旦证据的来源被确定，关联性也就随之被确定了。但是这种表述却没有提到要强调各种关联之间的推论，也没有涉及能够解释证据的其他可能。

法庭科学文献的另一方面则侧重于要正确理解影响证据存在的因素的属性，以及在分析之后如何在案件条件下来解释证据。在这些文献中，经常可以看见"解释"一词。例如，Cook 等人（1998a）认为解释的过程是"对观测、检测结果和测量进行合理客观的描述"。Taroni（1998）认为"适当的解释程序需要正确的解释科学证据"。

作为个体化认定附属品的关联性与作为独立过程的解释之间的区别有很多；这些不同之处在理解法律中科学的基础性作用时会产生分歧。这会在法庭科学实践人员以及在法庭科学实践人员和委托人之间产生迷惑。它增加了讨论和听证过程中的争议，也阻碍了科学和法律相融合的进程。

以下是两位著名的学者对这两种派别观点所形成的鲜明对比：

Paul Kirk——"刑法学家不会有意去进行鉴定，除非鉴定是他所要进行的工作——个体化认定——的前一组成部分。"（1953；1975）

Henri Poincaré——"原因 A 和原因 B 都可能导致同一个结果。当这一结果被发现时，人们就想要知道原因 A 造成该结果的概率。"（Taroni，1998）

这两段话揭示了科学家在处理法律事务中的不同主观认知。Kirk 坚信科学家就是要确定证据的来源；Poincaré 认为科学家应该帮助事实发现者确定证据产生的原因。❶ 这种分歧在法学家和科学家就科学在法律领域中的功能这一问题形成了持续争论。

2. 推论和关联

在法庭科学文献中发现的关于关联性微弱有限的定义揭示了人们曾经的错误认识，即：从个体化认定到关联性推定的程序是简单明显的。产生这种观念的原因源于我们大量的处理个体化证据的经验（指纹和生理液

---

❶ 请注意的是，他并没有想确定原因，而是要帮助事实发现者确定原因。这一区别十分关键——在本章的剩余部分对其进行详细阐述。

体等），在我们的经验中，"标记"最终会"证明"特定个体的存在；如果不是这个特定的个体，又怎么会有属于他的证据存在？然而，根据如我们所举的 Fred Flinstone 指纹的例子，这仍然只是一种推论。

在遇到其他可能的个体化证据（如工具痕迹或者鞋印）时，推论就没有这么直接了，而是在判定具有密切关联性时需要进一步的假设。最起码，我们需要确定用工具留下痕迹的人，以及犯罪行为发生的地点。甚至在这个简单的例子中，我们已经做了数个外部假定，如留下痕迹的工具，以及工具与实施犯罪的人具有的关联性。

在之前引用的 Kirk 的语句中，他将证据和行凶者做了如下的联系：

通过对凶器的鉴定也许可以找到犯罪时的行凶者。

他也清楚地知道对某一枪支发射出的子弹的鉴别也许并不能找到行凶者，而且需要通过其他证据来建立整个事实。DeForest et al.（1983）之前的评论看起来非常适用于类型证据：

根据样本中个体化的程度，我们可以对案件中人和物证间的关系做出多种总结……在评估物证比较的关联性时，就需要考虑这方面的因素。

在这里，"多种总结"可以理解为是对物证的不同解释，包括发生转移的证据的多种来源或多种可能性。在这种情况下，我们必须要做出多种假设以满足同源推定的要求，我们甚至需要更多的假设以满足相关性推定的要求。任何关于"关联性"的讨论都会引起对个体化认定更好方法的寻求，这完全偏离了概念本身。除了不停地劝告要谨记于心之外，大多数作家都没能细化任何关于证据和犯罪或罪犯之间的关系。

Stoney（1991）的阐述最具有紧密性：

关联性是两种物体之间相关的推论，并且这是科学家发现与法律相关的证据的唯一方法。实质上，仅仅确定来源确定成为法律上的相关。

这一重要论题的发展将对这一领域产生深远影响。

3. 关联和解释

虽然作为法庭检验基本目标的解释使用了作为其表达基础的推论，但是这仍然不能很好地区分来源确定和关联性推论。有时，我们甚至不能肯定作者的想法到底是哪一方面。Robertson 和 Vignaux（1995）在他们早期的书中就明确把"起诉假说"解释为"被指控者当时在现场"。这种明确包括了相关性的推论。之后，他们把替代（辩护）假说描述为"随机获取的匹配"，这是来源确定的一种明确推论。后来他们又指出"除非起诉假说是真实的，否则将不会发生匹配"。起诉假说要取决于相关性和转移理论（被指控者出现在犯罪现场），而辩护或替代假说取决于来源确定（随机获得的匹配）。

奇怪的是，随着越来越多的模糊证据的出现，来源确定和相关性推论之间的区别变得更加清晰了。在这种情况下，从来源确定到建立相关性推论就需要更多的假设，因此也就需要更多的证据。例如，很少分析人员会认为在棕色棉花纤维证据和棕色针织衫之间的理化性质对应是支持相关性推论的有力证据。

4. 混淆的起因

我们已经列出了现今刑事学中存在的困惑，也许说明的第一步就是确定混淆的来源。人体测量学和指纹都曾作为个人识别证据而广为流行，尽管 Galton 和之后的一些人都试图将巧合匹配的概率量化，但来源推定却被毋庸置疑地接受了。由于在这种类型的证据中需要很少或不需要任何推论来建立证据和个人之间的联系，因此个体识别和相关性推论之间的微小差别也就基本上不会被人们发现了。甚至于 Locard 在微量物证中的研究重点主要集中于灰尘的鉴定，他认为这能够提供关于一个人的职业和下落的信息。虽然转移理论的概念是他第一个提出的，但是是否他认为这些假设需要明确地推断出纤维的来源，或从犯罪现场发现的一根纤维是否可以推断出谁实施了犯罪，这些在他的著作中表现得并不明显。

关于从来源确定到关联性推论的科学框架很少出现在文献中。Taroni（1998）对一些早期成果进行了总结。也许在某种程度上，由于我们在 20 世纪偏爱使用技术来解决问题，刑事侦查就开始变得越来越高效、越来越灵敏，由此也产生了更多的用于增加个体化认定随机匹配率的检验测试。这就决定了来源确定在运用证据以解决犯罪问题中扮演着中心的甚至是唯一的角色。讽刺的是，Kirk 必须为他反对自己所提出的观点承担大部分责任。为了宣布个体化认定是刑事侦查的最主要功能，他把重点全部放在物体的物理化学分析上，而没有强调整个犯罪案件中的数据分析。通过个体化认定，整个领域注定要像 Kirk 所描述的那样发展，即"技术性而非基础性，实践性而非理论性，暂时性而非永久性"。

来源确定取决于技术和我们对证据自然属性的了解；科学逻辑为总结物证产生的可能性提供了方法。正如我们所看到的，科学逻辑的应用包括从分析结果得出推论，以及在竞争性假设中发现证据可能性的声明。我们工作中的科学不在于分析技术本身，而是表现在建立分析和解释分析的方法（Evett，1996）。我们将在本章的剩余部分探讨这些相对不成熟的推论理论和关联性理论。

四、关联的定义

为提炼法庭科学中关联性这一概念的理解，我们提出以下几点：

1. 法律要求证据必须具有相关性。证据存在时原则性事实存在的可能性要比没有该证据时更大或更小。

2. 可能的个体化物证是旁证。推论要将原则性事实和证据事实联系起来。

3. 来源本身是不相关的，其需要通过推论建立相关性。

4. 确定来源的推论是在两个物体间建立相关性的推论。

5. 推论依靠假设和其他信息。同一物证可以支持若干依靠不同假设和可用信息的竞争推论。

我们将上述要点总结为关联性的定义。

　　　关联性：两个物体（证据的来源和被发现的目标物体）相关的推论。

虽然到目前为止，关联性这一术语基本还没有被明确定义，但它要比解释这一术语更形象。我们选择保留关联性这一术语来描述范式特点。我们也将相关性的推论这一词组作为关联性的同义词。

五、通过推断相关性建立两个物体间的关联性

刑事专家对可能的个体化证据所进行的检验是以建立相关性提供信息为目标（通常这种目标不明确）的。来源的确定仅是建立关联性推论链中的第一步。在检验中牢记这一观点将会有助于分析人员确定证据的局限性，并且也会强化支持关联性推论的假设。

1. 推断性思考的 Bayes 框架——原理或实践

在过去二十年间有关相关性推论的文章几乎都是在 Bayes 定理的结构框架内展开的。在此我们并不想把所有对于 Bayes 框架是思维推论工具的论点——罗列，我们也不想进行严格的数学推理。我们承认 Evett 在推广 Bayes 理论应用中的重要作用，也对科学家 Buckleton、Taroni、Margot、Champod、Aitken、Stoney、Walsh、Curran 和 Weir，以及法理学家 Robertson、Vignaux、Kaye 和 Thompson 所做的贡献表示赞许。我们推荐感兴趣的读者阅读上述作家以及其他作家的著作，其中一些书目在本章结尾处的参考文献中均已列出。在所有参考文献中，Aitken 和 Stoney（1991）的著作能为您提供一站式服务，您也可以在 Evett 和 Weir 的（1998）书中找到 DNA 证据的特殊应用。

尽管大部分关于法庭科学推论的文章都是以 Bayes 定理为基础的，但是这些文章和实践还存在一定的差距。法庭科学实践的通常做法是得出关于来源的报告和证词。当问及检验的结论时，刑事专家通常会给出他们得到的结果，或者概括他们得到的相似情况的数量（虽然批判者总是强调要进行实践）。

回到实践中。即使采用似然比（LRs），也只能根据证据来源进行假说比较。我们很少会遇到能精确判断原始物质和目标物质间关联性的报告。这对本章的撰写带来了重大困难。虽然我们确信这些想法既合法又实用，但它们并不被实践领域的刑事专家所接受，❶ 也没得到完善。我们把这些观点作为工具介绍给业内人士，虽然这些观点并没有在实践领域得到广泛应用。接下来的讨论将重点介绍刑事专家是如何借助 Bayes 框架来建立命题之间关联性的。希望您已经阅读了我们在第六章中关于 Bayes 理论的介绍。

2. 假说检验与似然比

通过多种假设分析物证，使刑事专家在评估分析结果时要考虑更苛刻的偏见。似然比可以并且必须同时评估竞争假说。如果分析师人员从开始分析就考虑到了替代原因，那么使用似然比作为工具进行比较也就是自然而然的事了。这对假说检验和 Bayes 统计做出了微妙的区别。

在经典的假说检验中，我们试图推翻零假设，从这个命题中我们只能得到两种结果。如果没有推翻零假设，我们就接受它；或者如果推翻了零假设，我们就接受替代假说。然而，在没有具体替代假说的通用体制中，分析人员就不得不失望且无助地接受仅仅零假设是错误的这一结论。然而，在犯罪案件中，这是不能令人满意的。如果因素 A 不能满足犯罪事实，那么必然有其他具体的因素存在。虽然被告会希望得到其没有导致犯罪发生的结论，但警探为解决犯罪问题也必须不仅找出什么没有发生，还要弄清什么发生了。即便提出了一个对证据具体的替代解释，我们也能推翻或者无法推翻它。所有的统计数据都直接指向零假设。因为没有任何关于替代可能性的信息，所以我们无法推知是否另一种解释的可能更大。在推翻零假设时，我们必须轻率地接受替代性假说，并且我们盲目地接受它为正确答案。此时思维就停滞了。

用 Bayes 统计原理构建似然比需要对具体竞争假设的不确定性进行比较。这也会同时对案件的不同原因进行评估，进而得出案件起因的量化结论。我们仍然不能肯定哪个是"正确的"，但是从比较中得出的量化信息

---

❶ 我们知道在一些司法辖区，如新西兰，刑事专家通常以 Bayes 术语提供证词。

可以帮助我们确定哪个更具有可能性。因为物证不是确定案件发生原因的唯一证据，而且物证本身并不是概率。完整的 Bayes 实验要求在把物证融入最终结论之前，必须要对假设和推论做出解释。无论什么新信息的提出都是为更新我们对案件原因确定性而服务的。在此我们将这种口头表达转化为数学公式：

$$先验概率 \times 似然比 = 后验概率$$

Bayes 定理的应用可以识别证据的推论性特征。这并非要剥夺事实调查的作用，而是为具体命题提供信息。这也完美地体现了证据目的的法律功能。

3. 分析人员与证据——证明假设

不论选择何种统计框架，人们必须阐明假说或者进行假说检验。数据只是评估假说的工具。如果提出的假说非常荒谬或者毫不相关，统计数据会对这些假说进行简单的评估，就像对合理有用的假说进行评估一样。如果没有提出正确的假说，那么任何数据或逻辑框架都不能拯救失败的检验结果。

为形成相关假设，分析人员必须掌握尽量多的案件细节，同时还要咨询许多人并研究大量来源来实现这一目标。这就是刑事专家要亲临犯罪现场的首要原因：获取第一手资源。刑事专家可以当场做出临时假设并收集相关证据。此外，阅读警方报告，与侦探、律师讨论，以及掌握其他的物理证据都有助于构建合理的假说。同时，想象力也有助于推测发生了什么。最重要的是，每个假说都必须是可以被推翻的，而且评估未构成推翻的手段必须存在。所有的假设都必须回答争议中的一些法律事实，无论这种法律事实是疑犯和犯罪现场的联系，还是被害人和疑犯的联系，甚至是被害人和犯罪现场的联系。

4. 证据的缺失

我们在本章中插入了关于证据缺失的讨论，因为证据缺失通常是在适用关联性时所遇到的问题——假定目标和可能来源之间是否存在关联性？例如，一位强奸案受害者描述疑犯在案发时身着绿色羊毛外套。在疑犯的车中发现了符合上述描述的外套。然而，无论是在受害人身上还是犯罪现场都未发现绿色羊毛纤维。未发现"预期"证据是否支持这样的假说——夹克（来源）和受害人（目标）不存在关联性？严格地说，没有发现证据并不当然地得出"不具有相关性的"结论。这是假设检验中的一个难题。零假设是"来源和目标之间具有关联性"。科学上的问题是，相反的结果是否可以推翻假设？这在很大程度上取决于我们对物体的某些属性的掌握，如可转移性、持久性和可检测性。正如我们在上一章所讨论的那样，我们对于这些属性的把握可能是有限的，既不准确，也不精确。

尽管如此，底线问题是我们是否能将缺乏证据理解为不在犯罪现场的证据。许多分析人员都不认为缺乏证据就可以证明不存在联系。他们把这一般性的定理表述为——"证据的缺乏不是不在犯罪现场的证明"。那么我们在证据缺乏时怎样评估证据呢？科学家习惯分析物质材料，他们不习惯评估某物不存在时的价值。看待这一问题的方式之一是，虽然不能把没有的东西说成有，但没有发现仍可能意味着可以有。思考这一问题的方式之一就是把它带向一个逻辑的极端。

假设一名男子攻击一名女子，女子描述男子身着白色衬衫和牛仔裤。女子向男子喷洒混有橙色染料的催泪瓦斯。从犯罪现场抓获了一名身穿白色上衣和牛仔裤的、正在跑离现场的男子。但检查他的衬衫时却没有发现染料的痕迹。❶

在这种情况下，未能找到橙色染料（换句话说，一个发现没有证据的发现对于支持被捕者是不攻击者这一假设提供了实质性证据。我们对会在攻击者的衬衫上找到橙色染料有很大的期望。

我们要根据 Bayes 框架来比较相关性的似然比和无关性的可能性（而非依靠用否定结果来推翻假设。在 Bayes 语境下，证据（嫌疑人身上没有橙色染料）更能证明该男子不是被喷射者；这一评价压倒了几乎所有认定疑犯的预先可能性。由此产生的后验可能性告诉我们：可能抓错人了。但也要注意的是，在此种情况下把没有橙色染料的衬衫和无辜者相联系的情况也是十分罕见的。我们必须假定在这种情境下他没有时间换衬衣，该女子的近距离平射足以击中攻击者，以及她讲的都是真实的。我们对这种情况下证据缺失所揭示的信息的合理预期表明我们会对更复杂的案件有更多的预期。但是，虽然我们对为什么没有发现证据提出越多的假设，解释证据的推论也就会越来越弱。

案例 5 将会介绍一个使用证据缺失来推测出一种关联性而非另一种关联性的有趣例子。在这个例子中，行为分析人员（侦查员）认为，基于 Marilyn Sheppard 的血液没有溅到 Sam Sheppord 身上，以及在后者可能接触到的物件上也没有发现血渍，Sam Sheppord 一定是杀害玛 Marilyn Sheppard 的凶手。分析中不明确的假设也是十分有趣的。推理如下：

a. 他在谋杀完以后成功地洗掉了所有血渍；

b. 他不可能在把完她的脉搏后洗掉所有血迹；

---

❶ 这一案例是 John Buckleton 博士在电子邮件交流清单中提供的。

  c. 所有的血迹都是她的；

  d. 手表上的血迹是她的；

  e. 而且，他裤子膝盖处的血迹与此案无关。

  让整个推理毫无价值的最后一击是 Sam Sheppord 就是凶手的假设。我们希望读者能够检查整个分析（McCrary，1999）过程并得出自己的结论。

  评价否定结果为的是找到不明显的证据，从而找到不会对案件结果产生影响的证据。以上两个例子表现了考虑证据缺失时的两种截然相反的情况。对所有的关联系证据而言，推论的相关性和证明力完全取决于推论形成所依靠的事实和假设。如果我们掌握的事实越少，我们所要做出的假设就会越多，由此得出的推论的证明力就会越弱。在缺少证据的情况下，我们掌握的事实也会很少，这就需要做出更多的假设。正如所阐述的那样，提出结论本身并没有错。

  在证据缺乏的情况下得出的推论取决于检察人员的经验，而很多实践人员对此并不认可。他们还认为所涉及的变量不能被充分列举、控制和量化。我们认为，一个经验丰富的侦查人员所给出的意见应该能够表明他希望在目标物体上检测到来源的痕迹，因此，痕迹的缺失也会提供有用的信息。这样的意见是在尽可能多的支持数据的基础上做出的，并由此说明所做出的假设。显然，在关于这一问题的领域上并没有形成共识。而法庭科学领域所面临的挑战就是从研究和智力的角度来提出和继续讨论这一问题。

5. 建立来源确定和相关性推论之间的联系

  我们已经列出了法庭科学需要进行推理的两个过程——来源确定和相关性。我们要解决的就是怎样将共同来源的推论纳入相关性的推论中去。由于一直以来，文献对关联性和解释的区分比较混乱，这一问题目前还没有明确地解决。显然，Bayes 框架提供了最明确的和最量化的方法。然而，也许是因为每一个具体案件的过程都不相同，所以还没有关于如何操作的一般建议或指导文献。我们将接受本领域的挑战——通过运用案件中物证分析的结果来解决这一问题。

6. O. J. 和推论——试管是半满还是半空？

  Simpson 案为推论思维提供了一个有趣的例子。Simpson 庭审就是一个关于似然比（直观的）的有趣的案例（不需要数学计算）。案件中所形成的竞争假设对于判决来说至关重要。控诉假设认为被告谋杀了两个人，并且物证表明 Simpson 曾经在犯罪现场。至少在三个不同的地方（罗金厄姆、邦迪、野马）都收集到了多种生物证据的样本。DNA 分析为支持控诉假设提供了绝对的吻合概率。由辩方提出的辩护假设则认为不仅 Simpson 不在犯罪现场，而且是警方故意伪造了能使我们认为 Simpson 在场的证据。竞争假设可以用似然比表示为：

LR（似然比）= P（E/Simpson 在场的概率）/P（E/警察伪造血迹的概率）= 1

这种假设的似然比 LR = 1，因为无论在哪种情况下，我们都希望能够发现被告的血迹。陪审团可以忽略 DNA 证据，因为它没有为任何一方提供有力的证据。这就使 Simpson 在场的可能性全然依赖于预先概率。在这个案件中，预先概率与陪审团的判断直接相关——警察有能力去故意地伪造证据，而非被告会杀死两个人。

$$预先概率 = \frac{P（被告杀害两个人的概率）}{P（警察伪造血迹的概率）} = \frac{小数}{大数}$$

随后，辩护方要展示出存在伪造证据的机会，而且辩护方也要依靠陪审团认为警察有意伪造证据的主观先验。这些想法的比例是在"排除合理怀疑"这一支持控诉假说的基础上提出的。无罪判决表明他们认为警察伪造血迹的预先概率是非常高的。数学表示方法为：

$$\frac{小数}{大数} \times 1 = \frac{P（被告杀害两个人的概率）}{P（警察伪造血迹的概率）} = 后验概率$$

$$\therefore \quad 后验概率 = 预先概率$$

换句话说，之所以没有考虑物证的分析结果是因为陪审员认为与案件无关。因此，预先可能性完全决定了后验概率。这也又一次重申了物证仅仅会更新我们的假说，而非替代我们的假说这一观点。不同假设或者事实都会改变我们对推论的认可程度。

六、谁建立了推论

一个显著并且反复出现的问题是谁建立了相关性推论，是科学家还是事实发现者？从旁证中进行推理是事实发现者的工作范畴。当然，潜在的个体化物证也是旁证。然而，有些信息是只有科学才能经合法途径提供给事实发现者的，如，人口频率、转移数据、持久性数据，以及证据和检验的局限性。很明显，这些对于事实发现者对物证进行推理有很大帮助。我们认为，科学家最适合提供信息，并将这些信息带入案件场景中去。当以信息存在局限性的方式与事实发现者进行交流时，科学家就能够而且也应该表明关于关联性的推论。科学家在表述中应当尽量避免"有罪"或"无罪"的措辞，而且也应该阐明推论所依据的假设。当假设发生变化时，推论也会改变，此时科学家就必须根据信息的改变重新调整推论。

第二节　案件重建

犯罪包含了相互作用的很多事物，至少包括一个人——罪犯。关于构建刑事侦查学的原则这一点，我们需要考虑三方面的相互关系：证据、证据来源、发现证据的目标物体。现在，我们来思考多个物体在犯罪实施的过程中相互接触而产生的关系。根据这一概念，我们来看刑事侦查检验的最后一道程序——案件重建。

一、实践的状态

很少有文献写到案件重建是一个自发的过程，几乎没有相关的科学研究，也没有这方面的普遍原则。再者，随着刑事侦查学专门化时代的到来，能够胜任并愿意从事案件重建的刑事专家的数量却在不断减少。当今的实践现状是，案件重建已经成为法庭科学中受了解最少的领域。

或许是因为这一领域中合格的科学家的数量在不断减少，像侦探、律师、侦查人员等这一类的非科学专家正迫切地想要进入填补这一空白。虽然受过专业培训和教育的侦查员能对案件重建的物理学方面做出有价值的贡献，但他们却不能将其与物证检验结果综合在一起。我们将在下面提供一个关于行为分析人员超越了其专业限制的例子。同样的，律师和侦探也不应从事科学证据的解释。我们认为，应该由刑事专家来为侦探、律师、侦查人员提供案件重建方面的信息，而且也应当以同样的方式提供来源确定分析的结果。侦探、律师、侦查人员也都会以上述信息来帮助完成案件调查、起诉，或者鉴定疑犯人的行凶动机或心理状况。

根据出现的频率，案件重建中有两个子目录——血迹形状分析和枪击案件重建。随着血液飞溅研究（Eckert and James，1989；Bevel 等人，1997）和弹道动态研究（Garrison，1993，AFTE 期刊❶）的发展，以及对它们如何影响现场重建的理解的加深，由此出现了大量与之相关的文献和研究。但是，仍然缺乏（虽然不是完全没有，Chisum，1991）关于案件重建❷中的普遍原则和指导方针。现在，我们就来对案件重建（案件重建在文献和实践中都存在）实践的显示状态进行分类。

案件重建的定义

之前，我们已经介绍了 DeForest 等人（1983）和 Saferstein（1998）分

---

❶　枪支和工具痕迹检验人员协会期刊（AFTE）中就有介绍弹道学对犯罪现场重建影响的文章。

❷　我们在此不考虑最为普遍的民事事故重建。

别对案件重建做出的两种定义。我们把两者综合在一起并对其进行意译就得到了下面的定义：

案件重建：以物证为基础，对事件的顺序在相对的时空内进行整理。

我们用以下的术语：
事项：两个事物间的相互作用。
事件：所有单个事件的综合以构成利益的活动。

二、案件重建的可能性

实际上，在科学文献中还没有关于案件重建的具体步骤——对事项进行时空上的排序。从大多数情况来看，这是一个处理事物发展先后顺序的逻辑程序。刑事专家会把犯罪现场和物证检验结果结合起来以贯穿整个时空将独立的事项联系起来。假设和其他与物质不直接相关的信息也必须纳入案件重建中。因此，如果假设和信息发生了变化，那么案件重建也会随之改变。

以物证为表现形式的线索将不可避免地作为犯罪结果（尤其是暴力犯罪）被留下来。如果能够正确地识别、收集、分析证据，我们就不仅能通过关联性推论将两个事物联系起来，而且还能在时空中将得出的关联性进行排序。在进行刑事侦查时，必须要时刻谨记相关的问题。即便一个人在案件重建上花费了大量的时间，最后也可能因为与案件无关而被忽视掉。在进行案件重建之前，分析人员必须以解决争议为目标，并要判断物证能否为事实发现者提供有助于解决问题的信息。在此，我们要重申贯穿本书的主旨，即分析人员必须对事件的发生形成两种以上的假设。这样可以消除我们潜意识中可能存在的偏见，并且可以提醒我们事实上可能存在多个因素导致事件的发生。

设想这样一个事件：一个人被枪杀，在另一个人的衣服上发现了受害者的血迹。问题是，血液的转移是否与枪杀有关。由此形成了两个假设：
a. 受害者溅出的血液随即转移到了其他人的衣服上；
b. 受害者的血液是由于一个不相关的事件转移到了其他人的衣服上。
大量的事实、信息和假设会在两个竞争假设之间产生不同的影响。在进行案件重建中可以而且也必须考虑这一信息。一份不详尽的清单包括：
a. 被害人伤口的位置；
b. 伤口的流血量；
c. 衣物上血迹的大小和位置；
d. 穿衣者和衣服所有者是否为同一人；
e. 衣物是何时被收集的。

例如，如果从伤口流出的血液量不大，不足以形成衣服上的血迹，那么就可以做出衣服上的血迹与案件无关的推论。同时也要注意，一个人也可能因为救助被害人等无罪的行为与枪击发生关系，进而沾染到血液。这个简单的例子说明了案件重建的复杂性。融入更多的事项会增加案件的复杂性程度，并可能导致过度解释。

1. 模拟的预测价值

当进行案件重建时，刑事专家通常会重建或模拟他认为会导致犯罪现场场景的环境。这种实验可以提供信息，但我们也要了解其局限性。通常是在对物理环境的复制性设定完条件之后，侦查人员才能对他观察到了什么做出结论。做实验是一种非常好的想法，但是我们也必须了解到实验只能说明证据可能是由与模拟相同的条件产生的。它并不能说明这是产生证据的唯一方式，或者事件是按照你想的方式发生的。然而，不能重建预期的结果却有助于排除设想中的环境和行为，以减少可能性的数量。模拟能支持案件重建，但不能证明案件重建。

在一个案件中，特定形式的完好血迹通常能反映出该血迹是由接触射击伤口所产生的，并且还能确定疑犯所处的特殊位置。分析人员根据他发现的第一手信息模拟了他想象中的犯罪现场。可以确定的是，他再现了要寻找的信息，包括通过特定距离从受害者身上喷溅到的特定大小以及形状相似的血迹。随后，他证实了自己的模拟方案可以证明重构方案，进而证明事件与他设想的一模一样。

刑事专家不能考虑存在另外一种可能性以解释证据，他局限于自己对犯罪是如何发生的预期和偏见。

2. 证实或反驳

通常侦探会向被害人、嫌疑人、证人询问案情。案件重建是确立询问内容真实性的方法之一。如果物证无法支持一个陈述，那么侦探就会利用这个信息继续询问。这种类型的案件重建也可以用来验证在调查过程中做出的证实或反驳，或者用来验证证人证言。证实性的重建一般比较容易，因为根据定义，它将焦点集中在他人已经建立的特定命题或假设之上。这时，专家就要回答证人所描述的事项是否发生过，以及对物证的检验是否可以回答这一问题。

下面是一个关于疑犯辩述自卫的典型例子。

该案是一个涉及枪击死亡的案件，疑犯坚持说他是正当防卫。他描述为：受害人把斧头举过头顶准备攻击他。事实上，斧头是在被害人受枪击的地点的旁边小桌子上发现的，所以疑犯有说实话的可能性。桌上有被害人头部受枪击而流下的血迹。我们所面临的问题是，被害人被枪杀时斧头是在桌上，还是在被害人手上。刑事专家首先保持斧头的位置不变，在这个区域内喷洒鲁米诺。这时在桌子上和斧头上都可以看见完好的血迹。然后他们移开斧头重新进行试验。一个黑影（表示此处没有血迹）以斧头的形状出现，在它周围以及桌子的其余部分就会出现血迹。这就会使人们相信受害者在疑犯开枪时没有拿斧头，由此驳斥了疑犯的自卫狡辩。

此案为分析物证以帮助案件重建提供了有效的示范。

三、案件重建的局限性

在进行案件重建之前，我们推荐刑事专家来看我们最喜欢的一句格言：

我们所看见的正是我们希望看见的。

除非我们罗列出所有竞争假设，否则就容易以看到的一些证据和信息去支持一个没有经过严格审核的假设。这使我们很容易排除那些无法与其他证据相互印证的证据。这就导致了重建中经常出现的两个问题——过度解释证据和再现案件。

我们越偏离"原始数据"，进行推论的假设也就会越多。在进行案件重建时，所有的前期假设都会被包含在其中，而且还会加入更多的假设。有时假设的数量可能远远超过事实的数量；只要这个繁杂的假设关系网稍有变动，结论就可能会发生变化。很多案件重建都可以简单地反映出人们对事实的观点。由于案件重建所依据的事实和假设不总是会受到挑战，我们会很容易地依据个人偏见和期望得出结论。

1. 偏见和期望

分析人员过度解释证据或者从无意识的预期中得到结果，即所谓的具体原因导致具体结果。当无法进行案件重建时，我们就会遇到这种偏见，如"没人会这么做""那样做真的是太难了"或者（我们最喜欢的）"脑子正常的人肯定不会那么做"等这一类的话。这表现出了一种微小的偏见；我会怎样做，或者我们会怎样应对它？一个人是怎样自杀的并不能回答其他人是怎样自杀的这一问题。特别是人们在自杀之后可能会失去理智，因此是否具有理智并不能作为自杀的限制。通常，这种偏见会以"这是合理的""这是可能的"或"有可能"等短语出现在报告中，但是没有任何事实和信息来支持这种观点。

分析人员的经验是预期结果的第二来源：当我看到一个行为导致了一

个特定的结果，我就会希望下次同样的原因也能产生同样的结果。如果分析人员把预期作为假设之一其后果也不会很严重，只要偏见不是唯一的假设就可以。经验会扩大分析人员的预期范围，而非缩小它。

由个人的偏见和经验为基础所产生的预期最终会产生带有主观色彩和情绪的、无物证支持的案件重建。刑事侦查检验不总是（或者不经常）在案件重建阶段告终。如果其确实是终于案件重建阶段，那么法庭科学专家就要为事物发生的先后顺序提供依据。其他因素也会表现出由个人预期形成的偏见，从而降低了科学家和案件重建的公信力。

2. 过度解释

刑事专家必须依靠过度解释来提供比证据本身更多的细节。过度解释通常是根据侦查人员认为什么是最可能发生的而推理出的结论，而非基于证据本身来考虑其他的可能性或评价它们的价值。

下面是一个关于过度解释两个疑犯被指控折磨并枪杀便利店店员案例。

一名来自其他辖区并参加过多次血迹形状分析培训班的侦探着手根据血迹进行案件重建。他写了一份 11 页纸的报告，报告中介绍了受害人和疑犯在 30 到 45 分钟这一时间段内的行动。他在案件重建报告中指出，在 5 分钟的时间内三个人都停止了行为，并附有一张分析血块的照片。他总结说，受害人受到枪击，在地上流了 5 分钟的血，而后又受到攻击者的殴打。他是如何做出如此详细的案件重建的呢？他听一个疑犯供述说，他们向受害者开枪，坐在受害者周围吃三明治并嘲笑了受害者 5 分钟，然后又狠狠地打他。侦探将这些作为案件重建的开始，并从犯罪现场的照片中选出他认为是血块的血迹。作为一名非科学人员，他不能准确地理解不可能在一张照片上区别血块和血迹的不同。令人庆幸的是，他并没有对犯罪嫌疑人的食物进行重建，这也许只是因为食物里没有血迹吧。

Marilyn Sheppard 谋杀一案中的案件重建就为说明基于同样的证据可以得出完全对立的结论提供了一个典型例子。我们对两个例子进行比较，一个是刑事专家 Paul Kirk（1955），另一个是行为科学家（侦查人员）Gregg McCrary（1999），虽然他们的背景完全不同，而且观点也各异，但是他们的案件重建从开头到结论都极其相似：

Kirk——"……事实是清楚的，结论是必然的。"

McCrary——"……证据允许只有一个合乎逻辑的结论……"

上述两位专家都是对相同的物证结果进行研究，而 McCrary 却一直致力于 DNA 证据的研究，而 DNA 证据是在 Kirk 之后的几十年后才得到应用的。Kirk 的结论是：Sam Sheppord 没有杀害 Marilyn Sheppard；McCrary 的一个逻辑结论是：Sam Sheppord 杀害了 Marilyn Sheppard。两个人根据同样的证据得出了相互排斥的结论，这说明了如果忽视不利证据、强调更符合自己假说的证据，都有可能导致错误结论的得出。

以上两种重构方案都是高度主观和投机的。我们突出两种重建方案的一些部分来说明过度解释和忽略不适合自己理论证据的危害性。

我们从 McCrary 性动机的攻击❶问题开始讨论：

1954 年 7 月 4 日清晨，在 Marilyn Sheppard 的床上发现了她的尸体。随后进行的调查显示，她睡衣的领部已被解开并露出了乳房，她睡裤的一条裤腿已经脱了下来。受害人的膝盖在床脚处，她的小腿从床尾垂直垂下，双腿呈微微张开状态。她脚踝处的血以及床单上的血迹表明杀手是把她推倒在床脚位置的……

鉴于她的乳房是暴露出来的，一条裤腿被脱下来了，双腿微微张开挂在床脚，人们就可以考虑这是性侵犯案件。然而，证据并不支持这一假设。受害者被移动到了上述位置，罪犯之所以把她摆成这样，其目的在于让垂直的木床柱抵住她的骨盆和阴道，以防止其他任何人对其进行性侵犯。事实上，有证据表明，受害者并没有受到性侵犯……

在尸检时对受害人阴道涂片进行的检查也没有发现精子。

奇怪的是，McCrary 认为，如果 Marilyn Sheppard 受到了性侵犯，她只能处于被发现的位置。是什么排除了她可能是在床上的另一个位置被强奸杀害了的这一可能性呢？这只是众多的未能提出替代假设的例子之一。此外，当 McCrary 指出"有证据表明受害人没有被性侵犯"时他错误地解释了事实。1997 年，在对尸体阴道拭子切片进行尸检，以便为 DNA 分析做准备时，Mohammed Jahir 明确地表示他观察到了精子。因为这项工作是在民事案件中为原告做的，如果 McCrary 没有进行这项检验，那么他的结论就是不具有说服力的。

大家可能会合理地问这不明显就是一个无视与其提出的理论不相符的证据的例子吗？

后来，McCrary 在报告中指出，如果本案是性暴力犯罪，那么行为证据也有不一致的地方：罪犯在如此大费周章地暴力制服受害者后，最有可能发生的是他会继续性暴力行为，如果他撕开受害人的衣服，凶残地对其强奸，那么阴道和肛门外伤就会留下明显的证据。

---

❶ 此处的转载和案件 5 节录中的所有印刷和语法错误均未被修改。

案例 5

Marilyn Sheppard 案
——是证据缺失，还是不在场的证据

法庭检验的不一致性：

血迹存在位置的不一致观点：

案发后 Sheppard 博士的手上或身体上没有发现血液，并且他否认曾经洗过手或洗过澡。因为如果凶手攻击被害者致其死亡，那么他肯定沾有受害者的血液。有人可能会认为 Sheppard 博士身上没有血迹与他的证词相一致，再加上犯罪现场物证更有力地说明了不仅 Sheppard 博士身上应当有血迹，而且在其他没有血迹的物体上也应该有血迹存在。

Sheppard 博士作证说，他把手指放在他妻子的脖子和喉咙处检测脉搏。

A：我看着她，碰了碰她。（审判证词 1954 年 12 月 13 日，4971 页）。

B：我摸了摸她，在她的脖子上试了一下脉搏。

问：你在她脖子上试了一下脉搏？

A：是的，先生。（审判证词 1954 年 12 月 13 日，4973 页）。

问：您触摸到 Marilyn 的身体了吗？

答：我想是的，先生。

问：您碰到了她身体的哪一部分？

答：我记不太清了。我想应该是脖子、脸，也可能是手腕。

我碰过她，我想应该是在脸和脖子周围。（审判证词 1954 年 12 月 13 日，4957—4958 页）。

碰过自己妻子的脸，并且用手指放在她沾满鲜血的脖子或手腕上以检测脉搏将无疑会导致血迹从受害人手指到 Sheppard 博士手上的初次转移。Sheppard 博士说，在最后一次检查完妻子的脉搏后，他跑到楼下打电话叫 Houks 过来。合乎逻辑的情况是，从他的手到电话会发生血迹的第二次转移。但是在电话和 Sheppard 博士的手指、手掌、身上均未检测到血迹，尽管 Sheppard 作证说他没有清洗或清理。

重要的是要注意，Samuel Sheppard 博士的兄弟 Richard Sheppard 博士在当天早上到达现场后发现 Marilyn Sheppard 的脸上有未干的血迹。如果当 Richard Sheppard 博士到达时 Marilyn Sheppard 脸上的血迹是湿的，那么在 Samuel Sheppard 博士用手和手指试脉搏并摸她脸的时候血迹应该更湿，并且应该转移到他的手上。

另一个表明 Sheppard 博士身上应该有血迹的依据是他的证词，他说在妻子被谋杀当晚，他曾两次与杀手"拼杀"。由于凶手身上沾有受害者的血迹，那么就会有血液从攻击者到 Sheppard 的第二次转移，但是他身上却没有血。第二，当凶手拿走 Sheppard 博士的手表和戒指时，也应该有血液转移到 Sheppard 博士的手上。

此外，Sheppard 博士手表上的血迹也是问题之一，手表、戒指及一串钥匙是在一个绿色的袋子里被发现的。袋子是在离房子有一定距离的屋外被发现的。从现场拍摄照片可以看到上面有血点或血斑（不同于污点）。这与喷射出的血迹相一致，并意味着在被害人受到攻击时手表在她近处。因此，在 Sheppard 博士的手腕、前臂或是手上很有可能会有血迹或血斑，因为这些位置都与手表很近。但是在 Sheppard 博士身上却没有发现血迹。

有血迹转移到了他的手表上会与以下的场景相一致：要么他的手表蹭到了被害人，要么杀手用沾满鲜血的手把手表从 Sheppard 博士的手腕上夺了下来，因为手表是在一个绿色的袋子里发现的。但手表上却没有发现这样的血迹。人们会希望在手表带上发现沙子，因为他说在与杀手搏斗时，他被杀手甩在了沙子上，昏迷不醒。但是，在他的手表带上也没有发现沙子。

此外，在绿色袋子上也应该有血迹，因为杀手把手表、戒指和钥匙放在了袋子里。但是在袋子上和这些物品上都没有发现血迹。

Sheppard 博士说，当他在卧室醒来时，他看到他钱包上的徽章在反光。他后来又说，有 30 到 50 美元不见了，但是一张支票和 60 美元现金因为在翻门下面而没有被凶手发现。言下之意是，罪犯在杀害了 Marilyn Sheppard 以及把 Sheppard 博士打昏以后，从 Sheppard 博士的裤子里把钱包偷出来，打开它拿了一些钱，并在钱包里剩了一些钱，然后让钱包的徽章外翻丢在 Sheppard 博士的附近。由于凶手的手上有未干的血液，因此血液很有可能在攻击者与 Sheppard 博士"拼杀"时发生第二次转移，或者在凶手与博士的裤子和钱包之间发生第二次转移。第二次转移发生在凶手从 Sheppard 博士的裤子里拿出钱包，然后在钱包里找钱的时候。然而，在 Sheppard 博士的钱包和裤子上都没有发现血迹。

对于 Sheppard 博士的裤子、钱包、手表、钥匙及装着这三样东西的绿色袋子里都没有发现血迹，最合乎逻辑的解释就是：凶手沾满鲜血的双手并没碰过这些东西。而 Sheppard 博士身上没有发现血迹的最合乎逻辑的解释就是，他在谋杀后彻底地清洗了自己，并在清洗之后才给 Houks 打的电话。然而他没有清洗手表上的血渍就足以表明：手表在受害者遭到袭击时与受害者的距离非常近。而 Sheppard 博士裤子上的唯一血迹散布在膝盖周围，这不能证明什么。

分析犯罪和犯罪现场时的另一个重点就是要考虑犯罪分子伪装犯罪所需要的时间。犯罪现场是一个危险系数极高的地点，而杀人案件的现场又是危险系数最高的。由于担心被发现或者被抓住，罪犯通常只在犯罪现场花费必要的时间，一刻也不会多待。因此，罪犯在犯罪现场所花费的时间和罪犯对现场的熟悉程度以及现场的方便程度具有很高的相关性。如果罪犯在现场花费的时间越多，则说明罪犯对犯罪现场越熟悉。罪犯花费大量的时间在犯罪现场往往意味着他有一个正当的理由，因此他并不担心被打断或被发现。

在 Sheppard 博士的陈述和证言中，他提到了可能不止有一个罪犯。但这是不太可能的，原因有以下几点。在共同犯罪中，女受害者往往是最脆弱的，因此在通常情况下，会有多个罪犯对其进行性侵犯。其次，在共同犯罪中，会在犯罪现场发现更多的犯罪和非犯罪行为。那种情况下会有比这个现场更多的破坏和抢劫。最后，在杀人案件中留下活的目击证人实属罕见。

这一点对于残暴的杀害 Marilyn Sheppard 的凶手来说更是如此。在我看来，那晚在 Sheppard 家中的凶手只有一个。

从整体的证据情况看来，这起案件不是为金钱或与毒品有关的入室盗窃，也不是性侵犯。在这起案件中，凶手花费了大量的时间来布置犯罪现场以做出暗示。花费在布置现场上的大量时间不仅揭示了罪犯对犯罪现场非常熟悉，也暗示了对罪犯来说，掩饰真正动机的重要性。在所有的凶杀案中，如果罪犯不伪装现场，那么他很有可能马上成为首要疑犯。显然在这起案件中，罪犯所表现出的多个没有说服力的假动机恰好证明了他缺乏犯罪方面的知识。

资料来源：摘自 Gregg O. McCrary1999 年 12 月给俄亥俄州政府民事案件的一份报告，Samuel Sheppard 诉俄亥俄州。完整的报告内容可查阅http：//www.courttv.com/national/2000/0131/mccrary_ ctv. html。

这段分析体现了对案件重建非常不科学的态度和偏见。可证实的科学研究表明，赶尽杀绝的罪犯一定会撕开被害人的衣服，惨无人道地对其进行性侵犯，并在阴道和肛门处留下明显的创伤痕迹。也许这是 McCrary 先生想象中的犯罪，但是把自己的观点强加于所有的案件显然是荒谬的。

1955 年，Kirk 在证词中详细地说明了他对于本案件重建的观点：

本案最初的动机是性侵犯。正如上面所讲到的那样，在溅出血液的时候，受害人睡觉时穿着的裤子要比平时往下。这样在受害人被发现时，她已近乎处于裸体的状态，使人们推测这是性侵犯导致的谋杀。她没有喊叫的原因可能在于她的嘴被犯罪分子用手堵上了。

Kirk 频繁地使用"大概""是由于""可能是"和"本能地"等词语来表现这些是出于他的推测。被害人的嘴被手堵上了只是一种推测。Kirk 把自己的预想加入到了重建当中去，而不是严格地基于物证进行推理。

为了再现被害人是怎样撕咬罪犯的，Kirk 继续说：想必是在受到反抗和疼痛之后，攻击者用一些武器打倒了被害人。她本能地转过了头（可能是她的右边），用手去抵挡，这反而使她受到了更严重的殴打。她抓过来一个枕头挡在她头顶，使枕头沾上了血。

Kirk 所使用的短语"想必是在受到……"表明了案件其他部分进行重建的基础仍然是他的假设。他只是在推断那些他认为合理的事情，而不是在评估引起证据产生的原因。该段剩余部分所使用的词语不是主观性的就是猜测性的（"本能的"和"可能有"）。他没有去考虑用所谓的武器打击枕头会对枕套产生什么样的影响。枕套是否会被撕开？血迹中是否会留下武器的印记？除了袭击者打过受害者这一明显的事实外，本段中的案件重建并没有基于科学的物证评估。

但事实上，Kirk 对该案的分析要比 McCarary 科学得多，但是他们都没有考虑到证据的局限，包括物证和行为证据。这样做的结果是过度解释导致案件重建具有严重的缺陷，并极易被推翻。

3. 案件重建或场景再现

案件重建不应该是对事件的简单重现（Garrison，1993 年）。对事件发生过程的详细再现，包括情感因素、人的活动、面部表情以及其他的推测元素，很少包含事实要素。虽然填补任何事件（尤其是犯罪案件）的细节是人类的天性，但专业人士必须防止这种倾向。此类"案件重建"的例子之一就是推测受害人在照完镜子之后才转身自杀。当然，没有一件物证支持分析人员的推断，它只是刑事专家的猜想。再创造就是添加了主观因素（如情绪、感情色彩等）的案件重建，由此就产生了"录像带"式的事件重演。刑事专家必须提供相关信息来对事件进行顺序排列，而不是仅仅去猜测人们在当时的情况下"一定是这样想的"。

第三节　总　　结

在这一章中，我们总结了对刑事侦查学原则的讨论。然而，从专业的角度对关联性和案件重建的过程以及它们的影响做出理解，仍然还是一个待开发的领域。在法庭科学中，我们已经列出了一些需要更多思考和再完善的领域。但是，我们仍然可以提出一些大多数分析人员都会形成一致意见的观点。首先，关联性是一个两物体间具有相互联系的推论，并且也是科学家认定证据在法律上相关的唯一方式。其中，只是来源确定本身不是法律相关问题。其次，分析人员需要对案件情况有大范围的了解，以尽可能周全地制订出竞争假说，并阐明相关假设。

虽然不是所有的实践人员都会同意似然比是表示相关性推论的最好方式，但越来越多的人正在不断了解利用 Bayes 框架来解释法庭科学侦查结果的优势。大约十年前，Stoney（1991）写道："似然比是当今普遍应用的'匹配率'的高度概括，它为相关性的推论提供了逻辑和理论框架。似然性包含了对从案件事实中提取的相关因素的量化数据（包括证据评价所需的数据库，包括构造匹配和吻合率）。"我们认为，这就是法庭科学发展的方向。

案件重建是根据物证将事件在时空上进行排序的过程。虽然案件重建发生于刑事专家发现物证之初，但其整体的规则却从未被系统化，而且没有一般的或指导性的原则。在由来源确定、关联性推论和默认确立的事实上进行的案件重建，也加入了之前我们所做的所有假设。虽然案件重建对犯罪调查和处理来说都是一件很有价值的工具，但它仍然需要由了解物证及该过程局限性的专业人士来实施。

参考文献

[1] Aitken, L. and Stoney, D., Eds., The Use of Statistics in Forensic Science, Ellis Horwood, Chichester, West Sussex, U. K., 1991.

[2] Bevel, T., Gardner, R. M., Bevel, V. T., Bloodstain Pattern Analysis: With an Introduction to Crime Scene Reconstruction, CRC Press, Boca Raton, FL, 1997.

[3] Chisum, W. J., Crime Scene Reconstruction, "California Department of Justice Firearm/Toolmark Training Syllabus," reprinted in the AFTE Journal, 23 (2), 1991.

[4] Cook R. et al., A model for case assessment and interpretation, Sci. Justice, 38 (3), 151 – 156, 1998a.

[5] Cook R. et al., A hierarchy of propositions: deciding which level to address in case – work, Sci. Justice, 38 (4), 231 – 239, 1998b.

[6] Curran, J. M., Triggs, C. M., and Buckleton, J. S., Sampling in forensic comparison problems, Sci. Justice 38 (2), 101 – 107, 1998.

[7] DeForest, P., Lee, H., and Gaensslen, R., Forensic Science: An Introduction to Criminalistics, McGraw Hill, New York, 1983.

[8] Doyle, A. C., Boscombe valley mystery, The Strand Magazine, 1891.

[9] Eckert, W. G. and James S. H., Interpretation of Bloodstain Evidence at Crime Scenes, CRC Press, Boca Raton, FL, 1989.

[10] Evett, I., Expert evidence and forensic misconceptions of the nature of exact science, Sci. Justice, 36 (2), 118 – 122, 1996.

[11] Evett, I. W. and Weir, B. S., Interpreting DNA Evidence, Sinauer Associates, Inc., Sunderland, MA, 1998.

[12] Garrison, D. H., Jr., Shooting Reconstruction vs. Shooting Reenactment (Originally

published in the AFTE Journal, 1993, available at http://www.chem.vt.edu/eth-ics/garrison/shooting.html.

[13] Haight, F., California Courtroom Evidence, 4th ed., Parker Publications Division, Carlsbad, CA, 1996.

[14] Jeffreys, H. Theory of Probability. Oxford University Press, 1983.

[15] Kaye, D. H., What is Bayesianism? in Probability and Inference in the Law of Evidence: The Limits of Bayesianism, P. Tillers and E. Green, Eds., D. Reidel Publishing Co., Boston, 1988.

[16] Kirk, P. L., Crime Investigation, 1st ed., Interscience, John Wiley & Sons, New York, 1953.

[17] Kirk, P., Af fidavit in the matter of Marilyn Sheppard, 1955.

[18] Kirk, P. L., Crime Investigation, 2nd ed., Thornton, J., Ed., Krieger Publishing Co. (by arrangement with John Wiley & Sons), FL, 1974.

[19] Lindley, D. V., Probability, in The Use of Statistics in Forensic Science, Aitken, C. and Stoney, D., Eds., Ellis Horwood, Chichester, West Sussex, U. K., 1991.

[20] McCrary, G. O., Report for the State of Ohio in the civil suit of The Estate of Samuel H. Sheppard v. The State of Ohio, December, 1999, available at http://www.courttv.com/national/2000/0131/mccrary_ctv.html.

[21] Osterburg, J. W., The Crime Laboratory: Case Studies of Scienti fic Criminal Investigation, Indiana University Press, Bloomington, 1968.

[22] Robertson B. and Vignaux, G. A., Interpreting Evidence, John Wiley & Sons, Chichester, 1995.

[23] Saferstein, R., Criminalistics: An Introduction to Forensic Science, 6th ed., Prentice-Hall, Englewood Cliffs, NJ, 1998.

[24] Stoney, D. A., Evaluation of associative evidence: choosing the relevant question, J. Forensic Sci. Soc., 24, 472-482, 1984.

[25] Stoney, D. A., Transfer evidence, in The Use of Statistics in Forensic Science, Aitken, C. and Stoney, D., Eds., Ellis Horwood, Chichester, West Sussex, U. K., 1991.

[26] Tahir, M., Laboratory Examination Reports, Case #76629, 1997, 1999, available at http://www.courttv.com/trials/sheppard/DNA_ctv.html.

[27] Taroni, F., Probalistic reasoning in the law. Part 2: Assessment of probabilities and explanation of the value of trace evidence other than DNA, Sci. Justice, 38, 179-188, 1998.

[28] Taroni, F. Champod, C., and Margot, P., Forerunners of Bayesianism in early forensic science, Jurimetrics, 38, 183-200, 1998.

[29] Thompson, W. C. and Schumann, E. L., Interpretation of statistical evidence in criminal trials: the prosecutor's fallacy and the defense attorney's fallacy, Law Human Behav., 11, 167-187, 1987.

第三部分

法庭科学实践

图 8.1　厕所里的烟蒂

注：在犯罪现场发现这一物证时，希望相关官员没有对其进行处理。

第八章　实地演练——犯罪现场处理

我们要一直往上看。

——凯斯·茵曼

第一节　问　　题

　　尽管这一讨论的目的并不是为现场处理的程序提供具体步骤，但是在犯罪现场想要得到什么、在收集每一个证据之前怎样做才不会破坏最终的结果仍然是值得我们思考的。要做到这一点，我们就必须要退一步先来考虑大局。在这里，当您反复听到"问题是什么"时，请无需惊讶。

　　犯罪现场调查的最终目的是什么？我们要寻找的用以解决犯罪问题的信息会不可避免地落入以下六个"W"的范围：

a. 发生了什么？（What）

b. 什么时候发生的？（When）

c. 在哪里发生的？（Where）

d. 谁参与的？（Who）

e. 怎样发生的？（How）

f. 为什么会发生？（Why）

　　上面6个问题不是在所有犯罪中都具有相关性，具有相关性的问题是由法律规定的。对物证的检查可以回答前五个问题。关于"为什么"这类问题不应该是由科学回答的，因此它与实验室分析之间没有相关性。动机是刑事专家、侦查人员和法院需要考虑的问题。

第二节　犯罪现场

　　犯罪现场倒置金字塔的顶端（图8.2），它包括犯罪的调查、识别、分析以及证据的解释和最后的法庭审判。正因为如此，它包含了所有与案件相关的重要信息。在处理犯罪现场的过程中所出现的任何错误都是无法纠正的。事实上，这些错误会在之后的每个步骤中被放大。更糟糕的情况

160

是，在处理犯罪现场的过程中所出现的任何遗漏和错误，都会影响最终的处理结果。虽然，我们对犯罪现场处理提出了一些一般性的准则，但如果只是从几张纸或简单易懂的文件中进行学习，则可能会起到相反的效果。

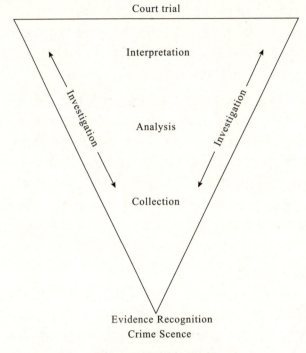

图8.2　犯罪现场金字塔

注：犯罪现场是倒置金字塔的顶端，包括犯罪的调查识别、分析以及证据的解释和最后的法庭审判。正因为如此，它包含了所有与案件相关的重要信息。在处理犯罪现场的过程中所出现的任何错误都是无法纠正的。

表格、单据和证物表（非必需）都有助于使线索保持连贯，并且为检索和审查结果提供模板。它们是帮助侦查人员将注意力集中于犯罪现场特定细节的有力工具，而并非思维的替代品。每个犯罪现场都是独一无二的，要求侦查人员具备必需的知识、教育和经验。在这里需要思考（甚至是鼓励思考）。

一、什么是犯罪现场？

正如法庭科学的其他方面一样，最关键的是在法律中查找犯罪现场的定义。从实践的目的出发，犯罪现场被认为是案件的后果，在法律上属于非法事件。只有在有理由怀疑的情况下，非法行为才被法律规定为现场。在进行任何深入的调查之前，我们必须确定发生了犯罪活动。许多有趣的事件都会引出精彩的分析，但法庭科学分析只在非法行为中才会发生作用。例如，在达成一致意见的两位成年人之间发生性交不是犯罪，但如果涉及强迫，则会构成强奸罪。

对于犯罪问题，必须要回答的是尸体是何时被发现的。是谋杀还是自然死亡？曾经有一个学生问我们，当明显地表现出是"自杀"时，是否还有继续调查的必要。我们认为，表面看似的"明显"未必是真的。对于那些平常人看来是自杀、甚至是自然死亡的案件，仍然要弄清楚两个问题：什么原因导致的死亡？谁造成的死亡？

一位女性发现她男朋友流着血昏躺在地上。她立即拨打了 911，之后救护车把他送往医院。由于该男子在被发现时已经丧失意识，因此他不能说明发生了什么。两名侦探和一位刑事专家都不能只根据犯罪现场就确定他的伤是自己造成的，还是由他人造成的；以及这些伤是过失造成的，还是故意造成的。以上任何情况都有可能产生血迹，但没有其他证据能证明到底是由什么造成的。事实上，直到受害人恢复知觉，我们才能够确定发生了犯罪：他遭到了袭击。

1. 犯罪现场的范围

"什么是犯罪现场"的另一个更细致的方面是"犯罪现场范围有多大？"例如，弃尸的位置通常不是案发第一现场。"高速公路杀手"一案就很好地说明了这一点。该案发生于 20 世纪 70 年代末的洛杉矶地区，案犯 William Bonin 和帮凶 Vernon Butts 捕食男孩。男孩的尸体在被肢解后弃置在整个地区，但杀人现场却是 Bonin 的面包车和 Butts 的房子里（见案例 6）。

案例 6

高速公路杀手——一盘录像带

在 20 世纪 70 年代末，发生了一连串的凶杀案，但这些案件一直都没有引起人们的关注，直到最后一些受害者被发现。一方面的原因在于这些受害者被弃置的位置；他们被分散地弃置于南加州的几个县。所有受害者被发现时均呈裸体状，并且很明显地受到了性侵犯。受害者中的一些人被弃置于高速公路匝道附近，因此媒体将凶手称为"高速公路杀手"。"高速公路杀手"被逮捕时，他已涉嫌杀害了近 20 名年轻男子。William George Bonin 最终在两个县的 9 起凶杀案中被起诉和认定有罪，并于 1996 年在加利福尼亚州被注射执行死刑。

在此之前，Bonin 曾被认定为袭击一名年轻男性，而且虽然在当时遗传标记尚处于起步阶段，但 Bonin 知道其在此次犯罪的侦破中起到了关键作用。之后，他发誓一定不会再次被科学抓住，所以他作案手法的一部分就是伙同十几岁的小混混来共同作案，这些小混混智商低，Bonin 可以很容易地操纵和控制他们。如果他强奸了受害者，他也会让一个小混混与受害人性交。在他看来，如果这样做的话警方就不会把他的遗传标记图谱作为他的在场证据。

人只是偶尔（虽然很少）比证据更有说服力，但这正是 Bonin 失败的原因。由于案底的原因，他的一名同伙吸引了后来组建的多辖区专案组的注意。他们监视了 Vernon Butts 的房子，带他去谈话，并成功地获得了他的同意搜查屋子。几名刑事专家都到屋子里去查找血迹。

因为房子里有很多"东西"，所以搜查行动非常缓慢，基本上从一个房间到另一个房间，其主要任务是寻找有血迹的衣服（有一个受害人的耳朵被冰锥刺伤了）。从前一天傍晚到第二天清晨，整个房间都被喷上了鲁米诺。在浴室里浴缸旁边的地上，经鲁米诺的喷洒后出现了一个手的痕迹。到现在为止，Butts 只是帮助了犯罪但没有实行犯罪，他始终否认参与了任何违法事件。在与侦探进行讨论后，他被带进浴室，并且在浴室里重新喷洒了鲁米诺。痕迹再次慢慢出现在他面前。刑事专家向他解释说，这种物质会和血产生化学反应，他看到的痕迹表示这里曾经有沾着血迹的手接触过。根据侦探的指示，他离开浴室走向沙发，并坐了下来，完整地供述了他在谋杀中所扮演的角色以及 Bonin 所起的作用。

在 Butts 开始供述时，侦探就讯问过程是否可以录像征求了他的意见。在他同意后工作人员取来了相机。回想起来，案件是发生在 1980 年，当时的摄像机中还没有索尼。一个司法辖区警察花了好几个小时才把摄像机架起来。但通过录像带记录现场的决定的确得到了巨大的回报。

当作为共犯的 Butts 供述他所参与的活动、叙述犯罪细节时，他已经很明显地喜欢上了这种像明星一样受关注的感觉。在觉察到这一点后，侦探问他是否愿意在屋里和屋外指出实施犯罪的位置，并说明在这些地方发生了怎样的犯罪。对此要求，疑犯（现在）表示同意，并且在镜头前完成了全面又充满活力的表演。当时，侦探问他关于乙醛天然气水合物的问题（一名受害人被此种物质毒死），他回答说已经把装有毒物的塑料瓶扔到了房子周围的灌木丛里。他走到屋外，摄像头跟着他，他平静地把手伸进一簇高大的灌木丛取出了空瓶子。侦探欣然地接受了这份厚礼，并立即放入了证据袋中。

在录像的最后，一名侦探问他受害者的个人物品是如何处理的。疑犯回答说他们扔掉了服装，除了 Bonin 让他扔掉的受害人的学生证。当侦探问他学生证扔在哪里时，疑犯回答说，他把学生证抛过棚屋的地板，扔在了屋子的后面。一到棚屋，疑犯就滔滔不绝，他说曾经把一个学生证掉进了地板裂缝里面。"事实上，"他边弯下身子把手伸进缝里边说，

"就是它！"他站起身，手中握着那张卡，此时镜头拉近，可以很明显地看出受害人的名字和容貌。侦探对疑犯在相机前如此兴奋的表演感到很兴奋。

这原本会在洛杉矶产生巨大的影响，但事实却非如此。疑犯在狱中自杀了，所以录像带在 Bonin 的庭审中不被采纳。然而，这对于用录像的方式来记录犯罪现场产生了巨大的影响。

二、现场处理

以下讨论的是关于在多个犯罪现场都需要进行的主要活动。

1. 搜索幸存者

比保护调查现场更重要的是确认是否有人需要医疗救助。他们可能是犯罪案件中的受害者（故意犯罪或过失犯罪），但也可能是罪犯。通常由接案人员执行这一任务。毫无疑问，挽救生命和身体的意义超过了任何对犯罪现场的破坏；然而，关键是要了解这些活动会使犯罪现场不可避免地被改变。例如，医务人员挽救生命时，必然会在犯罪现场产生医疗碎片，而且具有个案犯罪特点的生理液体和人体组织的形态也会发生改变。虽然我们承认这些活动的义务性和人道主义性，但我们也必须认识到其对原始场景的影响。

2. 保护现场

一旦确定现场中的人没有生命危险后，负责人必须开始保护现场。保护现场最直接的目标就是不对现场造成破坏。不论在调查之初证据受到了多大的损坏，负责人员必须采取一切预防措施来防止其受到进一步的损害。犯罪现场证据收集的一个主要目标就是要确保证据在犯罪过程中和犯罪后受到损害之外不受进一步的损害。

我们经常会听到人们对"负责人员"这种表述的不满，但"责任人员"究竟包括哪些人呢？最简单的回答就是，所有官方规定与现场和证据有关（不论关系是否密切）的人。在侦查活动中任何人都不能说："这不是我的工作"。

确定非法行为发生的物理区域是处理犯罪现场的第一步。保护现场通常包括划定合理的临近区域以最大限度地确保识别和收集证据。必须建立外围现场，而且只有必要人员才能进入。进入现场的人越少，证据由意外受到污染或破坏的可能性就越小。

但是，我们应如何确定犯罪现场的物理范围呢？事实上，实用性起了很大的作用。侦探可能会拉走车辆，封锁一套房子和它的院子，甚至可能在短时间内封锁一个街区。但是证据不以农村和城市为界。一个人可能在一所房屋被谋杀，然后尸体被拖过几个地点最后弃置在另一个院子里，很明显这就是犯罪现场。通常情况下，犯罪现场都会涉及多个地理区域。比如，在"Simpson"案件中❶，至少有三个犯罪现场：Simpson 的房子（位于罗金厄姆街区），他妻子的房子（位于邦迪街区）和 Simpson 的白色福特野马车。

犯罪不仅会涉及多个犯罪现场，而且我们也必须要考虑它们的时间和空间关系。谋杀案发生的第一犯罪现场必须在第一时间内进行确定并得到保护，但含有大量血迹、纤维和指纹的两个犯罪现场之间的路径（例如，在"Simpson"案件中，驾驶野马车在两所房子之间行驶的路径）却很有可能不会被发现，更不用说受到保护了。即使最终确立了两个犯罪现场之间的联系，但两地之间的道路可能早就被破坏了，从而不能收集与案件有关的证据（例如，在"Simpson"案件中，野马车中的信用卡收据被拖拉机司机偷走了，这可能会导致野马车里的血迹被污染。"Simpson"案件，7月 19 日）。多犯罪现场和界限的确定只是我们需要理解和承认的犯罪现场工作中的两个限制。在那些流动强的日子里，犯罪现场很可能包括不同环境下的若干场景，有时是跨州的甚至是跨国的。

一旦犯罪委员会成立并且犯罪现场得到保护，刑事专家就必须把法律问题转化成科学问题。转化的目标是要建立证据和参考物质（类型证据或个体化认定）之间的联系、建立不同来源和目标物体之间的关联性或重建事件。由于关联性是案件重建的先决条件，因而犯罪现场处理程序的目的是要保护证据的完整性以及它们之间的相互关系。案件重建并不是制作按时间顺序播放的录像带，而是把事件按时间顺序排列。环境的情况会影响现场处理程序中的步骤。犯罪现场的人员要负责保护现场和证据，以确保无论是在犯罪现场确认之前还是之后出现了什么情况，都能把污染或破坏证据的风险降到最低。案件重建几乎没有在现场就被完成过，而是会到几个月后，或者几年后（很罕见）才被完成，那时所有的分析都已经完成，假设也已被阐明。

假设被确定。这也是应广泛地、强制地进行记录的原因之一。

3. 动态的犯罪现场

犯罪现场是一个动态的环境。证据在犯罪行为发生之后就开始发生变化了。距案发时间越长，现场发生变化的可能性也就会越大。通常，我们

---

❶　我们之所以在本章中引用"Simpson"案件，是因为该案的情况已被大家了解，而且抄本非常易得。当然，类似的情况在其他较少文字记载的案件中也有发生。

处理案件的最大局限性之一就是犯罪和负责人员认定之间的差距。每个犯罪现场都以特定的形式存在，但距案发时间越长，现场原始发生的变化就会越大。

没有人能阻止犯罪现场发生变化，但我们可以减少人为的改变。为此，我们必须成为犯罪现场的一部分。我们必须要认识到，在进入现场的那一刻，我们就成了现场的一部分。为理解这一点，我们就要在宏观上套用海森堡不确定性原理；❶❷ 在成为现场一部分的同时，我们也改变了现场。此外，处理现场的行为也会改变现场。你会在现场走动，会以各种方式检查和记录现场，会拿起现场的东西当作证据收集。对于现场的改变可以尽可能地小，也可以非常明显；可能是有意识的，也可能是无意识的，这取决于处理现场的方法。

例如，周五晚上在一个废弃的仓库里发生了一起谋杀案。仓库的地板上有血迹。然而，屋顶上的漏洞使雨水流了进来。到了周六早上，当调查人员最终确认发生了一宗命案时，已经没有明显的证据了。这是一个非常极端但不寻常的情况。能够引起犯罪现场发生变化的外力因素可能是无生命物质（如天气），也可能是生物（如微生物或动物），或人（如企图掩盖真相）。虽然在调查人员到来之前，我们无法了解到或者控制犯罪现场的改变，但是我们可以把由我们进入现场所造成的不可避免的破坏降到最小。

案例7将会介绍一个因犯罪现场的范围划定过小而被无意识破坏的例子。

4. 团队合作

为保护现场、限制人员进入、保护证据，必须要有专人对此负责。通常情况下，由第一位进入现场的人员或负责调查的侦探承担这项责任。团队配合是最有效的。为完成犯罪现场处理，所有参与人员必须要清楚他们各自的职责，要在互相之间以及自己和负责人之间做好配合。反过来，负责人也必须清楚所有参与人员和辅助人员的工作，最起码不要影响他们的工作。许多书目中介绍了个人在犯罪现场侦查中担任的职责（例如，Svenson 和 Wendel，1955；Goddard，1977；Fisher，2000；Ogle，1995；Geberth，1996）。

---

❶ 犯罪现场中唯一不变的就是调查人员要维持工作所必备的冷咖啡和甜甜圈，现在要求在现场安全区域之外食用。

❷ 不确定性原理由 Werner Heisenberg 在 1927 年针对亚原子微粒提出，位置越精确，瞬间动量就越不确定，反之亦然。换句话说，我们不可能同时知道一个量子粒子的位置和速度，因为测量一种情况的活动将会影响另一种情况。我们将此概念延伸到宏观层面上来：每次进入现场都是对现场的干扰；但如果不这样做，我们就不知道现场发生了什么。

5. 现场评估

在进入犯罪现场之前，先不提收集证据，每个人都必须在现场以外全方位地观察整个现场，并制定出处理现场的逻辑方法。侦探应该把他对现场的初步印象以及他认为发生的情况通知大家。除此之外，侦探还应提供需要解决的问题。科学家的重要职责之一就是要在犯罪现场帮助侦探理解由法律问题产生的科学问题。

在讨论完问题、假设及它们如何影响证据的收集之后，必须要制定一个相应的计划以在犯罪现场收集最具相关性的证据以及特定的证据。特别应注意的是，团队必须确定对搜查哪些地区，按什么顺序搜查，以及进一步工作需要的专家或设备。首先应确保收集证据。尤其是在一件证据可能需要多位专家分析时，就必须要事先讨论收集和保存的方法。有时，某些专家偏好的收集和保存方法可能会影响其他类型的分析。因而所有参与分析的人员必须就这方面达成一致。

例如，在《犯罪现场》中，Ragle（1995）提出了一个在车中发现的用汽油浸泡（根据气味确定）床单的案例，在汽油中也混有血迹和脑组织。这时出现了三种类型的证据，即生物证据（血液和大脑），化学证据（易燃液体）和物理证据（床单本身）。

每种类型证据的收集和保存方法都不同。哪种证据更重要？是否有保存的办法？根据 Ragle 的观点，确定生物证据的来源并不是问题，因为失去了大量的血液和脑组织的受害者在汽车内被发现了。然而，确定溶剂是汽油（暗示意图毁灭证据）以及找到床单的来源可以为把行凶者和现场联系起来并提供关键信息。

在这种情况下，调查小组决定把散开的脑块组织临时转移到玻璃瓶中存放。然后把剩余的床单密封在一个塑料袋里，这项程序可以恰当地保存易流动液体，但却对生物证据具有潜在的破坏性。这些决定听起来可能是显而易见的、琐碎的，但如果真的半夜处理在道路上的一辆被汽油浸泡过的汽车，而且车里全是血、内脏，还有已经死亡的受害者时，是否也会同样冷静地来处理呢？我们会本能地最先处理生物证据，因为其具有个体化潜质。而汽油（不是床单）也是协助破案的关键证据之一。我们建议您参考 Ragle 先生对于这一指导性案例的详细解说。

事实是那些最先处理犯罪现场的人总会成为检控方的代理人。其中包括警察和犯罪实验室人员。因为这些人是第一个（有时甚至是唯一）进入犯罪现场并接触到物证的，他们有责任根据替代假说来处理犯罪现场。以上过程只有一次机会；关键证据（无论是入罪证据还是出罪证据）都必须在第一次进入现场时就得到认定，否则其证明价值就立即开始降低。这方面一个很好的例子就是 Nicole Brown Simpson 邦迪住所后门上的血迹，这些血迹是在犯罪发生的两周后才被收集的（人民诉 Simpson，2 月 15 日）。从该证据中得到的实验室结果具有高入罪性，但其在案件中的证明价值却因不是在原始现场收集的而大大降低。

请记住，对于可能发生过什么的猜测和假说始终是猜测和假说而已。它们对于协调行动计划和收集证据来说是十分有用的，但真实情况也可能是完全不同的状态。要根据证据的变化调整自己的假设；听一听证据告诉了我们什么，保持开放的心态。

案例 7

犯罪现场究竟有多大？——一颗子弹确定的现场

她患有严重的产后忧郁症，7 月 4 日的庆祝似乎使情况变得更加糟糕。丈夫邀请了所有的朋友来家里，他们一整天都在开聚会。当所有的人都离开时，她感到彻底崩溃了。她知道丈夫把枪藏在床下，她希望从短径蓝钢枪口中寻求慰藉。

这时她丈夫正好进来。他们两个都在客厅里站着，丈夫抓住了她拿着枪的手，他们来回挣扎。妻子希望快速从痛苦中解脱，而丈夫要从妻子手中夺走寻死工具。在丈夫耳边响起了一声枪响，妻子向前倾斜，鲜血从口中涌出。丈夫半拖半拉地把妻子带进浴室，把她靠在浴缸边上以接住那从她口中不停流出的鲜红色的血液。当发现流血无法止住时，他拨打了 911。医务人员在几分钟之内就赶到了，并迅速将妻子移出房子。看到一个担架带走了屋子的女主人后，丈夫和孩子都哭了。而妻子在送往医院的途中死亡了。

当侦探到达现场时，他们认为这是谋杀案件。他们掌握的只是丈夫的一面之词和现场留下的物证。在划定厨房和餐厅为现场之后，摄影师和指纹专家展开了现场调查。他们是如何判断究竟事实是丈夫的过失还是谋杀的呢？一名刑事专家参加协助此案的调查。

刑事专家到达现场时，侦探刚刚确定受害人死于近距离枪伤，子弹从下巴的正下方进入，一根主血管受到破坏。但根据医院的诊断结论，子弹并不在受害者体内。因此侦探想获得更多的信息来进一步确认丈夫过失的真伪。

刑事专家认为，如果在开枪时丈夫离受害人非常近，那么他的衬衫会因爆炸产生的反射沾满血迹。警方已经收集了丈夫的衬衫，但因为它是黑色的，所以无法用肉眼检查到血迹。剩下的时间就用来检查剩下的现场，包括记录血迹形状，寻找落下的子弹等。

血迹形状与丈夫的说法完全一致。血迹从客厅一直延伸到浴室，而且血流量不断增加。在浴室和浴缸中发现了大量的血液，这点也与丈夫的说法相符。甚至按照丈夫所说的在接触过受害者后曾使用电话报警，警方也在电话上找到了血迹。

剩下的就是寻找子弹了。虽然医院已经确定了子弹在身体中的入口和出口，但在对客厅进行彻底的搜查之后，仍然没有发现子弹或弹孔。警方在墙壁、天花板、地板上寻找弹孔，但没有任何发现。在窗帘上检查子弹和弹孔，但也没有任何发现。当其他侦查人员都在困惑地挠头时，一名极具观察力的侦查人员在厨房的椅子上发现了一个小孔。幸运的是，厨房已被划定为现场区域，侦查人员已经对桌子和椅子建立起一份详细的材料，包括犯罪现场袋、摄影袋、潜指纹包和垃圾袋。在对椅子进行详细的检查时，检查人员发现射出的子弹的确嵌在椅子的后背上。但是没有一个人知道椅子原始的方位，因此无法通过案件重建来确定子弹射入的方向。

在实验室对衬衫进行低功耗立体显微镜检查时，检查人员发现衬衫前面有大量的亚毫米血液颗粒，这也证实了枪走火时丈夫与妻子的距离。鉴于所有的证据（或者更确切地说是缺乏证据），包括无法根据案件重建确定子弹射出的方向，侦探撤销了对丈夫的控诉。

这个案子说明确定犯罪现场绝不是轻而易举的事情。

6. 记录

在现场处理的整个过程中，必须要对现场（S）和证据进行严格的记录。这样做有很多作用。首先，要记录现场的最初状态。同时，也要记录现场搜查和收集证据后的变化。最后，可以运用图案文档来记录初次现场处理时被忽视的细节。通常情况下，证据的某些特征或者现场的某些元素可能会在日后变得十分重要。

保管链。每项证据的存放处和处理过程都必须按时间顺序记录下来，从收集到测试、损耗、销毁。如果在保管链或证据链上不注意细节，就可能会使证据在庭审中不被采纳。更重要的是，从科学的视角来看，证据链的断裂会不可避免地削弱所有证据之间的关联性，同时也增加了链条断裂处证据被恶意或者偶然破坏的风险。

例如在一个案例中，对证据链上的恶意篡改导致了其他 DNA 鉴定结果无法被法庭采纳的后果。在该案中，由于链条被不必要地改变而致使所有的 DNA 证据被排除。从谋杀案疑犯身上提取了参考血液样本，并送去与此案中的证据做对比。在把两者进行对比后，分析人员发现疑犯提供的血液样本与用作证据的数据并不一致。当面对这一问题时，侦探承认他插入了一个有利的数据才完成了这份报告。虽然他可能从未想过要误导任何人，但他却忽视了保管链的目的。虽然在没有 DNA 证据的情况下就认定了疑犯有罪，但原本不应该如此。

混乱、疲劳或匆忙也可能会导致违反文档的书写要求。我们都对 Dennis Fung 和 Andrea Mazzola 收集到的现场证据表示怀疑，他们没有在证据袋上写明证据收集人的姓名缩写（Simpson 案，2014 年 4 月 27 日）。

刑事专家会由于工作的改变而处在一个奇怪的保管链解释中。即便受聘于市级犯罪实验室，他却只能为之前曾受聘的国家犯罪实验室进行分析。从这一点上来说，他把证据带出了司法管辖区域——他之后受聘的城市，又把证据带到州实验室进行分析。分析人员并不认为他把证据带出了城市司法管辖区域，因为证据还是由他进行分析。从逻辑的角度考虑，他的确在装有参考样本的证据袋上从外部方面正确记录了保管链情况，但是他却没有在自己的笔记中记录。这样做会导致至少在辩方收到的文件中出现了保管链的断裂。在案件进入到庭审程序的时候，分析人员又把证据带回州实验室，这使情况更加混乱了。虽然具体的情况在审判中得以解释，但这个故事强调的是，对于证据的保管再怎么小心都不为过。细节决定成败。

第三节　证　　据

不能识别证据，就无法收集证据；不能收集证据，就无法分析证据；不能分析证据，当然就无法解释证据。

识别

我们在第 5 章中用了很大一部分来讨论证据的识别。回想一下，这涉及不需要思考的视觉扫描。识别与犯罪事实有关的证据需要我们带着目标去寻找。我们必须在头脑中假定一个场景、一个初步的假设和一些替代假说。这是否导致我们遗漏指向另一种犯罪场景的证据呢？也许会是，但不带目的的搜索仍然是最好的。发现证据的关键是要找出替代假设。因为搜索每一个角落是不可能的，因此定向搜索会对找到足够的证据以协助破案提供最好的机会。接受上述观点会导致遗漏一些事实；但这是搜寻工作的本质。没有完美的现场搜查。犯罪现场搜查小组的任务是借助于缜密的思维来处理现场，以使疏忽减到最小。

二、侦查

并非所有的证据都是显而易见的。有些证据会被挡住，如桌子下的指纹；有些证据会被物理隔断，如埋在缝隙里的身体。通常情况下，证据是暴露在外面的，但有时也会超出我们的视野范围，如在天花板或屋顶上。犯罪现场调查比较有效的方法之一就是不停寻找。发现其他证据需要特殊的检测方法。刑事侦查学的这方面特征已经吸引了推理作家和实践人员的想象力。寻找看不见的证据以及快速确定物质的性质，满足了我们的即兴冲动与好奇心。需要注意的是，在寻找潜在证据时，我们必须明确要去找什么以及去哪里找。

推定检验

有时候即使发现了一个污点，我们也不清楚它是否值得收集。是血迹还是鞋油？是精液还是发胶？❶ 在现场进行的初步检验是要确定是否有进一步检验的价值。这是因为在现场使用的检测方法是非常简单的，并不能提供排他性结果，个体化认定必须要在实验室里进行更多的检测。

三、收集和保存

犯罪现场中最严重的失误就是未能收集重要证据，而未能及时收集证据也会产生严重的后果。在 Simpson 案中，后门上的血迹没有在第一次收集证据时被发现，而是在几周后才被发现的（People v. Simpson，2 月 15日）。随后大家就开始争论后门上的血迹是否是伪造的，因为血迹的形状要比当场收集且存放在面包车内塑料袋中的样本更好。正如我们在上一节中提到的，这就是证据证明力降低的一个例子，因为没有在原始现场识别并及时收集证据。这就直接导致了要确定是否有 EDTA（一种用于试管收集血液的防腐剂）的存在。这反过来又导致了在血液和血迹中检测 EDTA 的可靠性和有效性问题（People v. Simpson，6 月 20 日，7 月 24 日）。

与遗漏关键证据一样糟糕的情况就是无法识别相关证据和不必要证据。收集"一切"可能会导致在大量证据中失去关键证据。这在犯罪实验室检查证据的时候会产生证据的追踪、存储和决策制定方面的问题。一切美好的事物都会有局限性，怎样取舍证据是犯罪现场处理的细节之一。

一位刑事专家来到现场处理在汽车后座被枪击中头部的受害者。这导致了大量血迹飞溅到前排座位的背面。血迹飞溅的模式只能显示出唯一的结果，这是毋庸置疑的。然而尸体已经被转移到了别处。通过收集血液可以回答"这是否是受害者的血液"这一问题。刑事专家收集了保存完好的每一滴血，并不是一滴血本身就足以提供可靠的生物测试结果。如果刑事专家在收集证据之前已经简单想到了相关性问题，这种耗时且轻率的行为

---

❶ Mary 的故事，来源于 Bobby 和 Peter Farrelly 1998 年执导的电影。

就完全可以避免。

对样本和证据的收集和短期保存是不可分离的。提取指纹和收集血迹都会改变证据的原始形态。在理想情况下，确定证据的收集方法时就应当考虑保存问题。或许证据的收集和保护方法在很大程度上是由证据的生物性或非生物性决定的。下一节将分别论述由证据形式确定的收集方法和保存方法。随后将要讨论的是污染问题，以及生物证据和非生物证据之间的交叉污染。

已经研发了许多技术来收集静态证据。这些技术的收集（双向选择）目标是：

a. 保持物理完整性；

b. 减少证明力降低；

c. 防止污染。

1. 收集程序

虽然并不是要编纂犯罪现场手册，但我们仍要在此回顾一下证据的收集和保存。在医学中，证据收集的首要规则是禁止进一步的损害。一般情况下，任何形式的证据都要尽可能完整地转移到实验室中去。任何足够小的证据都应当以适当的方式包装，贴好清晰的标签，然后再转移到实验室中进行对照条件下的处理。这种方法在某些案件中可能比较具有实用性。例如，水泥墙上的血斑必须要从墙上分离下来，因为不能把墙壁搬进实验室。以下的间接方法也可以用来收集难以拿起和移动的证据，比如磁盘记录、真空清扫、刮蹭、擦拭以及照相。这些方法中的细节可以在很多书中查到（如，Svensson 和 Wendal，1955；Fisher，1993；Ogle，1995；Geberth，1996）。

2. 保存

我们在这里要强调非生物性证据与生物证据在保存方法上的不同。

（1）非生物证据。对于武器、工具和汽车等许多物体来说，最大的风险就是会人为地引入指纹、纤维和颗粒等原始现场并不存在的东西。这样做所产生的最严重的后果是，偶然污染可能会导致证据与推定的来源之间的错误联系。即便对于收集非生物证据来说，在犯罪现场戴上手套也已经变得非常普遍了。关键是要认识到，手套可以有效地防止分析人员和证据之间的相互破坏，因此不仅应该戴上手套，而且要及时地更换手套。对于可能留下痕迹（如工具痕迹）的物体来说，关键是要限制机械性接触以防止痕迹被改变。不能用在现场找到的螺丝刀去比对防盗门上留下的撬痕。如果直接比对的话，任何一件物体上的证据痕迹都会变得与另一个物体相一致。纵火证据的收集是一个特例。因为即使是在环境温度下，可燃性液体也是极不稳定的，必须把它们贮存在密封的罐子里，如贮存在未使用的油漆罐中。

（2）生物证据。收集液体或污点的目的就是为了让其在实验室里不变质、不污染。其中最重要的两个因素就是要降低温度和减小湿度。任何以液体或者湿物形式收集到的证据都会很快变干。需要把证据放在非冷冻状态的冰箱里长期贮存。

四、污染

尽管证据受到污染经常被用作反驳的武器，但是人们却很少从严肃中立的观点来讨论这个问题。因此，我们要在这里进行相对广泛的讨论。

1. 污染的定义

污染（Contamination）一词经常用"以 C 字母开头的单词"来表示，它其实是一个用于描述许多不同情形的术语。正如谚语"杂草总在人们不喜欢的地方生长"一样，造成污染的物质就是人们认为会影响法庭科学分析的物质。

对于不同的污染，需要不同的方法进行处理和解释。对于整个法庭科学而言，对污染的解释取决于——问题是什么。

例如，床单上有多个人的生物证据。有人可能会问，谁是最后一个在床单上留下证据的人？另外一些人则会争辩说，有检测多种基因的必要吗？他们往往会把不喜欢或者不应该出现的证据认为是污染，或者至少是分析中的干扰因素。另一个可能会问到的问题是，在床单上留下证据的都有谁？在这个案例中，所有在床单上留下证据的人都是这一问题的答案。无论采用哪种方式，在犯罪前就存在于床单的生物性物质都将会用于个体认定。

在 Simpson 案中却有一个相反的例子（People v. Simpson，4 月 5 日）。警察用 Nilole 家里的一条毯子来包裹她的尸体，以避免在媒体面前暴露隐私。这样做的初衷是好的，但是这破坏了尸体上所有的微量物证。与犯罪相关的是什么？哪些东西是毯子上的？这个例子与先前的例子的不同之处在于，外来物质是由负责人员引入现场的。

由于"污染"这一词语被广泛用来描述多种情形，所以到现在为止还没有一种统一的定义。韦伯斯特词典（1996 年）将污染定义为"通过与不干净、不好的物质相接触或者相混合，使原来的物质变得不洁净或者不适合"。由于所有的证据本身都是不纯净的（总会与其他物质接触或者混合），所以问题就变成了是哪一种杂质导致样品不适合做分析，并影响正确的解释？

正如词典里的误导一样，这个术语已在公众心中产生了负面的含义，即受到污染的样本是不可信的。夸大污染的风险是排除分析结果的一种方便简单的方式。这既是不真实的，而且也具有误导性。我们所指的污染是，对于收集、保存或分析证据负有义务的人由于不当或者粗心而在证据样品中引入其他物质。定义如下：

> 污染：物质不慎沾染到已被官方确认的证据上。

根据定义，我们先前提到的在床单上发现的多种生物证据实际上就是一个混合样本。多种证据可能会也可能不会对分析和解释产生影响，但是它们都是整个证据的组成部分。分析人员的任务就是找出与犯罪有关的那部分。仍然用床单这个例子，假设一名刑事技术员收集了床单并把它放在塑料袋中，然后他又把塑料袋置于室温下好几个月。在这段时间里，微生物会不断繁殖并破坏了大量的生物证据。我们会把这种情况当作细菌污染了证据，因为细菌是由保存不当造成的。在这种情形下，污染可能不会产生影响或者产生不公正的结果，但是却不会导致错误的疑犯匹配结果。

污染的概念并不是用来描述法庭科学样本的某种特定状态的。任何一种物理或者生物样本都可能与其他物质有关。然而，其后果会在以下几方面对法庭证据样本产生很大的影响：

- 样本的真正本质是未知的且不可能知道的。这种污染可能是会被误当作真正的样本陷入错误当中。
- 即便使用了恰当准确的方法也无法证明结果与案件相关。
- 如果怀疑样本受到了污染，那么就无法得到额外的样本。
- 样品的数量是有限的。因此污染很可能会毁灭证据，并导致错误的分析结果。因此污染物必须可以通过测试检测，接近或者处于结果的预期范围。

2. 污染的来源

其他物质的来源形式可以区分到底是整合（混合）还是污染。其他物质可能会在犯罪发生之前、之中或者之后进入到样本中。因为世界是脏的，所以我们把这定义为肮脏世界综合征（DWS）。由肮脏世界综合征产生的物质被分为证据的不清洁整体这一类。在经责任人员认定为证据后，其他物质可以在现场或实验室引入样本中，包括转移。我们把通过这种方式获得的物质定义为污染物。最严重的污染是在现场或者实验室中把参考样本引入证据中，这极有可能影响证据的解释。来自疑犯样本的污染可能会导致最严重的污染后果，即建立犯罪现场证据与个体之间的错误联系。幸运的是，良好的收集、记录和实验室操作会大大减少这种可能性。

3. 杂质的类型及后果

我们要区分化学杂质、生物杂质以及人体杂质。所有这些杂质都会对证据的解释和作用产生不同的影响，并且影响也会因证据的不同而不同。在接下来的部分中，我们会对生物证据和非生物证据总结各种杂质所产生的影响，并提供一些新例子。显然，这次讨论并不枯燥，并且我们必须分别考虑每个案例自身的特点。

（1）非生物杂质。

对非生物样本而言。与犯罪无关的化学物质有可能会对各类非生物证据得出的结果产生影响。一般来说，非生物证据上的杂质可能会导致证据本身形成相同的特点，这样就很可能产生错误的结果。

有这样一个常见的例子，现场调查员把泥土从现场外面带到现场里，或者更糟糕的情况是从一个犯罪现场带到另一个犯罪现场。一个更复杂的例子是在俄克拉荷马州爆炸案中，由于不适当的保存炸药导致了假阳性检验结果。这项指控涉及把多起案件中的爆炸性证据存放在一起，导致了交叉污染（美国 Terry Nichols 案，12 月 1 日）。

历史上，关于假阳性测试结果最有名的案子就是用石蜡（二苯胺、硝酸盐）测试来检查疑犯手上的火药。硝酸盐残留物能表明最近开过枪。然而，其他许多物质（如烟草、化肥以及一些塑料制品）在进行这种测试时也会呈现阳性结果。在很久以前法庭科学界就不认同这种测试结果了。因为这种测试的确导致了大量的司法不公（Mullin，1986）（见第 2 章案件 1）。

对生物样本而言。尽管非生物杂质不会在生物证据上产生假阳性结果，但是它们可以通过干扰生化元素的正常工作来影响分析。在法庭样本中经常会有染料、油、肥皂以及其他化学物。样品准备工作的一部分就是消除或者减少这些潜在干扰因素的影响。

分析人员或刑事技术员在寻找证据（包括生物证据）时也可能会引入化学杂质。例如，由于提取指纹和血液检测的需要，要用试剂在犯罪现场进行常规性清理，比如用鲁米诺试剂检测潜在的血迹。由于分析人员知道这些杂质的存在，所以就可以对误差做出适当的分析或解释（Gross 等，1999 年）。

（2）生物杂质。

对非生物样本而言。生物杂质的存在通常不会对非生物证据的分析和解释产生影响。

对生物样本而言。生物杂质对生物证据的影响取决于该生物杂质来自哪种有机体，该生物杂质是有机体本身还是有机体上的一部分，以及检测本身的特征。在一些案件里，生命有机体的存在可能会对分析结果产生一些影响；而在另一些案件中，经有机体分解的遗传物质也可能会对分析结果产生影响。我们将依次分析每一种情形。

微生物。细菌和真菌等微生物能在温暖、潮湿的条件下很快繁殖——这种情况在许多犯罪现场都会发生。它们主要是通过食用生理体液以补充营养物质维生物。微生物孢子在我们的环境中无处不在。它们所需要的只是适宜的条件来生长和繁殖。微生物污染几乎能在一夜之间毁灭一件样本。这就需要我们要尽快地对证据和参考样本进行适当的保存。像土壤这样的物质会包含大量的微生物，可能会在样本被收集和保存之前就被破坏了。在犯罪现场被确定之前，我们无法对微生物的生长和活动进行任何处置。然而，一旦收集好样本，我们就应尽快对其进行干燥和冷藏处理，以减少固有微生物的潜在破坏。由于微生物是无处不在的，所以它们也可能在实验室的分析过程中污染样本。分析人员必须遵循实验室操作规则以避免发生污染。由于血液抗原和与抗原相类似地分子遍布整个生命有机体，所以 ABO 血型中的假阳性结果可能是由某种细菌所致（Gaensslen，1983），或者像一个案例中讲的那样是由蚂蚁所致（案例 8）。DNA 检测已经解决了这一问题，因为 DNA 检测是一种更为具体的检测方法，它取代了血清类型测试系统。DNA 类型系统目前可适用于基本 DNA 类型的检测，但是细菌的污染仍然会导致错误的结果（Fernandez、Rodriguez 等人，1996；Fregeau，1999）。然而，有经验的分析人员可以通过多项指标来区分由微生物产生的结果。

非人体生理物质。类似地，来自动物而非人类的生理体液对于准确认定样本的 DNA 型并不会产生什么影响。高等生物会与人类具有相同的血清，但这对于分析来说通常不会产生什么影响，因为狗、猫甚至大猩猩都不可能犯罪，更不会留下证据样本。但是分析人员必须要知道任何已知的来自非人类 DNA 交叉污染的结果，因为这些结果会使解释变得更加复杂。这也是分析人员要了解样本来龙去脉的另一原因。在有些情况下，来自人类以外的其他高等生物的血液或者其他生理体液也是样本的一部分，这会有助于分析人员正确解释分析结果中的任何异常现象。

人体生理物质。在一个样本中存在多种人体组织或者体液的情况并不少见，这是日常生活的正常结果。衣服上通常可能会有汗液、唾液、尿液或者血迹（Stoney，1991）。像血液这样的液体会因为自身的颜色而非常明显，而像唾液或者汗液之类的液体就不那么明显了。阴道样本除了体液证据（检查有无精子）之外还有阴道液体。对证据进行全面分析是检查杂质的关键，并且在解释证据时也必须要考虑到杂质这一因素。血清学家和DNA 分析人员想要掩饰的污染是来自另一个人的生理物质。从这一角度出发，我们必须要强调除非引入的物质显示出具有与犯罪相同的形式，否则它不可能导致假阳性结果。也就是说，结果不可能指向一个无辜的人。对这一点的警告包括从参考样本中引入杂质的实验室污染。这种类型的错误是毁灭性的。

4. 预防和检测

有两种情况是不可避免的：犯罪现场的样品并非是原始状态的；实验室里的分析人员也会犯错误。

更重要的一点是要制订措施来防止由过失产生的污染，并在其发生以后能够检测出来。通过法律的实施、犯罪实验室人员以及其他人员来预防污染必须要从犯罪现场开始。我们将在第 10 章中介绍实验室污染的预防与检测。

5. 可解释的差异

可以把一切样本的缺陷归因于由疏忽所致的污染或者分析人员的不称职。事实上，所有的样本都是独一无二的（见第六章），即使是同源样本。它们在分离的过程中就在各自的时空环境下积累了差异，并且会在各方面表现出不同。分析人员必须通过自己的知识、教育和经验来分析哪些元素是两个样本异源的标志，哪些元素仅仅是可解释的差异。这也是刑事专家区别于刑事技术人员的关键所在。

案例 8

山坡杀手——"A"代表蚂蚁

当记者把 20 世纪 70 年代中后期在山坡杀死几个妓女的凶手描述为山坡杀手时，他们并没有没意识到他们实际上描写了两名杀手。法庭科学为案件提供了许多信息，其中也包括一小段没有在审判中体现出来的旁白，但是这段旁白也对了解案件起到了重要的作用。

这个臭名昭著的绰号源于杀手将勒死后赤裸的尸体弃置在人迹罕至的山坡上，以不被人们发现。人们在一天早晨发现了其中一名女受害者。目光敏锐的侦探很快注意到有一队蚂蚁正在爬入受害者一侧的乳房。他本认为这是因为蚂蚁要把她乳房上的唾液当作食物。他坚持让刑事专家在现场擦拭乳头以提取唾液。

在实验室里，分析人员对试纸进行了淀粉酶（唾液的组成成分）的检验。他在半定量追踪检验中发现了中等数量的淀粉酶。由于没有从死者皮肤的其他部位收集样本，所以该结果从一开始就是有问题的。然而，分析人员接下来进行了 ABH 抗原抑制测试。他发现只有 B 型抗原（无 H）有反应。该报告结果表明有中等数量的淀粉酶存在，并且 B 型抗原有反应。到这里读者会认为有一个 B 型抗原的人留下了唾液。由于本起案件的受害者是 O 型，所以抗原反应并不来自她。

先前案件的研究已经表明，蚂蚁体内有 ABH 抗原反应，所以即便有唾液存在（并不需要淀粉酶来支持），仍然存在一些关于源抗原反应的问题。为了找出关于这方面更多的可能性，分析人员咨询了加利福尼亚州科学与工业博物馆的昆虫学领军人物 Roy Snelling 博士。专家很快就辨认出尸体上的蚂蚁是火蚁。他也同意协助分析人员来收集蚂蚁样本。他们来到发现尸体的地方，并且巧妙地用生成肉设置了陷阱来诱捕这种火蚁。那里的其他蚂蚁要么会忽视这些陷阱，要么会被具有攻击性和好战性的火蚁赶走。十分确定的是，当他们第二天回来时，陷阱里已经有数百只火蚁等分析人员带回实验室分析了。此外，Roy Snelling 博士还提供了大量关于蚂蚁味觉习惯的参考资料，指出火蚁啃噬尸体时有分泌唾液的习惯。这项研究还发现对蚂蚁唾液进行的淀粉酶检测也呈阳性。

在实验室里对火蚁进行了淀粉酶活性测试和 ABO 型测试。结果并不令人惊讶，这些蚂蚁体内都有淀粉酶反应，正如之前的研究所表明的一样。此外，这些火蚁体内还有 B 型抗原反应。虽然分析人员不愿意承认蚂蚁才是乳房试纸上淀粉酶和抗原反应的来源，但是至少这项发现给证据提供了一个合理的替代假说。指控官决定保留这项证据以进行辩驳，而不是把它作为案件的关键证据使用。

由于被告不分泌 AB 型抗原，所以他提出报告所指的人应该分泌 B 型抗原。在看完起诉书中有关蚂蚁分析结果的详细报告后，被告聘请了自己的法庭科学专家来对证据进行评估。这位专家也聘请了一名昆虫学家，并且他们一起来到犯罪现场收集蚂蚁。

出于一些未知原因，这位昆虫学家并没有想过要对尸体上的蚂蚁类型进行鉴定（仅提供了照片）。因此，他们只收集了犯罪现场中他们能看见的蚂蚁。在好奇心的驱使下，他们也咨询了公诉方聘请的昆虫学家 Snelling 博士。然而，辩方专家对 Snelling 博士提出的唯一问题就是要求 Snelling 博士识别他们从犯罪现场收集到的蚂蚁的种类，而 Snelling 博士很轻松地就识别出那是无处不在的阿根廷蚁。

随后辩方专家进行了一些实验。他（惊讶地）发现蚂蚁确实能分泌有类似于 ABH 抗原之类的物质。在他进行的实验中，阿根廷蚁体内有 A 型抗原反应。他进一步证明了蚂蚁是通过在物质上（比如在一张纸）爬行来留下这种痕迹的。虽然这位专家先前怀疑过蚂蚁能分泌 ABH 抗原类似物质的可能性，但现在他已通过自己的结果证明蚂蚁确实能分泌。但是这些结果却无法解释在受害者尸体的乳房上发现的 B 型抗原。

在庭审中，辩方律师仅仅出示了一份可以用来证明他当事人无罪的证据，那就是含有 B 型活性抗原的乳头试纸。辩方专家辩解说，淀粉酶能证明有唾液存在，并进一步证实了是 B 型抗原。以上这些都支持了疑犯是 B 型抗原分泌者的假设。他又进一步证实了被告和先前被判有罪的共犯都不是 AB 型抗原的分泌者。在直接询问和交叉询问中，专家出示了有关蚂蚁的发现。他指出自己发现的蚂蚁是阿根廷蚁，并且会分泌 A 型抗原而不是 B 型抗原，所以它们不可能是受害者乳头上 B 型活性抗原活来源。因此，在他看来，无论是阿根廷蚁还是被告，都不可能是 B 型抗原的来源。

在反驳中，检察官决定只让来自科学与工业博物馆的昆虫学家出庭。在授予他资格后，检察官问他是否能识别出死者乳房区域内的蚂蚁种类。当他回答说是火蚁时，其中一名陪审员捂住额头低声说："他们检验错了！"

陪审团认定被告谋杀了受害者，而且没有给予辩护理由——唯一可能的无罪证据——过多的考虑。

这种情况说明了了解案情的重要性，要制订相关的假设和设计实验来分析犯罪的具体环境。

第四节　总　结

在本章中，我们已经开始把第二部分中的原则与刑事专家或犯罪现场技术人员日复一日的实践工作联系起来了。对证据的识别和收集是犯罪发生后人类对现场的第一次干预。一项周密完整的犯罪现场处理可能为接下来的检验、分析以及解释奠定最良好的基础。提出正确的问题就是一个坚实的开端。制订竞争假设而非单一假设对于全面搜集证据来说是至关重要的。最后，还应有专员来负责对在犯罪现场搜集到的证据进行记录，并确保在收集和保存证据时将污染的可能性降到最低。关键就是要允许思考。

参考文献

[1] Fernandez - Rodriguez, A. et al., Microbial DNA challenge studies of PCR - based systems used in forensic genetics, Adv. Forensic Haemogenet., 6, 177 - 179, 1996.

[2] Fisher, B. J. A., Techniques of Crime Scene Investigation, 6th ed., CRC Press, Boca Raton, FL, 2000.

[3] Fregeau, C. J., Bowen, K. L., and Fourney, R. M., Validation of highly polymorphic fluorescent multiplex short tandem repeat systems using two generations of DNA sequencers, J. Forensic Sci., 44 (1), 133, 1999.

[4] Gaensslen, R. E., Sourcebook in Forensic Serology, U. S. Government Printing Office, Washington, D. C., 1983.

[5] Geberth, V. J., Ed., Practical Homicide Investigation: Tactics, Procedures and Forensic Techniques, 3rd ed., CRC Press, Boca Raton, FL, 1996.

[6] Goddard, K. W., Crime Scene Investigation, Reston Publishing Company, Reston, VA, 1977.

[7] Gross, A. M., Harris, K. A., and Kaldun, G. L., The effect of luminol on presumptive tests and DNA analysis using the polymerase chain reaction, J. Forensic Sci., 44 (4), 837, 1999.

[8] Mullin, C., Error of Judgment: The Truth about the Birmingham bombings, Chatto & Windus, London, 1986.

[9] Ogle, R. R., Jr., Crime Scene Investigation and Physical Evidence Manual, 1995.

[10] People v. Simpson, CNN trial transcripts, available at http: //www. cnn. com/US/OJ/ trial/. Ragle, L., Crime Scene, Avon Books, New York, 1995.

[11] Saferstein, R., Forensic Science Handbook, Vol. 1, Prentice – Hall, Englewood Cliffs, NJ, 9811.

[12] Saferstein, R., Criminalistics: An Introduction to Forensic Science, 6th ed., Prentice – Hall, Englewood Cliffs, NJ, 1998.

[13] Stoney, D. A., The Use of Statistics in Forensic Science, Aitken, C. and Stoney, D., Eds., Ellis Horwood, Chichester, West Sussex, U. K., 1991.

[14] Svensson, A. and Wendel, O., Crime Detection, Elsevier, New York, 1955.

[15] United States of America v. Terry Nichols, CNN trial transcripts, 1997, available at http: //europe. cnn. com/US/9703/okc. trial/transcripts/.

[16] Webster's Encyclopedic Unabridged Dictionary of the English Language, Gramercy Books, New York, 1996.

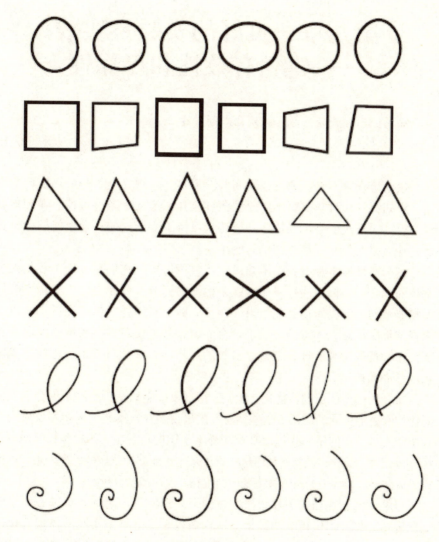

图 9.1 笔迹鉴定

注：模式识别是刑事侦查学实务中的一项强制性技能。进行笔迹鉴定的文件检验人员必须能够辨别出如图中所示的细微相似点与差异点。这是鉴定两份文件是否出自同一人之手的有效方式。哪些行的字迹形状匹配，哪些行没有重复的字？

第九章　良好的实验室实践
——建立有效性和可靠性

如果你已经开始思考，就请你必须考虑。

——诺拉·卢丁

法庭检查并不是一项可控的实验。事实上，它完全不是一项实验。由定义可知，一项科学实验不仅要求条件已知，还要求条件可控。在理想条件下，一次只改变一个变量，其余变量保持不变。这使科学家能够确定具体是什么因素引起了最终结果的变化。

每个案件样本都有我们不知道的一整段历史。它们是分析中我们无法掌控的元素。我们不通过对照试验来检测它们的某些属性，与美国宇航局的指令不同，我们所得到的结果往往是失败。我们把它作为测试本身以及解释结果的局限性。然而，由于这个原因，必须要对检测系统中的所有其他元素进行优化和验证，以建立最大的可靠性。在此过程中，也要适当地运用标准和控制。

重要的是要认识到，优化、验证、标准及控制对分析检测来说会起到比对比检测更加不同的效果。这些概念首次出现是在样本和试剂相互反应的系统中，或者是在使用一些仪器来检测样本本质的过程中。当检验仅仅局限于视觉检验时，要理解是如何利用这些想法来比较证据的就显得更加困难，可能需要借助于显微镜是分析人员头脑中产生相互反应或者分析的结果。

尽管如此，在当前关注很高的氛围下，任何一种测试系统都必须按照预期进行工作并提供可靠的结果。这样做也是良好科学实践的体现。在历史上，从未有过如此高的一致性。我们在一些案件中已经积累了大量知识，但是并没有将知识针对每个测试系统进行系统化处理，因此我们要么就必须说明这些问题的重要性，要么就提出它们没有关注的价值。

第一节　最优化

最优化这一概念要根据系统本身来进行定义。建立最优化意味着系统可以正常工作，并且任何可见的变化都源自样本自身。例如，在检验潜在指纹时，最优化包括使用可视化试剂检测已知指纹，或者使用油墨、油墨垫以及纸张来提取参考指纹来比较哪个结果更清晰。最优化鞋印需要用到各种材料来看哪种材料能够将图案保存得最持久、最详尽。

最优化显微镜技术主要是用来检测各种镜片单独或者组合后的品质，以确定对于特定案件应使用哪种镜头、过滤器、孔径和光源的组合。

对于严格的视觉对比，数据比较最优化的过程本身就是难以预想的，因为这种最优化所使用的仪器是人脑。或许最好的方法是通过模拟人脑的敏感性和校准性来识别用于比较的各方面特征。为了推广这种模拟，直接的训练、实践以及经验可以使熟练的检验人员准确判断有用的可靠性特征，并区分光学编码的信号与噪声。我们可以通过能力检验来确定一个人的大脑是否达到最优化。

对仪器系统（如：傅里叶变换红外光谱、气相色谱或毛细管电泳）来说，最优化可能包括建立仪器的校准度，确定哪种仪器能在信号与噪音之间达到平衡，以及检验样本能否重复性地给出正确结果。任何样本制备技术（如基因扩增技术或者化学衍生技术）都必须被最优化，以便于得到最精确的结果，且样本的差异并不会影响仪器分析被采用之前进行的制备程序。有趣的是，尽管仪器可以把化学数据转变成人们可以理解的视觉形式，并且这种视觉形式通常是可以量化的，但是在最后，我们仍要对视觉模式进行比较。分析人员在识别关键方面中的个人经验也是分析人员的素质之一。

以上只是建立最优化测试系统的例子之一。读者倾向于通过对各种法庭科学测试系统进行思考来确定最优化的组成要素。需要注意的是，在实现系统最优化以得出高质量、高可靠度的结果时，我们就要开始关注这一系统的能力和局限性。

第二节 验 证

与强调检测系统的最优化相反，验证强调样本本身。在进行验证研究时，我们要弄清楚样本本身哪些定量和定性的品质可能会影响可靠性结果甚至是结果的得出。我们故意对样本进行干扰以确定什么时候无法得出结果、得出模棱两可的结果，或者得出不正确的结果。由于法庭对样本检验的数量和质量并不统一，所以验证对于整个系统来说是十分关键的。

验证的目的就是要确立能得出可确信的结果的范围。验证也有助于确立整个系统固有的差异，并进一步加深对可解释性差异的了解。例如，即使一个样本被检验过100次，这些结果看起来可能很相似，但是仍然会存在细微的差别。我们要了解不同的检验之间会有什么样的差异，以便我们能够确定标准来得出两个不同的样本同源或者不同源的结论。对大量样本而言，系统的敏感性又如何呢？能够进行可靠分析的最低样本数量和最高样本数量是多少？在频谱的一端会出现什么样的伪影？我们是否能根据伪影做出判断？在特定的测试系统中，类似物质的混合物看起来是什么样子？是否有指标来提醒我们有混合物存在？限制法庭样本的各种环境因素通常是怎样影响分析样本能力以及怎样解释结果的？这就是验证研究所要回答的问题。

一、验证等级

验证可以有几个等级。最高等级就是当一项新技术被首次应用时就对其进行验证。这需要多家实验室的共同努力，以及广泛全面的检验。实验室间验证研究的一个优势就是样本可以相互交换。使用同样的样本不仅有助于建立实验室内部的验证，而且有助于建立实验室之间的验证。这些庞大的研究一般只适用于一种新方法的最初研发阶段或者技术转让过程。在很大程度上，该领域的其他部分都取决于数据的最初形式，而且这些数据将会被同行评议并公布。当然，当原始规则发生实质性变化时，就必须通过限制性更强的方式来进行重新验证，以了解这些变化的全面影响。

下一等级的验证有时又被叫作内部验证。虽然一般的系统已经具有可靠性，但它仍然处于所有验证的上层，每个实验室都要按照预想来记录检验结果，并且根据整个系统来确立单个实验室的限制（如：规约、仪器、试剂）。虽然这方面的研究比较有限，但这可以帮助实验室工作人员熟悉这些检验及破坏样本的物质。在不考虑方法已被使用并广泛接受过多长时间的前提下，在设立一项新程序时必须要进行内部验证。

"个人"验证指的是训练和能力的验证。尽管该领域和实验室都对一种方法负有信心和经验，但是每个人也必须通过自身的经验和熟悉度形成一个框架。

这是通过分析人员先检验或比较原始样本，再用大量的修正样本进行实验来完成的。在参加正式的能力测试来展示能力之前，新入行的检验人员要先在一些已经审理过的案件上进行练习。

二、证据比较的验证方法

在上一节的最优化中，我们提到了因证据与一些物质或者仪器发生物理或化学反应而产生的可检测偏差的技术与通过严格的视觉观察（带有或不带有放大倍率）进行比较的技术之间的差别。由于验证强调样本和检测系统之间的相互作用，所以当我们问及证据比较的验证是由什么组成的时，我们将会遇到一个盲点。当证据比较要直接运用视觉时，我们所需要的仪器就是人脑。根据定义，这对于每个检查人员来说都是不同的。首先，这类证据的本质就要求每一位检查人员都具有高水准的训练和经验（最优化）。

然而，尽管数据只适用于进行测试的个人，但验证的大部分内容都可以通过证据比较进行。例如，模拟各种物体在环境中暴露所产生结果有助于检查人员解释同源物体间的可解释性差异。已褪色的红色棉纤维证据和鲜红的参考样本是同类型还是同源？对于压印证据而言，可检测特征的"最小值"和"最大值"可以通过把一个已知特征的物体压在不同的材质上进行测量。我们在案例9中提到了一个关于对皮肤嵴印迹和血迹进行验证试验的例子。具有创造性思维的刑事专家还能想到更多这种类型的例子。

案例 9

血迹还是痕迹——哪个是先产生的

在20世纪80年代中期俄克拉荷马城的一家汽车旅馆里，一名年轻的女子被发现死在浴缸里。证据表明她是受到击打倒下后死亡的，到处都是血迹。俄克拉荷马城实验室的法庭科学专家来到了现场。他们所做的工作之一就是撒粉尘查找指纹。在陶瓷浴缸末端与被害人头部相反的方向出现了一个手掌印。特别应当注意的是，这个手掌印与血滴重叠了1平方毫米。现场技术员提取了这枚指纹以及它周围的血斑作为潜在的罪证。

这个掌印最终与汽车旅馆的一位雇员相匹配。根据工作时间表，该名男子当天上午打扫过房间。因此，问题出现了，究竟是先有的指纹还是先有的血斑？很明显，这对于确定事件发生的时间顺序至关重要，因为这个掌印可能是打扫这个房间的人在血斑出现之前就留下了的。这个问题的答案非常关键，因为该掌印是本案中的唯一证据。如果没有这个掌印，他们就没有证据对疑犯进行指控。

提取该掌印的技术员很快形成了该掌印是在血斑出现后留下来的观点。然而，最终结论还有待于更高等级的指纹分析人员来做出。检验人员依据常识标准也得出了同样的结论。标准包括（1）血斑是"破裂"的，表明有强大的压力曾经施加在它上面；（2）皮肤嵴在血斑边缘重新出现（虽然它并没有贯穿于整个1平方毫米区域）；（3）在破裂血斑上的粉末表明血斑上有油渍。当被询问时，分析人员无法提供文献支持这些标准，但他说是在联邦调查局的课上学到的。

由于一些不充分的原因，收集的所有证据（包括血斑）都被送去进行血清测试。在那里，一位善意却又毫无头脑的分析人员认定血斑来自人类。当然，这自始至终都毫无争议。幸运的是，在把血斑制成样本前，有人对其进行了显微拍摄以保护手掌印。

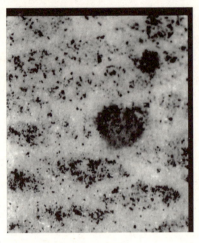

A

手印和血斑。为检验掌印和血迹到底是哪一个先形成的进行了一系列实验。在这种特殊的变化中，先是血液洒到基质上，然后用手掌压在血迹上的，最后撒上黑粉使潜影显现出来。板 A 和板 B 代表了相同实验条件下不同顺序所得出的结果。板 A：边缘处的血滴具有连贯性。板 B：血滴上的粉末形状不连贯。经验丰富的分析人员认为自己能够可靠地确定掌印或者血迹哪一个先沉积下来，但却得出了错误的结论：以板 B 为例，掌印先于血迹。

B

在庭审中，辩方专家出具了实验和测试结果。他证实了至少根据所提供的标准无法证明掌印和血迹哪一个先形成。他提出让俄克拉荷马城的分析人员进行这项实验。这项提议被代表分析人员的检察官否决了。这个案子给我们上了有用的一课：验证性实验要亲自去实施，而非盲目接受通过口头流传下来的传统智慧——即使这是 FBI 所讲授的内容。

一位辩方专家对此案进行了审查。他不认为掌印一定是在血斑出现之后才留下的，并且进行了一些实验来验证自己的假设。他在陶瓷表面洒了一些血，然后看着这些血变干。在没有任何干扰的情况下，血斑表面由于变干而出现了裂缝和裂纹。接下来，他在血斑上撒上了用于检验指纹的粉末。在血斑的下方或上方都没有任何指纹的情况下，他复制出了一个与本案中具有相同特征的血斑。(见图 A 和图 B)

为了完成实验，这位刑事专家把血洒在了已形成的指纹上，并且也把另一些指纹印在了新鲜的血斑上。在这两种情况下，他发现无论采用哪种方式所表现出的特征都与本案没有明显的区别。实验清楚地表明，根据俄克拉荷马城检验员提供的标准，谁也不能准确地判断究竟哪个发生在先。如图 A 和 B 所示两个例子。

从实验结果可以看出，他设计了一个能对同事发起挑战的实验。所有同意进行该试验的人都认为他们能够区分哪一个先形成。他选择几个试验可能发生情况的样本，其中也包括那些外观既不支持也不否定形成顺序（根据"普遍接受"的标准）的样本。在 5 名接受实验的指纹检验人员中，自称每个人都有 10 年以上的工作经验，并且级别最高的检验员有 25 年的指纹检验和比对经验。试验的最好成绩也仅仅只有 80% 的正确率，而最差成绩的是 80% 的错误率——这比猜想的情况更糟糕！

三、有效性与可靠性

我们想起了一份关于专家证人在法庭中花费数小时来证明实验室方法到底是具有有效性，还是具有可靠性，还是两者都不具有或同时具有的证言（People v. Morganti，1996）。或许他所犯的最基础性的错误就是把术语当作武器而非工具。然而，鉴于这两个概念经常被交替使用，所以弄清楚它们之间的差异也是十分有价值的。将这两个我们曾在基础化学中学过的概念相互联系是十分有帮助的。有效性作为准确性的延伸可以很好地理解——一个有效的结果就是一个准确的结果。

可靠性可以通过术语准确性来理解——一个可靠的结果是可以在定量或者定性的范围内重复试验的。术语验证通常适用于帮助我们确定有效性和可靠性结果的研究。

四、是否需要进行验证

我们不能只提验证而不强调验证是主要用于分析和实验室工作的。验证能够建立整个系统的功能和限制，并且建立起一套工作体系使实践人员能够判断什么时候不同是可以解释的，什么时候是真正的差异。验证研究的最大效用在于给实践人员提供解释疑难样本的信息。验证对于法庭科学领域、对各个实验室、对于能力测试以及对于个人来说，都是十分必要的。验证是一门科学，并为得出和解释结果奠定了坚实的基础。然而根据先验，在某些程度上缺乏验证并不会使具体的分析无效。对具体的一个系统来说，面临的挑战越少，对特定检验结果所做出的假设就会越多，由此所得出的每一个结论的证明力就会越低。

第三节　质量保证和质量控制

关于一般科学和法庭质量认证的参考书目将在本章的一般性参考目录后列出。

一、质量保证

通常会在质量手册中找到的质量管理准则规定了一个项目中所有方面的最低操作标准。这些准则包括了从有关实验室安全，到对人员要求，再到对方法可靠性记录的一切。法庭科学领域和实验室验证研究都为质量保证的程序和协议提供了基础。

二、质量控制

质量控制是指在质量保证中规定各种规则，这包括日常实验室操作的方方面面，如：仪器维护、试剂制备以及标准和控制的准确使用。后者是我们将要详细强调的一点。

标准和控制

在法庭科学领域中必须要着重强调科学性，每个分析检验都必须在严格的标准和控制下进行。这些标准和控制会根据分析类型的不同而不同，但是它们是不可或缺的。对于严格进行比较的证据而言通常没有检测系统，在这个意义上，我们此处所讨论的标准和控制是不相关的。

许多分析人员把一些新兴的现代标准和控制用于实验中，但他们并没有真正理解标准和控制的效用和必要性。没有一位学术专家会因公开以下结果而遭人非议，即公开的结果既没有使检测系统按照预期工作的验证（积极控制），也没有证实结果没有被其他外来材料所改变（消极控制）。由于我们通过确认样本的局限性已经放开了对法庭科学检验全部条件的控制，所以确认系统按照所预期的一样正常运作就更为重要了。

我们可以从定义"标准和控制"开始。这些术语在使用时通常是相当松散且可以交替使用的。虽然它们之间有重叠的部分，并且有时一个样本能同时满足这两个术语的要求，但是在这里介绍我们在工作中对于二者的定义是十分必要的。

标准：未知样本要进行比较所依据的测量体系。该体系可以是数值（通常是量化结果），也可以是一般比较（能得出定性结果）。定量是个简单的尺度问题，定量分析的基本准则是找寻一种能够与未知物质进行比较的元素。

控制：控制将会对已知样本进行，控制会使检验人员确信检测系统按照预期正常运行。❶ 控制是用一个酒精含量已知的样本来校准酒精浓度。消极控制包含无样本检测系统中的所有试剂。

当我们在培训新的分析人员，或者在更糟的情况下培训老监督员或者管理员时，就不可避免地会出现这样一个问题，当遗漏正确标准或操作失误时，检验结果怎样处理才能被接受。"啊！如果我稀释错误，我仅仅需要重新处理它，这些反应需间隔 5 分钟。哦，如果我这次反应与上次之间忘记换试剂了，我需要间隔 1 小时进行反应。如果……我的反应需间隔 1 天进行……"这时你可能会这样想——应该在什么时候划定标准？良好的实验室实践就像是科学的信仰；理性地归纳在任何情况下总能获胜，尤其是在有人想要操纵例外时。这就表明了不是由我们来决定规避实验室实践的方法。正如"要么正确处理，要么再次处理"的两难一样，人们很快就会意识到减少一两个样本的做法是不值得的，因为这种态度必然会适得其反。对边缘证据样本的处理可能会使你发觉确保仪器处于高灵敏度是非常复杂的标准化"条件"。

质量保证准则和质量控制程序既不是负担，也不是万能的。当全面地、科学地实施质量保证准则和质量控制程序时，它们将会成为得出高质量工作成果的另一有用工具。

第四节 标准化

与应用科学中的工业表现形式和临床表现形式不同，法庭科学历来就不受任何形式的监督，包括标准化监督。这在过去的十年间已经发生了根本改变，很大一部分原因在于注意力随着 DNA 检验的问世集中到了该领域。❷

---

❶ ASCLAD 是从公开反对"鞋类证据分析"缺乏"积极控制"的实验室检查中得出的结果。一位好意的检查员不加思考地采用了一般质量标准就是一个很好的例子。或许分析人员进行视力测试可以表明他在比较当天可以看见参数范围内的情况。

❷ 尤其是在生物分析中，两种类型的"控制"样本已不具有控制的作用，但却具有其他重要的功能。所谓的基质控制——与体液斑点相邻且未受到污染的区域样本——应该称为基本样本更为合适。它为背景中包含的物质提供了重要信息，因为这些物质可能会影响观察结果；由于答案是未知的，所以它不符合控制的标准。第二个例子涉及 DNA 检测中聚合酶链式反应反向点杂交检验中的阈值控制。"C"点和"S"点为测试系统中扩增样本的数量提供了信息（尤其是对于"S"点而言）。例如，它们并不符合检测系统（在扩增和杂交的情况下）正常运行的控制标准。这时需要一个已知 DNA 样本作为阳性扩增控制来完成。

在理解状态下，标准化最初是在跨实验室合作中产生的。在各实验室已独立制订出相类似地协议的情况下，就没有进行标准化认定的必要了。方法应根据协议或者样本进行标准化处理。换句话说，实验室可以使用完全相同的协议来确保得到类似地结果。或者说，控制样本可能确定略有不同的两个协议仍然能产生相同的结果。在法庭科学领域通常会采用后一种方法，因为它在赋予更大灵活性的同时还展示了可靠性。

几家机构已经开发了补充项目来处理不同的检测项目来完成不同的检验。美国测试与材料协会（ASTM）就是一个为适用于各种核心标准的规则提供框架的组织。美国测试与材料协会最初的目标是研究适用于工业的方法和协议。对于工业应用和临床应用来说，目标就是制定出适用于全行业的标准化协议。ASTM 中涉及法庭科学的 E－30 委员会，它创建于 1970年并致力于处理本领域中方法和术语的标准化问题。美国测试与材料协会中的 E－30 被分成了若干个小组，其中一个小组是研究刑事侦查学的。尽管有些材料已经有了一定的发展（美国测试与材料协会，2000 年），并且一些标准被实验室纳入内部协议中去，但是法庭标准还未被正式纳入美国测试与材料协会的标准中去。

协议补充的规范化就是已知样本的规范化。国家标准与技术研究院（NIST）开发了各种测试程序的标准物质。国家标准与技术研究院的材料经常被用于法庭科学中以确立能给出预期结果的仪器或者方法。其他辅助设备（如：国家标准与技术研究院设计的温度计）也能协助法庭科学实验室规范其方法。

在 1989 年，为配合 DNA 测试所带来的大量检验，联邦调查局发起了先驱工作组，后来被称为 DNA 分析方法技术工作组（TWGDAM）。这个工作组中的代表是从全国公共实验室中选取的代表，并且编译了一份关于资格、培训、验证、测试以及报告撰写准则的文件。此后不久，成立了另一个旨在解决其他法庭科学准则中类似问题的技术工作组。形容词"科学"已经取代了"技术"，并且以"SWG"开头的缩写取代了"TWG"。虽然今年 TWGDAM 发布了几篇关于痕迹分析、纤维、头发和油漆等问题的文章，但绝大多数的工作仍在进行中。科学工作组的准则并没有尝试具体的方法或者协议，相反，它们指导应实施的验证协议，并指出保证方法正常工作的标准物质。

从某种意义上讲，是整个领域指导资源流向 SWGs，而不是工作组。在将来，这些领域的工作有可能会合并。

第五节　审　　查

对工作成果的审查可以采取几种不同的方式，每一种方法都有各自的目的。第一级审查是在案子被正式签署和发布之前在实验室内进行的。这家实验室经常会为检控方服务，但是它也可以根据辩方的申请进行分析或者重新分析。另一种类型的审查可能是由代表对立方的独立专家进行的。最后，审查也是实验室认可的组成部分。尽管在这几种类型的审查中，处理机制和送审材料都几乎是完全相同的，但审查人员将会带着不同的问题来审查这些材料。下面我们将讨论内部审查人员和独立审查人员的相反观点。检验是否合格的审查都类似于内部审查的，除非审查人员来自其他实验室。接下来我们将要介绍审查过程和几个具体案例。

一、内部审查

对于有资质的同行或者监督人员来说，审查整个案件材料是十分有优势的，审查内容包括案件上交前的所有记录和报告。技术审查的主要目标就是要确保数据能够支持结论。它还提供了最后的机会来验证数据已被正确记录、控制按预期工作、计算或数据都是正确的，以及文书中的错误都能被检查出来。由于只有掌握技术专长的人员才可能检查出数据文书中的错误，所以实际上这也是技术审查的一部分。有时，实验室会把行政审查——所有的报告都已经交了吗？每页都被编码排序了吗？——与技术审查区分开来。行政审查也可以由没有具体技术专长的人员完成。

我们应该欢迎而非避免内部审查。你是希望自己的结论和依据受到会帮助你把工作做到更好的同事的质疑，还是愿意在首次出庭时就受到对方律师的攻击？从实施技术审查的经验中可以看出，我们经常会发现粗心所致的错误很容易纠正。

我们没有理由出具一份可能导致争论的报告。然而，更重要的是我们总是发现，讨论数据以及提出替代假说会帮助我们更加透彻地理解案件，并且使分析人员确信没有明显的错误。法庭科学分析并非闭卷考试，越多的人讨论就会得到越多的观点，工作也就会做得越好。正如我们在第 1 章和第 2 章中讨论的那样，刑事专家历来是具有领域性和独立性的。这种观点并不是要给任何个人和集体施加力量。我们支持和鼓励积极的讨论和审查。

二、独立审查

在学术研究领域，一项实验结果只有在被发表于同行评审期刊并被另一位研究人员独立实验成功以后才是确定性的。法庭科学在开发一项新技术时会在最优化和验证阶段使用这种模式。然而，由于实际检验证据存在固然的局限性，独立验证和公开都出现了问题。法院系统的对抗性质与一定程度的预期都不允许在对案件做出裁判前公开结果。有时反对方会重新检验样本，但这取决于样本是否在初步分析中就被消耗了。在这种情况下，如果已经聘请了一位独立的专家，那么他就要参与样本的检验。而如果在样本未发生改变或耗损的情况下，这就不再是问题了。然而，因为控方负有举证的法律责任，重新检验证据对辩方未必有利。最后，除少数高知名度的案件外，辩方在资金和资源方面都比检控方要少得多。即使在重复检验是可取且可能的情况下，重复检验也可能会因为资金缺乏而不可行。出于所有这些原因，全部案卷的独立审查必须要以确定工作是否可靠以及数据是否支持结论为条件。

我们在这里要强调的是，一次真正合格的审查应当由具有资质的专家来执行 —— 具有法庭实验室经验，并且了解法庭样本的特殊性和局限性。尽管事实上有些所谓的"专家"拥有耀眼的学术头衔并被许多法院神化，我们并不认为博士头像会自动加到法庭专家的头上。一个有趣的立即分明的检验方法就是要看专家是否仅仅服务于辩方。很难想象如果一个人的目标就是要诋毁自己的工作成果，那么他怎么能真正理解准则的含义。与这种情况相对应的是如果科学家只为政府实验室工作，无论他们的想法有多好，也可能会无法看到独立审查的必要性和困难性。在理想世界里，全能的法庭科学专家要经历这两种环境；在现实中，这是不切实际的。

一次合格的审查应该是全面的，不仅包括分析的细节，也包括分析所依据的法庭科学背景。独立专家要指出所有分析人员和内部审查人员所具有的问题，并带来全新的思路和不同的视角。

三、审查要素

当看到贯穿本书的许多相同概念又出现在这一部分时，你也许不会感到惊讶。因为就像在本章中提到的那样，审查是建立有效性和可靠性的一部分。在下一章中，我们将在实际分析中回顾讨论一些相同的问题。请把这作为一次回顾。在下面的总结中，我们将会强调内部审查人员与独立专家有不同看法的那几方面。

1. 问题是什么

这里又提供了一次审查问题是什么的机会。科学问题是由法律问题产生的吗？已经进行适当的测试了吗？特别是，内部审查人员会问分析是否合理地解决了问题，或者是否还需要更进一步的工作。

独立专家提出的问题可能会与原始分析人员不同。辩方可能已经形成了替代假设，因而会从不同的角度考虑分析结果。他们可能会有控方没有掌握的信息，而且他们的目的也与控方不同。例如，被告可能向律师供出一个同案犯或替代嫌疑人，而这些信息可能是控方无法掌握的。请思考以下现实情境：

疑犯 1 承认并在审判中判定谋杀了一名女子。后来，他供出该女子的前男友是同案犯（疑犯 2），并声称他是在其前男友的胁迫下杀人的。其他几个与本案有紧密关联的人供出了另一个疑犯（疑犯 3）。疑犯 3 声称其与本案毫无关系，而且也不认识受害者。物证已经被收集，但在疑犯 1 认罪之后并没有进行分析。很快疑犯 2 就被提起了诉讼，其辩护律师对物证是否能证明疑犯 3 当时在犯罪现场产生了兴趣。由于控方从来没有听说过疑犯 3，他们根本不可能问到这个问题，也没有参考样本来回答。

审查人员要考虑实验没有或不能回答的相关问题是否存在。

2. 记录

任何类型的审查都是减少因文档记录不完整或不清楚而发回的练习。我们所观察到的结果之一就是整个记录领域都普遍缺乏科学实践。如果实验或分析的细节没有被及时记录，这些信息就会很快在分析人员的大脑中遗失，几乎是不可复得的。如果信息未被记录，那么程序就没有完成，或者我们在很大程度上要怀疑是怎么完成的。通常这些信息可以用于帮助回答解释为何不可用。然而，这样做所产生的后果就是削弱了我们对解释的确信程度。任何人在解决案件时的目的都不是模糊不清。

记录始于在现场收集和保存证据，并贯穿于实验室检验和分析。没有什么比在进行审查时只收到一份由一页纸组成的案件名目列表、结果、首字母简称以及 SOP（标准操作程序）组成的文件更糟糕的了。根据定义，每一个案件都是不同的，而且每个样本都是新的——在两个案件中怎么能用完全相同的程序呢？虽然对实验室来说让 SOP 作为不同分析的起始环节十分必要，但每个样本都有自己的挑战和难点。我们认为分析人员应该去思考；充分利用自己的教育、知识、经验来处理每个样本，以得到的信息量最大化。提到思考，刑事专家也需要思考，并且要为后人和审查记录进行思考。

就像听起来非常烦琐一样，内部审查人员应该检查案件笔录和报告是否完整合法，以保证其他专家能马上明白在何时发生了什么。分析人员不仅要仔细清楚地记录被检验的物品，还要记录检验的部分。被害者夹克背后的弹孔与前面的弹孔有明显不同的意义，特别是当被害人声称后背遭到射击时。内部审查人员也必须检查自证据进入实验室后的保存链。

独立审查人员需要检查完整的从手机证据开始的保管链。通常没有人会代表被告来进行审查。我们在先前的章节中已经提到了一些保管链有问题的例子。

内部审查人员也应该检查是否每一项证据都有唯一的标示符。如果没有，人们就不能确定究竟检验过什么物品了。在一个案件中，疑犯和被害人的男友都被标记为"K2"，而从疑犯那里得到的第二个参考样本被标记为"K3"。这会导致在整个分析和解释的过程很难区分什么是什么，进而最终可能导致贴错标签。

3. 检测了什么证据

内部审查人员要检查所有收到的证据而非仅仅被试验过的证据，以保证至少在他看来没有遗漏重要信息。显然，分析人员对证据的选择（或因为调查人员的暗示）会影响最终的结果。独立审查人员也许会检验其他的物品。当然，这样做的前提是他确实知道这些物品。随着专业实验室（如DNA实验室、毒品实验室等只接收案件中特定种类的证据进行检验的实验室）的出现，独立审查人员也许应该看一看最初的实验室甚至是侦探的报告来寻找案件中完整的证据清单。

4. 数据和结果

内部审查最明显的功能就是检查结果的准确性和完整性，以确保支持结论，这包括检查文书中的错误以及判决异议。审查人员还要审查第二位阅读者对第一位分析人员的异议，以确保没有实质性的差别。

由于独立审查人员要确认（或否认）数据支持最后的结果，所以最初的数据必须可以用于审查。通常情况下，审查人员（通常是通过律师）应该就最初的数据进行提问，但要以3次为限。有时，对数据进行复制可能非常困难，而且价格也可能很高，或者原始物品需要被独立审查。在这种情况下，审查人员就要去对原始物件进行检测的实验室查看这些证据。并且，对于数据和结果所进行的处理要有一份完整详细的记录。

（1）标准与控制。所有审查员都应该检查控制是否都按预期执行，有没有虚假结果。

这包括从已知样品中确认结果，以及确认消极控制条件不会得出报告结果。

（2）二次盲读。审查人员必须确保初次分析和二次阅读中不存在显著的不一致。这要求二次阅读者必须进行独立阅读并记录结果，而不是简单地在初步分析的基础上签字。通常情况下，不改变解释或结论的细微差别不认为是重大差别。

虽然很多DNA实验室将二次盲读纳入标准条款之中，而许多其他规则却没有被纳入进去。实验室间二次盲读的缺乏使外部的审查人员无法获取原始数据。如果结论所依据的数据是不可靠的或者模糊的，那么缺少合格专家的二次审查会减弱从这些数据得出的任何结论。

5. 计算

计算也许是报告中最容易出错的地方。没有人喜欢检查数字，即使报告的其余部分经过严格的审查，最后也还是可能存在计算错误。如果可能的话，审查人员应该检查用于计算的数据来源，并独立地将这些数据再计算一遍。

我们的一名学生把一家私人 DNA 实验室中的报告作为演示文稿的一部分带入课堂（表9-1）。这家实验室是为控方工作的。这个学生是此案的律师之一，他在投影机中放出了的人口统计数字详单的复印件。很快我们就发现每一行中的"总计"都是前一数字的复制粘贴，与纵列中实际的数字毫无关系。事实上，每一纵列最后的结果是正确的，但该结果却不能从中间的数字得出。不仅实验室技术审查人员没有发现错误，辩方的人也没有发现。法庭早已认定被告有罪，而且似乎没有人能明智地发现错误。

表9-1 计算

Genetic Marker	Penile swab	Reference	Possible types of second contributor	Second party frequency		
				Caucasian	African American	Hispanic
DQA1	1.3, 2, 3 <1.2>	1.2, 2	1.3, 3	0.024	0.015	0.015
LDLR	AB	AB	AA	0.192	0.039	0.221
			AB	0.492	0.313	0.499
			BB	0.322	0.651	0.288
		Combined Frequency:		1.00	1.00	1.00
GYPA	AB	AB	AB	0.498	0.499	0.464
			BB	0.221	0.277	0.136
		Combined Frequency:		1.00	1.00	1.00
HBGG	AB	AA	AA	0.500	0.205	0.432
			BB	0.268	0.058	0.421
		Combined Frequency:		0.768	0.263	0.853
D7S8	AA	AA	AA	0.327	0.462	0.347
GC	ABC	BC	AA	0.096	0.008	0.044
			AB	0.094	0.131	0.111
			AC	0.332	0.028	0.217
		Combined Frequency:		0.768	0.263	0.853
Cumulative Frequency %				0.22%	0.022%	0.099%
Reciprocal Frequency:				1/440	1/4400	1/1000

注：哪一列不是相加所得？分析人员的仔细检查和重新计算都会使实验室报告中的失误降到最低。

195

6. 解释和结论

内部审查人员应该根据数据独立得出结论，并将其与分析人员得出的结论进行比较。解释中的任何不同都会形成有用的讨论。如果分析人员或检验人员以及审查人员都没有找出解释中的差异，他们就可以考虑结果能在报告或法庭中表现出可靠性。

实验室报告中不经常强调的一点是案件或数据本身的缺陷。这些与实验室或者分析都毫无关系。它们对证据、检验或案件来说都是最基本的。比如，证据可能十分普通，或者证据质量十分差，难以进行比较，或者证据与案件的相关性不明确。

审查人员最主要的任务就是确定数据是否支持结论。如果实验室不提出一个结论，那么这一点将难于执行。独立审查人员所能遇到的最麻烦的事情之一就是处理只列出结果的报告。

这是什么意思？无论是出于有意还是无心，分析人员都没有履行自己的义务——给客户、对方律师、司法系统和阅读报告的人员提供最好的解释。有时，在法庭中进行证据突袭是某些实验室玩弄的把戏；而有些时候这却是根深蒂固的制度性政策。在实验室没有提出结论的情况下，审查人员也很少能提出。

一种更微妙、更常见的情况是，实验室只会报告几个相同可能性结论中的一个。例如，律师可以提问是否已经把特定的疑犯作为结果发生的原因之一。把疑犯考虑在其中可能不是错的，但同样这也不会总是对的。这取决于审查人员对全部数据进行的合理解释，并在合理假设的前提下得出多种结论。我们将在第 12 章中进一步讨论分析人员在此领域的责任。

独立审查人员在看同样的数据时，可能会和分析人员做出不同的解释，得出不同的结论。这种情况会发生的一种可能性是两位科学家用不同的假设来重塑事实。因此，双方都应明确地表达出不同结论所依据的基础。

7. 验证

验证研究应该在实验室日常的程序中。内部审查人员应该确认分析人员对结论的解释是否在数据的范围内，是否能被验证数据支持。对于新技术或现有技术的重大改变而言，审查人员应该确定已有足够的验证可用于支持实验的可信度。

独立审查人员也应该注意是否已经进行了足够的验证。有时可以通过查阅已发表的文献，但是对于新方法或不太熟悉的方法而言，查阅文献可能用处不大。在这种情况下，审查人员必须要依靠实验室研究、同领域研究或者试剂和设备的供应商所支持的研究来进行审查。在这种情况下，他要自己去发现信息。但事实并非总是这样。虽然实验室在为独立专家提供信息这方面越来越开放，但是有些专家滥用特权，使一些实验室制订了严格的准入限制。还有一些障碍针对的是商业公司，这些公司强调对特定产品专利的所有权，或者拒绝公开验证可靠性的内部研究资料。

这些做法严重损害了测试程序的科学基础。如果没有充分的信息，科学家在调查反常的结果和原因时就会受到限制，必须依靠公司排查程序。客户实验室所进行的大量实践验证能在一定程度上解决这些问题，但这仍然不能完全代替披露的作用。

8. 概况

报告的范围在一定程度上取决于在实验室业务的广度。专门实验室一般只接收一种证据类型的几个项目来进行分析，它可能对其他类型证据的检验结果或类似证据在另一家实验室中的分析结果毫无所知。同一家实验室的分析人员要对同一证据上的不同切片单独制作分析报告。至少在同一家专门实验室或综合实验室的同一部门中，一份单独的报告看来应该显然包含所有的结果。这方便内部审查人员在报告离开实验室之前发现任何显著的差异。具有刑事侦查学专业背景的人应该把单个案件中由证据得出的所有报告（不论学科和管辖）都审查一遍。如果他能写一份综合的审查报告，那么这将有助于侦探和律师理解所有这些物证是如何联系在一起的。虽然这种做法在20世纪六七十年代比较流行，因为当时多数刑事侦查学家都是通才，而且大多数实验室也是综合性实验室，但这些做法在现在并不常见。一些实验室想要重新启用这一做法，而且一家实验室已经建立起了这种形式的现代模型。（Zeppa，1999）

独立审查人员还有一项特殊的职责，即他是辩方律师所能接触到的唯一科学专家。尤其是在资金紧张时，独立审查人员可能要独立审阅好几份报告（无论这些报告是否在他的专长之内），以帮助律师理解这些报告的含义。审查人员可协助律师总结案件中物证的整体情况，分析它们的重要性，并阐明其局限性。他也会提出替代假设，并建议辩方下一步应进行检测。为最大限度地帮助律师客户，独立专家至少应该在本领域外具备法庭科学专业的工作知识。

第六节　总　　结

在本章中我们已经开始介绍法庭实验室实践工作方面的内容。我们重点讨论了用来证明数据有效可靠的一些步骤。

在检验或分析证据之前，系统必须达到优化，验证研究必须经过执行。这样做能确保从证据中获取最大量的信息，以及在系统的限制内进行解释。我们还审查了法庭科学标准化的进步成果。最后，我们讨论了初步报告完成后所进行的审查的过程。我们对比了内部审查人员和独立审查人员的不同。在下一章中，我们将探索检验和分析的过程。

参考文献

［1］ASTM, Annual Book of ASTM Standards, Volume 14.0, American Society for Testing and Materials, West Conshohocken, PA, 2000.

［2］People v. Morganti, 43 Cal. App. 4th 643, 1996.

［3］Technical Working Group on DNA Analysis Methods, Guidelines for a Quality Assurance Program for DNA Analysis, Crime Lab. Dig., 22 (2), 21–43, 1995.

［4］Zeppa, Z. E., The primary examiner, paper presented at the Spring meeting of the California Association of Criminalists, 1999.

Reproduced from：

Guidelines for a Quality Assurance Program for DNA Analysis，1995

［1］AABB Standards Committee (1990). P7.000 DNA polymorphism testing, in Standards for Parentage Testing Laboratories, 1st ed., American Association of Blood Banks, Arlington, VA.

［2］Alwan, L. C. and Bissell, M. G. (1988). Time series modeling for quality control in clinical chemistry, Clin. Chem., 34, 1396–1406.

［3］American National Standard ANSI/ASQC Q90 – 1987 (1987). Definitions, Symbols, Formulas, and Tables for Control Charts, American Society for Quality Control, Milwaukee, WI.

［4］American National Standard ANSI/ASQC Q90 – 1987 (1987a). Quality Management and Quality Assurance Standards—Guidelines for Selection and Use, American Society for Quality Control, Milwaukee, WI.

［5］American National Standard ANSI/ASQC Q90 – 1987 (1987b). Quality Management and Quality System Elements—Guidelines, American Society for Quality Control, Milwaukee, WI.

［6］American National Standard ANSI/ASQC ZI.2 – 1985 (1985). Guide for Quality Control Charts, American Society for Quality Control, Milwaukee, WI.

［7］American National Standard ANSI/ASQC ZI.2 – 1985 (1985). Control Chart Method of Analyzing Data, American Society for Quality Control, Milwaukee, WI.

［8］American National Standard ANSI/ASQC ZI.3 – 1985 (1985). Control Chart Method of Controlling Quality during Production, American Society for Quality Control, Milwaukee, WI.

［9］American National Standard ANSI/ASQC Z1.15 – 1979 (1979). Generic Guidelines for

Quality Systems, American Society for Quality Control, Milwaukee, WI.

[10] American National Standard ANSI/ASQC A3 – 1978 (1978). Quality Systems Terminology, American Society for Quality Control, Milwaukee, WI.

[11] American National Standard ASQC Standard C1 – 1968 (1968). Specification of General Requirements of a Quality Program, American Society for Quality Control, Milwaukee, WI.

[12] Ampli Type User Guide for the HLA DQa Forensic DNA Amplification and TypingKit, 1990, Section—Laboratory Setup, Cetus Corporation, Emeryville, CA.

[13] ASCLD (1986). Guidelines for Forensic Laboratory Management Practices, American Society of Crime Laboratory Directors, September.

[14] ASCLD (1985). ASCLD Accreditation Manual, American Society of Crime Laboratory Directors, Laboratory Accreditation Board, February.

[15] AT&T Technologies (1985). Statistical Quality Control Handbook, AT&T Technologies, Indianapolis, May.

[16] Baird, M. (1989). Quality control and American association of blood bank standards, presented at the American Association of Blood Banks National Conference, April 17 – 19, Leesburg, VA.

[17] Bicking, C. A. and Gryna, F. M. (1979). Process control by statistical methods, in Quality Control Handbook. 3d ed., J. M. Juran, Ed., McGraw – Hill, New York.

[18] Bond, W. W. (1987). Safety in the forensic immunology laboratory, in Proceedings of the International Symposium on Forensic Immunology, U. S. Government Printing Office, Washington, D. C.

[19] Box, G. E. P. and Bisaard, S. (1987). The scientific context of quality improvement, Quality Progress, 20 (6), 54 – 61.

[20] Bradford, L. W. (1980). Barriers to quality achievement in crime laboratory operations, J. Forensic Sci., 25, 902 – 907.

[21] Brunelle, R. L., Garner, D. D., and Wineman, P. L. (1982). A quality assurance program for the laboratory examination of arson and explosive cases, J. Forensic Sci., 27, 774 – 782.

[22] Budowle, B., Deadman, H. A., Murch, R. S., and Baechtel, F. S. (1988). An introduction to the methods of DNA analysis under investigation in the FBI Laboratory, Crime Lab. Dig., 15, 8 – 21.

[23] Bussolini, P. L., Davis, A. H., and Geoffrion, R. R. (1988). A new approach to quality for national research laboratories, Quality Progress, 21 (1), 24 – 27.

[24] Code of Federal Regulations (1988a). Title 10, Part 19—Notices, Instructions, and Reports to Workers; Inspections, U. S. Government Printing Office, Washington, D. C.

[25] Code of Federal Regulations (1988b). Title 10, Part 20—Standards for Protection against radiation, U. S. Government Printing Office, Washington, D. C.

[26] Ford, D. J. (1988). Good laboratory practice, Lab. Practice, 37 (9), 29 – 33.

[27] Gautier, M. A. and Gladney, E. S. (1987). A quality assurance program for health

and environmental chemistry, Am. Lab. , July, 17 – 22.

［28］ Gibbs, F. L. and Kasprisin, C. A. （1987）. Environmental Safety in the Blood Bank, American Association of Blood Banks, Arlington, VA.

［29］ Gryna, F. M. （1979）. Basic statistical methods, in Quality Control Handbook. 3d ed. , J. M. Juran, Ed. , McGraw – Hill, New York.

［30］ Hay, R. J. （1988）. The seed stock concept and quality control for cell lines, Anal. Biochem. , 171, 225 – 237.

［31］ Juran, J. M. （1979）. Quality policies and objectives, in Quality Control Handbook, 3rd ed. , J. M. Juran, Ed. , McGraw – Hill, New York.

［32］ Kenney, M. L. （1987）. Quality assurance in changing times: proposals for reform and research in the clinical laboratory field, Clin. Chem. , 33, 328 – 336.

［33］ Kidd, G. J. （1987）. What quality means to an R&D organization, in 41st Annual Quality Congress Transactions, May 4 – 6, American Society for Quality Control, Milwaukee, WI.

［34］ Kilshaw, D. （1986）. Quality assurance. 1. Philosophy and basic principles, Med. Lab. Sci. , 43, 377 – 381.

［35］ Kilshaw, D. （1987a）. Quality assurance. 2. Internal quality control, Med. Lab. Sci. , 44, 73 – 93.

［36］ Kilshaw, D. （1987b）. Quality assurance. 3. External quality assessment, Med. Lab. Sci. , 44, 178 – 186.

［37］ Mills, C. A. （1989）. The Quality Audit — A Management Evaluation Tool, American Society for Quality Control, Milwaukee, WI.

［38］ National Bureau of Standards （1966）. The place of control charts in experimental work, in Experimental Statistics, National Bureau of Standards Handbook 91, U. S. Government Printing Office, Washington, D. C.

［39］ National Fire Protection Association （1986）. Standard on Fire Protection for Laboratories Using Chemicals, National Fire Protection Association, Quincy, MA.

图 10.1　证据存放室

注：这表现出了工作的安全。由于案件和证据的数量过多，人们总会走捷径或不思考。专家的义务之一就是要保持证据、分析和结果的完整性，在整个过程中维护整体专业的完整性。

第十章 法庭实践——分析人员的义务

无论是检验一桶呕吐物，还是一份文件，对于检验人员来说都是一样的。

——David Crown

美国法庭科学学院会议，圣地亚哥，1977 年，刑事学和文件学联合会议。

我们终于意识到了在案件调查中，刑事侦查学家最熟悉的就是——实验室分析和比较。对于一项较为复杂的分析，优秀的分析人员可能会在思考上花费比分析更多的时间。如果不这样做可能会导致得出的分析不正确或不理想，并可能使之前进行的工作变得毫无价值。与行为分析相关的事项和决定与样品处理以及数据收集同样重要。在本章中，我们将讨论在证据收集和证据分析之间的时间里做出决定的过程。

第一节 提出正确的问题

在这本书的一开始，我们就提醒过要不断地回顾对"问题"的思考。本章也不例外。

如果不能提出正确的问题，就不会得到正确的答案，而不论你是多么聪明的分析人员。

一、把法律问题转换成科学问题

当证据进入实验室，分析人员的首要责任是从侦探或律师那里获知他们期望从实验室分析中得到什么。他希望你帮助他获得什么相关问题的答案？让我们先来看一个非常简单的例子。在盗窃案现场的破窗户上发现了一根纤维。

一名嫌犯在逃离现场的途中被捕。他穿的外套被收集起来作为证据，从夹克上提取的纤维作为从窗户玻璃上收集到的证据纤维的参考样本。侦探想知道嫌犯是否去过现场。分析人员将问题转换为从窗户玻璃上提取的纤维与从夹克上提取的纤维是否有区别。她也会向侦探提出，如果要把嫌犯与犯罪现场联系起来，就不仅要考虑到夹克是否在现场，而且要考虑到行窃时嫌犯是否穿着夹克。

帮助律师和侦探理解问题并不像看起来那么不重要。在图 10.2 中提出的问题是由一家大城市的犯罪实验室接收的。这很明显是一个地区律师为了有利于他的案件，做出的错误判断——证明证据上的血迹与嫌犯匹配。也许他身处在辩护律师的职位，这样的错误可以被原谅，然而，分析人员要对律师说清楚检验会确定证据和参考样本是否同源。

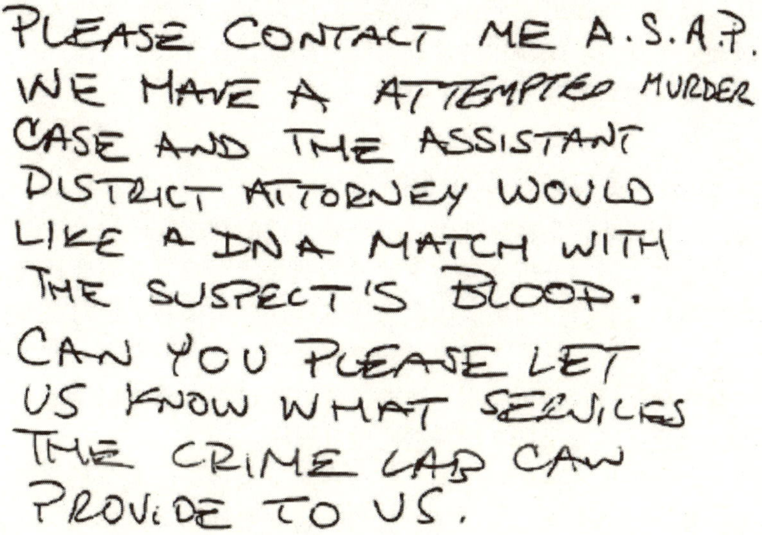

PLEASE CONTACT ME A.S.A.P.
WE HAVE A ATTEMPTED MURDER
CASE AND THE ASSISTANT
DISTRICT ATTORNEY WOULD
LIKE A DNA MATCH WITH
THE SUSPECT'S BLOOD.
CAN YOU PLEASE LET
US KNOW WHAT SERVICES
THE CRIME LAB CAN
PROVIDE TO US.

图 10.2　分析请求

注：谁来决定如何进行分析？分析人员是确定哪项证据能有助于回答法律问题的最好人选，但他也必须要掌握案件环境所需要的知识。侦查人员或律师有时要求的是有利于自己案件的结果，而非能够解决特定问题的分析。在这个例子中，如果最终得到的结果是律师所希望的，那么控方就不得不撤销对被告的指控，因为鞋是在嫌犯的衣橱里发现的。

现在你可能会去想到现在为止所说的哪些是不重要的。然而，从警察的原始报告中可以看出，鞋子是在嫌犯的衣橱里找到的，而且血液属于受害者。虽然这并不能改变最后的分析结果，但是如果在分析之前没能找出错误理解的话，至少也会导致浪费时间。虽然收集与案件相关的所有参考样本的做法很谨慎，但同一名律师也可能会认为本案中受害人血液的参考样本是无关联性的，因此可以不必收集，也不用提供给分析人员。如果分析人员没有预先考虑将证据和嫌犯的参考样本联系起来，这也可能会导致排除一个正确的分析，从而无法解决案件的相关问题。除非在此有人想要取得受害人的参考样本，那么案件就会终结，正义也不会得到体现。

二、提出假设

重申一下，假设测试是经典科学的基石，也是法庭科学的运作模式。这似乎有意在让科学家提出一个零假设，且该零假设是可以被推翻的。有趣的是，在法庭科学领域被检测的假设很少是明确的。但我们认为它应该是明确的。如果能用心提出替代假说，我们就可以大量减少用于无用分析的时间，并且可以在解释不同分析意见时防止激化。

也许大多数分析人员喜欢为自己和专业做得最多的就是形成能用分析检验的科学假设。为提出一个有用的科学假设以进行检测，分析人员必须了解犯罪环境。这关乎律师和科学家之间的争论。分析人员究竟应该了解多少案情对案情的掌握会形成偏见吗？

三、分析人员应该了解多少案情

实验室分析或比较是在事件以及围绕着事件的判断这样一个大背景下进行的。在很多方面，分析本身对案件最终结果的影响力可能要比确定哪个证据需要进行检验、怎样检验以及怎样解释这些结果的决定对案件的影响力更小。一般而言，分析人员应该知道在证据到达实验室之前的一些来龙去脉，并据此来解释分析结果。法庭科学专家也越来越习惯于了解样本在收集和保存之前经历了什么，并据此做出解释。

但是，在对结果进行解释之前，甚至在对证据进行任何分析之前，刑事侦查专家都必须要确定相关问题。分析人员对案件知道得越多，就越能更好地提出问题，以使得到的答案对案件来说是有用且相关的问题。

大部分反对分析人员了解案件背景的观点都是由律师提出来的，他们认为这样可能会引入潜意识，甚至引入恶意的、偏执的观念，从而导致对结果的解释有失公正。表面看来，这是个信用问题。然而，我们认为分析人员根据所获知的信息得出的分析结果要比以上担忧有价值得多。此外，还需要进行一系列的检查以确保已经充分考虑了替代性解释。此外，对案件的偏见最有可能影响问题的提出，而非结果的解释。由于问题提出所依据的假说（无意识的）和假设实际上总是与法律执行同步，刑事专家的任务就是接收与案件相关的问题，并且提出相应建议。

刑事专家是分析物证内在属性以及通晓各种测试局限性的专家。正是因为具备这种专业知识，刑事专家可以为刑事司法系统提供指导以最好地找出与争议或未知事实相关的信息。刑事专家所不为人知的一项重大贡献就是在特定案件中构建出有关物证的正确问题。不管是法律执行的一方还是辩护方都应该比以前更好地利用这个资源。在第十一章中我们将讨论刑事专家所必须要进行的教育和交流，以便为客户提供最佳的帮助。

虽然在任何的文献中都没有记载，但传统智慧告诉我们第一个被侦探确定为嫌犯的人通常会受到指控，或者至少会被逮捕。或许没有令人信服的证据能指向另一个人，但也没有找出替代性假设的必要。尤其是在社会关注度极高的犯罪案件或长期调查中，法律实施在指控某人有罪时往往会面临巨大压力。为了分担责任，确保坏人不再在社会上行凶作恶，客观性就往往得不到坚持。如果与案件结果有直接利害关系的人（比如说罪犯）能够要求分析人员进行特定的检验，那么所做的不一定是错误的分析，但可能是不相关的分析。由于可以接触到案件的关键信息，分析人员就有机会从这些信息中获取有用的分析。确定待鉴定的证据种类和待实行的检验类型是高水平分析人员的先决条件。在案例 10 中，我们将会提供一个关于独立分析人员通过对犯罪案件的理解而发现一份重要证据的案例。

所有程序都要求法庭分析人员具备正确全面考虑案件证据所需要的知识、教育和经验。在当今分工化和自动化的时代，有时会需要侦探和律师来担任协调者和通才的角色。我们将在第十二章中详细讨论法庭科学教育。

案例 10

血迹中的精液——提出什么问题

这起案件的关键在于要尽可能地重建嫌犯的活动。

进入犯罪现场的方法十分明显：纱门上的纱被刀子划破了。在进入现场之后，电话线也被切断了以防止与外界联络。自此，嫌犯的活动就难以重建了。

为何难以重建是显而易见的。他洗劫了房子里的许多房间，翻动了大多数房间的抽屉和财物，碎片撒得到处都是。受害者是在楼上的走廊里被发现的，面部朝下，裸体，头部多次受钝力打击。在她的床单和通往走廊的地板上有大量血迹，表明她在卧室已遭到殴打。她的连裤袜紧紧地缠在脖子上，这是致死的一条线索。

侦探从床上收集了床单，推测曾经在上面发生过性侵犯。他们还在房间的地毯上发现了精斑，但那时还没有 DNA 技术和 DNA 数据库，因此他们不得不等待嫌犯出现以进行比对。指纹检验人员从房子的几个地方提取到了指纹，包括被嫌犯翻查过的一个房间内的保险箱。

然而，疑犯是怎样离开现场的仍然是一个谜。侦探们并不清楚嫌犯是通过入口的纱门离开的，还是通过另外一扇门离开的。在其中一扇门外的水泥平台上，侦探们还发现了一片纸巾。考虑到受害人是裸体，并怀疑现场有性侵害，一名侦探推测嫌犯可能在用这片纸巾擦拭过阴茎之后把它丢弃。如果真的是这样，那么就能推测出疑犯是从哪里离开犯罪现场。当然，这扇门对着胡同，因此这片纸巾也可能是这幢房子里住的人丢下来的，或者是路过胡同的人随意丢弃的。

任何分析中的偏见都来自提出问题的人。通常认为，这种偏见并不仅仅是暗示某一个人，而是指在考虑可能出现的检验结果时思维太过狭隘。这就是侦探应该提供的犯罪现场情况和他们需要解决的问题，而不是要求特定分析的原因。在本案中，侦探应该要求检查面巾纸上是否有精液。分析人员对面巾纸进行了精液检查，但是什么也没有检测到，于是尽职尽责地写了一份报告说："没有发现精液。"

该案件被搁置了好几年，因为没有发现嫌犯。在通过指纹数据库进行未侦破案件的例行检查时，那个在保险箱上发现的指纹与数据库指纹表现出了相匹配。侦探认定嫌犯目前因杀人仍在监狱中服刑，但在该谋杀案发生时他还在狱外。他们直接去了福尔瑟姆监狱，并拘捕了他。

地区检察官准备这一案件时，她对面巾纸产生了疑惑。她认为嫌犯就是从那扇门离开的，因此这件证据可能提供更多的信息。她重新把这张面巾纸交到了实验室，这次分析提供了案件的所有细节。根据新获得的信息，另一位刑事专家轻易地在面巾纸上检测到了血迹。他对血迹进行了血型检测，并确定该血迹的基因型与受害者相符。根据这一信息，地区检察官给陪审团提供了一份更完整的案件。

尽管面巾纸在整个犯罪案件重建中只是很小的一部分，但侦探把面巾纸认定为强奸犯擦拭着阴茎后留下的证据这一先入为主的观念对缩小先前刑事专家侦查的范围是没有必要的。刑事专家了解案情越多，他们就越能为解决相关的法律问题提供越大的帮助。

分析人员的偏见

虽然我们都深信更多的知识会得出更好的分析，但我们也承认由于分析人员对案件细节的了解会产生偏见的法律担忧。关于客观性的问题由很多原因引了出来，并表现在不同的层面上。我们将分别提出这些问题，并提出不同的解决建议。

让我们先来区分有意偏见和无意偏见之间的区别。因为我们都是人，所以我们会不可避免地带有个人偏见和专业偏见。不论是否了解案情，我们都要时刻防范先入为主，放下对证据的偏见。知道自己的不足和偏见，并把它们考虑到工作中去，是工作职业化的关键。然而，我们将会介绍检查分析人员无意识偏见的过程。有意识的偏见却不同。如果一个人的目标并不是做一名能胜任工作的分析人员，那么就并不会因简单地拒绝他们接触到案件信息而丧失客观性。有趣的是，无论是法律实施还是法律参与都必须坚持客观性。特别是双方律师都必须客观维护各方利益。但这并不是人们所期待的客观解释应该发生的场合。

对分析证据所做的假设会影响证据的选择和分析方法的确定。例如，在案例 10 提到的面巾纸的例子中，根据原始分析人员基于信息所做出的假设，这片面巾纸构成了强奸罪的证据。

受害的女子盲目地听从了侦探的建议，并对面巾纸进行了精液测试。只有在了解案情并确定这是一起暴力性侵犯案件后，独立分析人员才会想到对血液进行测试。案件信息只能用于帮助选择适当的样本和测试方法进行。教育、培训和经验为分析人员做出正确的选择提供了工具。

四、科学能带来什么

假设所提出的基本问题的方向都正确，那么分析人员还必须帮助客户了解实验室分析如何能帮助客户了解案情。问题是否能通过科学分析来回答？即便对特定的证据进行了分析，这项分析就是最好的吗？它是有用的分析吗？它是第一项分析吗？如果进行了分析，那么有无关联性、无法得出结果或得出不完全结果又是怎样影响对事件的理解呢？

1. 这一问题能否通过科学来回答

我们已经提到过很多次，动机问题（也就是关于为什么的问题）是无法用科学来回答的。这可能会令所有人感到失望，因为人类的本性就是要去了解为什么有人会犯罪。尽管刑事专家和分析人员已经尽了最大努力，但问题往往只能由行为人来回答，甚至有时他们也回答不了。因为动机是定罪的一个法律要素，但如何协调科学和法律仍然是要优先考虑的问题。刑事专家、侦探和律师应该要读懂物证给我们讲的故事。

在一个案例中，被告被指控开枪杀死了一名官员。争论的焦点是开枪时官员所在的位置（站立、俯卧或介于两者之间）、他的情况（他无行为能力），以及枪与他头部的距离。代表辩方的专家证人证明："枪伤并不像之前传统意义上的致命伤。"他进一步描述为"……一个是无行为能力的人，另外一个人持枪想要杀死该名无行为能力人，于是持枪者接近他的身体并刻意将枪口紧挨着他的头部，以确保子弹能射入特殊的位置……"毫不奇怪，检察官对此项表述表示反对。在之后相同的证词中，专家展示了他认为能够致命的"经典实施伤口"。事实是在伤口周围存在点状物却没有烧灼的区域，这表明并不是接触开枪或近距离开枪。虽然"致命一击"表明最后一枪杀死了受害者，但"实施"本身却带有预谋的意思。如果把物证描述为"实施杀害"，我们就会认为专家解释证据方面已经过线了。

另一个难以获得满意答复的问题是关于"什么时候"。通常情况下，知道血迹是什么时候留在门上的，或者精液是在死亡前还是死亡后沉积的（在许多司法管辖区，与尸体发生性交不是强奸），或纤维是何时从受害人的房子转移到犯罪嫌疑人的面包车上（受害人是在受害前还是受害后买的新窗帘）等这一系列问题的答案都是很有用的。

这一概念就体现在历史上臭名昭著的玛丽莲·谢波德谋杀案（Holmes, 1961，1966；S. A. Sheppard，1964；Cooper 和 Sheppard，1995；S. H. Sheppard，1966）中。本案的首要嫌犯，也是他们的勤杂工 Richard Eberling 很早就主动提到在移动一个挡风窗口时被剪刀伤到，并在房子里留下了血迹。本案的相关证据是房子里的血迹，可能是凶手留下的。当 Eberling 起先对犯罪事实供认不讳，然后又在接下来的几年里推翻供述时，我们很难知道这究竟是先发制人的一击，还是合法的解释，因为只有说明血迹是什么时候产生的，才能回答它究竟是与犯罪有关，还是案件发生以前就存在了。然而，这在当时是无法实现的（1954），即使是现在也不可能。任何能够说明该案可能性的秘密都在 1998 年随着 Eberling 的死去而消逝了。

2. 证据是否有用

有时，即便是在实验室设备能被法律认可的情况下，对证据进行检测只是因为可以进行检测。类似地，在犯罪现场收集证据也不会过多地考虑其与犯罪之间的关联性。

一个关于证据是否有用的例子就是一名被刺伤的受害人倒在血泊中。当然，这取决于所提出的问题。如果要问血液到底属于谁，虽然它可能会被收集起来作为第二参考样本。另一方面，血泊的形状可以用来进行犯罪案件重建 —— 被害人是在哪里被杀死的还是被拖过去的？此外，如果血迹形状表明还有第二个人存在，那么这可能未找到另一个嫌犯或者受害者提供遗传信息。

确定证据是否有用的检测就是要看它提供的信息是否可以解决存在的争议。它是否能回答提出的问题？或者要求进行的分析只是因为在技术上可行？

我们应该问一下是否不论证据与犯罪有何关系我们都应该展示。嫌犯在自己的家或工作场所留下的指纹，在自己或女朋友床单上留下的精液，警官手上的火药残留物，医生医疗袋里的皮下注射器——这些物体在其他情况下都可以作为证据，但是在这种情况下却完全没用。我们在案例 11 中提到的案子就说明了这一点。

案例 11

叔叔的头发——关联性推论

一名 12 岁女孩指控她 18 岁的叔叔对其进行了强奸。令侦探质疑的是，她说在遭到侵犯后洗过澡，并用毛巾将自己擦干。探员收集到了那条毛巾，也把受害人送到医院收集物证。他们还了解到叔叔与这个小女孩住在同一所房子里。

犯罪实验室的分析人员首先检查了性侵犯后留下的证据，然而他们没有发现精液或其他证据。但是，他们在毛巾上发现了阴毛。很明显受害人不是这根阴毛的所有者，因为她正处于青春期早期，没有阴毛。侦探从嫌犯身上收集到了阴毛样本。经过显微对比，实验室无法排除他可能是证据阴毛的所有者。

由于该案的地区检察官只有受害者陈述这一项证据，因此她要求对头发进行 DNA 分析。虽然分析结果可能意义不大，但她坚持让实验室进行了这项检测。由于那时 DNA 分型技术刚开始发展，只有一个位点（利用反向斑点杂交程序检测的 DQα）可以用来进行检测少量的 DNA，例如在毛发根部提取的 DNA。DQα 检测结果显示证据阴毛的基因型和嫌犯的基因型并无明显差异。虽然世界上还有一些人（除了叔叔）会与这根阴毛有相同的测试结果，但他们可能没有一个人曾经进入毛巾所在的浴室。

然而，叔叔不能被排除是毛巾上阴毛的所有者这一事实却完全忽视了这一点。事实上，在女孩毛巾上发现的叔叔的阴毛并不会对指控产生任何作用。关于毛巾上存在他的阴毛有许多解释，包括：阴毛先从浴室的其他地方转移到了受害人身上，然后再从受害人身上转移到了毛巾上，或者阴毛直接从浴室的其他地方转移到了毛巾上。此外，在考虑到转移机理时，假设还应该包括阴毛在淋浴时一直都在受害人身上，并通过毛巾擦拭转移到了毛巾上。

即使我们接受阴毛来自叔叔，但是在毛巾上有阴毛和犯罪事件之间没有明确的联系。阴毛并不能推断出女孩和叔叔发生过亲密接触，因此它只与该案存在非常少的联系。要建立案件的关联性需要做出很多假设。这就是证据不能解决事实争议的一个例子。用法律语言来说，物证并不是当然具有相关性。

尽管如此，被告还是认罪了！

在这个例子中值得注意的是，虽然确定物证的来源是最初提出的问题，但是答案并不能加深对此案的了解。关于要把阴毛与毛巾联系在一起存在多种假设，我们并不能选出哪种假设是正确的。

值得注意的是，科学无法回答"什么时候"这一问题，这直接影响了证据的有用性。当无法确定证据是否是暴力行为的结果时，这一点就显得尤为正确。例如，嫌犯衣服上的纤维可能存在于他的车里；大量的血迹不可能是日常活动所致，即使它是出现在所有者经常出现的地方。

3. 测试是否有用

通常情况下，把证据交给实验室都是为了进行一项具体的检测。侦探已经自觉或不自觉地对可能发生的情况做出了一些假设。证据是在预想的特定情况中被提交的，而没有考虑其他的可能性。类似地，分析人员在不知道任何案件信息的情况下只会对收到证据进行最简单或是最明显的检测，而不会考虑到这项检测是否是回答案件中问题的最好方法。我们在第9章的案例 9 中举过这样一个例子，讲的是一位分析人员用在浴缸上发现的含有受害者血液的血滴去确定该血滴属于人类。

这类情况都是以不同的形式出现的。案例 9 中血斑上的手印就是多种判断处理过程的一个具体例子，即存在需要多种方式进行检测的多种证据。涉及的选择包括仔细收集生物证据或化学证据，以及记录痕迹证据或压印证据。侦探与分析人员之间以及各种类型的专家之间的良好沟通，是从单件证据中得到最多信息的关键。应该先进行能产生更有用信息的检测，但也要进行其他类型的检测。

另一种要同时考虑收集分析证据和记录比较证据的情况是血迹形状分析。至少就目前而言，哪种测试会对提出的问题最有用？是应该加强化学试剂的处理以使血迹形状更清晰，并且限制生物分析？❶ 是否更重要的是为之后的案件重建建立一个模型，或鉴定这些血液是否属于人类以及属于谁？

幸运的是，只需通过小小的规划，证据就可以用于以上两种分析。最好应在现场根据三维环境模式对血迹形状进行初步研究。当然，接下来应该对其进行拍照或录像。问题在于，刑事专家什么时候才能破坏血迹形状以收集样本进行生物分析？应该收集多少血迹样本？是否要将个人污渍分离出来，或者在断定个人污渍是来自于相同事件中的同一个人时，继续让其与血液混合？是要把单独存在的每一滴血都收集起来，还是只收集一个具有代表性的样本？（关于这种难题的例子请参见第 8 章）当然，答案取决于每一个具体案例的情况。

例如，因为线粒体 DNA（mtDNA）分析不能在兄弟姐妹之间做出区分（除非有罕见的变异），所以该测试不能回答这一特殊问题。类似地，线粒体 DNA 也不能回答与父系有关的问题，因为在孩子和父亲之间没有线粒体

---

❶ 从历史上看，一些血液假定实验限制了对抗原类型或生物遗传标记的认定。幸运的是，DNA 分型具有更多的弹性（Cross 等人，1999 年）。

DNA 的基因关联性。❶ 用一种略微不同的方式来讲，即便是用最精确、最可靠的方法来进行皮肤电流检验和扫描电镜检验，它也会因自身的局限性而无法建立射击者和武器之间的联系。由于皮肤电流反应具有持续性与短暂性这两种相互冲突的性质，因此它的存在并不具有任何程度的可靠性。❷❸

处理相关问题时，综合考虑对比各种分析的优缺点是不变的准则。

4. 分析结果得出后将会进一步产生什么样的问题

关于分析人员对那些已执行的结果进行一些可以弄清楚案件中被拖延的问题的补充实验已经成为一项规定。这样做，是分析人员的失职。

如果分析结果含糊不清，而且该结果被用于确定嫌犯的话，这就是不道德的做法。下面的案子就是这种情况。

本案中，谋杀案现场的血迹被送到州实验室进行分析。根据血迹形状来看，有三个不同的血滴。表面看来这三个血滴是同源的，实验室对它们进行了三种不同类型的基因分析。检验得出了不同的分析结果。有七项以 PCR 为基础的 DNA 分析显示血迹属于受害者。一项蛋白质分析（PGM）显示血迹属于被告。实验室将分析结果解释为：这三滴血都是受害者与被告血液的混合。但是无论哪一个分析系统都没有表现出血滴是血液的混合，例如在位点或连接处没有表现出不同的类型或不平等的强度。也没有任何的观察能够显示血滴中的基因型具有亲属关系。对于得出的数据，并没有令人满意的分析能对其做出解释。虽然本案的三位分析人员都作证没有证据显示血迹是血液的混合，但混合却是对数据唯一可以进行的解释。唯一的可能性就是证据是受害者的近亲属留下的。兄弟姐妹中具有七对相同的等位基因，而从第八对等位基因就有所区别的概率虽然非常小，但也不是完全不存在。然而，实验室却没有通知检控方这种可能性，也没有从近亲属中提取参考样本。他们认为为指控提出替代假设并不是他们的责任。

---

❶ 现在进行的线粒体 DNA 分析与核 DNA 分析的方式不同。对于本次讨论的目的我们想强调一个特殊的区别，那就是线粒体实际上是母系遗传。因此，母亲和她的亲生子女会具有相同的线粒体 DNA 类型，而且同母的兄弟姐妹也会有相同的线粒体 DNA 类型。在涉及 DNA 的案件中，我们经常要考虑的是血迹是否是嫌犯的兄弟姐妹（他最亲密的遗传关系人）留下来的。根据基因遗传定律，兄弟姐妹可以通过核 DNA 检测进行区分（需要注意的是，必须要找到兄弟姐妹进行测试）。

❷ 这取决于具体的案件情况，如嫌犯是否依法使用武器（狩猎或运动），再如嫌犯是否在开枪杀人后立即清洗了手和衣服，因为皮肤电流反应是否存在具有不同的解释。

❸ 射击目标上残留的火药及其形状也是有用的证据。而嫌犯手上火药残留物或引物残留物存在与否是很难得到可靠解释的。

我们在此要重申，虽然案件顾问可以也应当提出建议，但科学家必须保持中立。由于分析检验人员可以很容易地按照侦探的思路确定疑犯，并据此寻找这方面的证据，因此更应杜绝这种情况的发生。接下来我们将会介绍一系列检查和制约机制以防止分析人员受侦探或律师的影响而进行工作。

第二节　检验和分析

最后，在本书的后几章中，我们将会根据之前提到过的基础建立一所房子。本章我们将会讨论关于检验或分析在实践中如何实施和解释的思考。你们会很清楚应如何把这一部分做好，这是你们每一天都要进行的工作，而且这也是你们将要呈现的报告或证供的基础。

既然如此，就应慎之又慎地施行并记录这一部分工作。接下来要提出的建议是以我们处理案件工作并且对案件进行内部审查和独立审查的经验为基础的。

一、记录

在第八章中，我们强调了在犯罪现场识别和收集证据的过程中进行记录的必要性。本部分我们要重点介绍从证据进入实验室到最后的报告得出之前我们应该记录什么。我们将在第十一章介绍报告本身。

记录标准

通常而言，法庭实验室要出具包含测试或检验结果的报告，并且报告中还要含有标准操作程序（SOP）所依据的唯一能表明所有程序都正当的模糊标准。除了报告中很少包含对事实的描述（甚至是原封不动地摘抄SOP）外，这种程度的记录很难得到严谨的科学认可。

SOP记录方法直接来自于临床模式，在临床模式中大多数样本都在形式上同一，而非在内在上同一。在临床实验室中，大多数或者说所有的样本在质量和数量上都具有相似性，而且它们的来源也是已知的。对于它们的来源或物质本身的属性并不存在争议，它们都是由原始状态收集而来的。检测只能回答很有限的问题。样本通常要接受批量处理和相同的程序。现在，大多数程序都已实现了自动化。在这种情况下，只有处理过程做到统一，SOP的依据才会被人们所普遍接受。

但所有上述情况对犯罪实验室的样本来说都不适用。根据定义，每个案件都是不同的，每个样本都有独特的性质，而且我们通常对样本的了解非常少。记录的学术形式是法庭实验室所推崇的。在任何研究中，人们都希望工作人员能够随时记录工作进展。虽然有整体规范作为初始指导，但程序的细节会由于样本和情况的不同而发生改变，因此这些需要被准确地记录下来。学术界的记录标准是另一位研究人员能根据你的笔记得出你所记载的结果。法庭科学领域也必须建立起标准。因为对法庭工作需要进行大量具体的思考（如样本数量和质量上的潜在限制和法律机密性），所以完整恰当的记录甚至比其他科学规则更为重要。

如果你需要其他理由来支持必须详细地记录检验过程这一观点，请记住：如果你没有记录下来，就表明你什么都没有做。这是质量控制的基本原则。文字记录是分析人员最好的工作，也是第一道辩护防线。"分析人员，你为何能如此确信在反应中添加了 10 微升的氢氯酸？""看，在我的笔记中有这样的记录。"为什么在你把采取的措施都记录下来的时候你能表现得十分确信。

二、保持证据的完整性

对于所有的证据而言，都必须要把证据和参考样本标示清楚，以免混淆。对于指纹和压印证据而言，这就是足够的预防措施。由于它们的本质是紧密的视觉形式，所以它们彼此之间的相似性并不会导致其与其他样本之间发生交叉污染（样本中的一小部分会具有整体部分的特征）。对于要进行同一认定的证据而言，并不会就个案收集参考样本，但大量的普通证据样本也会在个案中或案件之间存在交叉污染的危险。

1. 防止污染

对于容易产生污染的证据类型而言，应该采取更为严格的预防措施。这包括液体（生理液体或化学液体）、气体及容易脱落或升华的固体。污染是指"在证据被官方识别之后，一切不适当地加入到其中或其上的物质"（见第 8 章）。防止污染（尤其对于参考样本也来自于同一案件的证据而言）的哲学就在于时空分离。如果这一哲学原理应用于案件样本接收、处理和储存的全过程中，那么污染的可能性就会大大降低。这一点在特定的案件种类或实验室条件下是如何工作的，就需要由分析人员或实验室来确定了。

2. 检测污染

对于具有潜在污染可能性的分析，分析规则必须提供能够检测其中物质的方法。最直截了当的方法就是正确地运用控制。正如我们在第 9 章中讨论的那样，大多数的分析规则都既得益于积极控制，又得益于消极控制。尤其消极控制（虽然对样本应用了所有实验室试剂，但没有产生预期的反应结果）往往能检测出积极结果（虽然不应出现）。积极控制和消极控制可结合用于检测未经预测的结果。

控制结果能与案件样本的检测结果一起验证特定的操作或检验的可行性。人为得出的或未经预测的结果都应该根据整个案件环境加以解释。

三、结果

我们将不在这里讨论特定的分析方法，仅大体列出结果的种类，并介绍每种结果可能产生的情况。总体而言，分析或检验会得出以下五种结果：

1. 真实结果——能正确反映样本实质的结果。它正确地反映了证据样本和参考样本同源，或者正确地鉴定出一种物质。

2. 假阴性结果——不能正确反映出样本实质并且错误反映样本实质的结果。它错误地显示证据样本和参考样本不同源，或者没有正确发现一种物质。

3. 假阳性结果——不能正确反映出样本实质并且错误反映样本实质的结果。它错误地显示证据样本和参考样本同源，或者错误地指示原始样本中没有的物质。这是最差的一种情况。

4. 非确定性结果——没有达成一致性结论的结果。这归因于样本的本质或测试的局限性。提供的信息并不足以解释证据样本和参考样本之间的关系，或者一种物质是否存在。敏感度不足或不完全分解会导致非确定性结果的产生。

5. 无结果——没有得到结果。这归因于样本的本质或测试的局限性。由于没有可用的信息，所以无法说明证据样本和参考样本之间的关系。对于需要进行鉴定的证据而言，这意味着该种物质不存在，或者在检测试验的范围以外。

如果分析人员能够正确选择证据并用可靠的方法进行检验或分析，那么最经常得出的结果就是真实结果。

对控制和标准的正确运用会增大真实性的可靠度。然而，由于法庭证据自身的特点，分析人员通常会得出非确定性结果或无法得出结果。如果所有的操作都是恰当的，那么就不能说这是一次失败的检验。如果检验的一些方面没有成功，这在积极控制（这是能够说明已经进行过检验的最好方法）的审查中会马上表现出来。

只有在穷尽一切其他方法的情况下，才能对分析或解释出具非确定性结果的报告。这一解释术语经常被分析人员误用为避免解释复杂结果的工具。结果越复杂，就越需要法庭科学专家简单清楚地说明这意味着什么，不意味着什么。如果让没有科学专业背景或欠缺水平的人来解释这些数据是毫无责任的做法。非确定性结果是不值得提倡的，只有在具有正当理由的情况下才能这么做。只有在经过诚心讨论的前提下，如果两位有资质的分析人员不能就结果达成一致意见，就可以正当地出具非确定性结果的报告了。可以把非确定性结果理解为分析人员没有提供更多的信息。在 Bayes 术语中，似然比为 1。对没有得出可靠结论的一种解释就是结果具有非确定性。

对于需要确定来源的证据类型而言，没有正确提出与证据同源的参考样本（假排除）是由证据的状态导致的。由于证据暴露在环境中会分解、蒸发、褪色或变模糊，所以它可能会保留一些原始的特征，也可能会展示出一些新的特征。在某种程度而言，根本就不可能推断出共同来源，甚至也无法推断出共同的种类。事实上，这才是正确的解释。❶ 正确理解样本的状态和适当使用分析工具，能大大降低由于样本特征缺失而导致的错误排除来源的风险。样本状态的转变也会导致错误排除。虽然良好的实验室实践可以有效防止样本状态发生转变，但检验这种转变却更具有困难性。对于警觉性高的分析人员来说，样本的顺序是显而易见的；但样本转变本身却不容易引起人们的注意，因为这取决于到底是哪个样本发生了变化。把一项已知的积极控制样本加入到每一项检测中的好处是能够马上判断出所有样本的顺序。然而，导致假包含的错误要比导致假排除的错误严重得多，因为前者涉及无辜嫌犯。

对于所有的证据类型而言，最严重的错误——假阳性结果——更多的是由于人为错误而非证据或测试的内在局限性导致的。虽然后者并不是全无可能，但正确了解证据状态和检测工具，可使错误得出证据来源的概率降到最低，无论两者表现出多高的匹配率。造成假包含的因素有两个：一是污染，二是样本状态转变，这两者都是由人为错误造成的。总体来说，能够造成参考物质和证据错误匹配的污染是可以避免和检测的。这种大规模的污染会贯穿于分析的全过程，并在消极控制和多种样本中表现出来。而这在痕迹证据中却很难应用，就拿之前提到过的鞋印证据来说，我们很难设想一种有效的消极控制。例如，在人民诉莫林案中，独立审查人员认为：与许多证据样本有关的大量红色纤维实际来自检验人员的毛衣。

对于个体化证据而言，类型证据和需要进行同一认定的证据更容易产生随机污染的问题。不适当的储存不稳定易爆炸的参考样本会在许多案件中产生假阳性反应。然而，如果仅仅是由于参考样本发生污染会在 DNA 证据中产生假阳性反应。类似地，案件中类型证据样本发生的状态转变会比个体化证据更严重。对于个体化证据而言，最严重的错误就是不同的参考样本之间发生了转换或贴错了标签。如果有理由相信发生了转换，那么这

---

❶ 这些是行为中可分割物质的推论。

也可以通过重新检验或重新获取参考样本来解决。

分析人员的判断

即便是最客观的分析，人类行为的介入也会带入主观因素。然而，我们不能简单地认为主观性就是不好的。人类大脑的介入会使由复杂精细的仪器所产生的结果带有常识的色彩。如果有人忘记加热或添加样本，那么所得出的结果就是无意义的。人为错误或机器缺陷会妨碍我们对机器做出良好的评价，或者妨碍我们得出反应样本真实性的结果，但是，也允许专家在报告边缘注明自己的意见。

所有的法庭检验和分析都可以浓缩为形式识别。指纹证据和压印证据不太需要借助仪器或化学物质的帮助来产生人类视觉系统可以进行比较的形式。

化学证据或生物证据要通过化学反应或仪器来得出人类可以进行比较的结果。然而，无论最后的形式是指纹、FTIR 图谱、子弹对比还是 DNA 电泳图，仪器和化学试剂都只是方法，而非目的。

四、结果验证

1. 二次盲读

由于我们已经意识到了两位有资质的科学专家可能会对相同的数据得出略有不同的结论，所以让另一位检查人员来独立核实结果是十分有用的。对这些结果的解释会形成同一认定或来源确定的结论。然而，在了解到分析的这种特点以后，我们所讨论的是记录数据而非解释数据。检查人员要经常做出以下判断：这些数据是信号还是干扰？它们是否符合报告的要求？由于我们都会受到潜意识偏见的影响，请其他有资质的分析人员来独立检查这些数据是十分必要的。

进行检查的分析人员必须要脱离案件环境，并且独立完成检查工作。只是简单地在分析人员的报告上签字虽然符合了二次阅读的形式要求，却不符合其精神。第一位分析人员或许是有意记录了错误的结果；第二次分析会作为对模糊结果的检查让另一位分析人员进行二次盲读对于消除分析人员的偏见很有帮助。如果两位分析人员的意见一致，则结果的效力就会得到加强。如果不同，就形成了讨论的基础。你是希望在板凳上与同事进行讨论还是希望在法庭上与反对方进行辩论。

2. 技术审查

实验室中的另一有资质的专家对全案材料进行审查会使审查达到一个全新的高度。技术审查的主要工作就是要确保数据能够支持结论。在所有的程序中，这要求对真实的结果进行重新审查；更重要的是，要在案件环境中独立解释它们的含义。

技术审查的最后一层通常是由反对方律师所聘请的专家来进行的。这不仅能对数据提供重新检查和解释的机会，而且外部审查人员也会带来不同的问题、不同的假设，有时也会有不利于检控方的其他信息。独立审查是检验下意识偏见或恶意偏见的最有效工具。关于审查的详细讨论，请参见第九章。

五、解释和结论

刑事专家必须要对证据和由其得出的结论进行解释。这样做不仅是恰当的，也是义务性的。综上所述，我们必须要谨记我们的目标是展示科学真实。在报告中提出解释、形成结论，是我们向外界展示我们对数据所进行的理解的最后也是最好的机会。在这一关键时刻，刑事侦查学的原则和实践似乎融合成了一体。阐明假设、选取证据、开展实验室工作并记录结果。以上所有意味着什么？这引出了我们在第六章和第七章中详细展开讨论的问题。让我们来简单回顾一下这些概念。

1. 确定事实和假设

在此之前，我们已经介绍过推论是以事实和假设为基础的。可以总结为：

假设 A（Assumption）＋事实 F（Fact）＝推论 I（Inference）

一些推论不依靠假设或依靠根据性特别强的假设；一些推论依靠根据性较弱的假设。由于改变假设会导致不同推论，最终会得出不同的结论，所以必须阐明假设。事实通常不会引起争议，引发专家争论的是假设以及他们是否意识到了事实。这种模式可应用于解释的任何阶段。它在来源推定方面以及两物体或多物体的关联性推论方面会产生作用。

如果提出了竞争假设，那么就需要把每一项假设都阐释清楚。例如，在解释 DNA 证据时提出的假设应包括可能会留下此证据的人员的数量。分析人员很少会对两组图谱是否表现出匹配形式产生分析，通常引发争论的是对复杂的形式（尤其是两个或多个人之间的图谱）的解释。

陈述竞争假设的基础是提出关于有多少人或依据哪项原则可能导致证据产生的不同（合理的）假设，并依据这些假设得出逻辑结论。我们以辛普森案（案例12）为例来详细阐述这一过程。

案例 12

Simpson 的故事——野马车中的血迹

1994 年 6 月 12 日，Nicole Brown（NB）和 Ronald Goldman（RG）惨遭杀害。O. J. Simpson（OS）被指控实施了该起谋杀，并且在所有被没收的证据中有他的白色福特野马车。在中心控制台位于乘客的一侧有一块血斑，并且将其于 1994 年 6 月 14 日提取为样本。针对血斑，至少能提出三个有关法庭科学的问题。

1. 血斑是如何形成的？
2. 血斑是什么时候形成的？
3. 血斑是谁留下的？

鉴于此次实验的目的，我们在这里不讨论血斑是如何形成及何时形成的。我们将把注意力集中到关于是谁留下的血斑，证据将会告诉我们什么。

DNA 测试可用于调查血斑的来源。采用 DQα 测试 和 D1S80 测试对 1994 年 6 月收集的两个证据样本进行检测。从结果来看，结论是其中的一块血斑属于 Sipson，而非 Nicole 和 Ronald Goldman。另一块是 Simpson 和 Ronald Goldman 的混合血斑。1994 年 9 月 1 日，收集到了一块更大的样本。应当指出的是在此期间，野马车被盗过。虽然提取本身并没有证据价值，但如果不提取的话，血斑证据的整体性就得不到保证了。从这个大的血斑中收集了三个独立的样本，它们几乎覆盖了血斑的绝大部分。对这些样本也采取了 DQα 测试 和 D1S80 测试。让我们对其中两个样本的数据进行详细比较。

EVIDENCE 1	1	2	3	4	C	1.1	1.2 1.3 4	1.3	All but 1.3	AMPLITY DQ-Alph
substrate sample	1	2	3	4	C	1.1	1.2 1.3 4	1.3	All but 1.3	AMPLITY DQ-Alph
EVIDENCE 2	1	2	3	4	C	1.1	1.2 1.3 4	1.3	All but 1.3	AMPLITY DQ-Alph
substrate sample	1	2	3	4	C	1.1	1.2 1.3 4	1.3	All but 1.3	AMPLITY DQ-Alph

以上是后来收集的两个样本连同其基质样本的 DQα 测试结果（基质样本是从与证据样本附近的一块洁净区域内收集的。它是用于显示在背景中存在哪些基因类型的）。分析人员避免非意识偏见的一种方法是先分析证据，再将其与参考样本进行对比。在本案中，两条带条具有相同的位点，甚至在密集度上也相似。在这两个样本中，除了第 2 位点和第 3 位点以外，所有的位点都呈现阳性，因此我们能够安全地把携带第 2 对或第 3 对等位基因的人都排除掉，因为样本中不具有这两个特征。下一步需要注意的是要展示两个以上的等位基因。由于正常人在每个基因组最多含有两个等位基因，这就足以表明有多个基因提供者。

依次检查位点直到 C 点的左边，我们注意到了第 4 等位基因和第 1 等位基因。位点 1.1 和 1.3 都呈阳性，尽管位点 1.3 的强度弱了一些，但都比 C 点的强度大。根据图谱可以看出，至少位点 1.1 和 1.3 都是亚型位点。位点 1.2 的等位基因存在吗？让我们来看一下难度更大的"三重位点"和"除去位点 1.3 以外的所有位点"，它们都呈阳性，并且比位点 C 的强度大。只要位点 1.2、1.3 或第 4 等位基因以单独的形式或其他任意组合的形式表现出来，那么"三重位点"就表现为阳性。由于我们可以确定第 4 等位基因和位点 1.3 的等位基因是存在的，无论位点 1.2 的等位基因是否存在，这个"三重位点"都会呈阳性，所以不能通过这种方法来检验位点 1.2 的等位基因是否存在。这就导致了"除去位点 1.3 以外的所有位点"和"三重位点"都不能用来检测位点 1.2 的等位基因是否存在。总之，从这些带谱上位点的形式来看，我们无法确定位点 1.2 的等位基因是否存在。

在进行这一点的解释时，分析人员通常会绘制一张等位基因图表，但这张表中不包括位点（2，3）和那些存在形式为阳性的位点（1.1，1.3，4），以及我们不能从中得到足够信息以判断位点（1.2）是否存在。分析人员还会列出基因型中可能的成对等位基因的组合（请读者自己完成这项实验），来确定可能的提供者。DQα 测试系统得出的所有基因型在一定程度上取决于复合位点，是这些复合位点共同确定了基因型。因此，分析混合物就变得更加复杂。此外，血迹的混合物要比性侵犯样本的混合物更难解释，性侵犯样本的混合物中至少有一个提供者（受害者）的基因型是已知的。

现在让我们来看一下这起犯罪中三个当事人的 DQα 基因型。Simpon 的是 1.1，1.2；Nilole Brown 的是 1.1，1.1；Ronald Goldman 的是 1.3，4。由于他们都没有第 2 或第 3 等位基因，所以他们都不能排除是样本的提供者。

对这些样本也使用了 D1S80 检测系统进行了分析。D1S80 系统的优势在于对等位基因是否存在的解释是直观的——不存在隐性等位基因。其缺点是 D1S80 系统中的第 18 和第 24 等位基因在人群中十分普遍。两组样本的 D1S80 系统检测结果都表明在 18、24 和 25（他们其中一人的等位基因与下图显示的案件样本吻合）三个位点处都有带谱。这再一次清楚地表明了血迹是混合物。基因型可以转移吗？这取决于假设是什么。如果假设只有两个提供者，那么与第 18 带谱相比，第 24 和 25 带谱的等位基因显然是作为一个基因型存在的。假设有两个或者更多的提供者，那么就无法把这些等位基因匹配成一致的基因型。DQα 或 D1S80 检测都不能为支持其中一种假设提供信息。

最后的解释可以概括如下：

1. 从野马车控制台收集到的血液样本不止来自一个人。

2. 所有携带第 2 或第 3DQα 等位基因的个体均被排除到了具有检测到的 DNA 类型以外，而其他人都是可能的提供者。

3. 在接受第二步检测的个体中，凡未携带第 18 和第 24D1S80 等位基因组合，或未携带第 25 D1S80 等位基因的个体也被排除了，剩余个体则仍然可能是血液样本的提供者。

三个参考样本的基因型都含有第 1.1、第 1.2 和第 1.3DQα 等位基因的组合，或第 4DQα 等位基因。每一种基因型还至少包含第 18、第 24 和（或）第 25 D1S80 等位基因中的一个位点。因此，三个当事人都不能排除是该样本的提供者。

另一种评价结果的方式可以是从参考样本中分析基因型的组合，以检验哪种组合能产生证据中所表现出来的基因型模式。野马车控制台上的血斑不可能仅仅是 Nicole 和 Simpson 的混合，因为他们都没有第 1.3 或第 4DQα 等位基因。所有其他的组合都是可能的（Nicole/Ronald；Simpson/Ronald；Nicole/Simpson/Ronald）。同理，该血斑不可能仅仅是 Simpson 和 Ronald 的混合，因为他们都不携带第 18 D1S80 等位基因。该血斑也不可能仅仅是 Nicole 和 Ronald 的混合，因为他们都没有第 25 D1S80 等位基因。其他组合的可能性仍然是存在的（Nicole/Simpson；Nicole/Simpson/Ronald）。

因此，所有成对的参考样本基因型的组合都被相互之间或者其他检测系统得出的结果排除了。只有在三个当事人的血相互混合的情况下才能解释证据所表现出的模式。因此，该血斑要么是三个当事人血液的混合，要么可能来自两个或更多未知的个体。似然比将帮助我们来确定哪一种假设更可能是产生这种证据的原因。

2. 可解释的差异

在第六章中，我们已经详细讨论了可解释的差异，而且机械地讨论了证据和参考样本在分离之后是如何变得不同的。简单来说，任何能够看得见的区别都来自证据本身（内在区别），或者是检测系统不精确的直接后果（外在区别）。首先，法庭科学专家要对证据和参考样本之间的区别做出评价，判断它们是否显著以及如何进行解释。从本质上讲，区别会一直存在；刑事专家的工作就是要确定如何解释这些区别。专家的任务就是要运用全部信息做出评价。毫不客气地说，我们知道这是一个主观过程，而且必须要由具有良好教育、培训和经验的人来执行。有资质的专家可能会不同意这一观点。在得出同源结论这一方面，关键是要理解证据和参考样本不必要也不被期望在所有可检测的特征上都具有同一性。正如科克（1953）中肯指出的那样：

而且，手指不会一直保持不变，但指纹中的显著特征却是持久的、不会改变的。

3. 来源推论与关联性推论

正如我们在第六章和第七章中所讨论的那样，我们发现将证据的来源推论和证据物体间的关联性推论做出区别是十分有用的。将这两点进行概念上的划分能为案件结果的解释提供次序框架。它也有助于明确专家是在哪一点上产生了分歧，以此为讨论提供框架。

（1）来源推论。正如我们定义的那样，来源推论的证明力能告诉我们证据和来源之间的关系。相对普通的证据图谱只能说明证据和来源之间的关系非常松散，而罕见或特殊的图谱则暗示它们之间的关系很紧密。

证据可选择来源的概率可以用似然比来表示。对于某些类型的证据来说，很难得到可靠的证据特征的频率估计。频率评估中的可信程度（或者缺乏这种可信程度）是测试局限性的一种表现，并且可能会影响共同来源的推断。

（2）关联性推论。关联性推论的强度关系到证据彼此之间的关系。它包含了证据在整个案件环境下的所有信息。当考虑关联性问题时，我们必须要思考来源物质和目标物质之间的关系。关联性推论最先是由实验室中的法庭科学专家做出的，进而推广到与案件有关的其他人员，包括侦查人员和律师。需要注意的是，关联性推论的证明力实际上就是建立其所依据的来源推论的证明力。

4. 陈述结论

最后，分析人员必须要提出结论，以便于任何阅读报告的利益方能够了解物证的含义。该结论是含有假设和局限性的推论（无论是来源推论还是关联性推论）。对需要鉴定的证据而言，这种假设和限制通常是细微的，并且结论是对被检测物质属性和数量的简单描述。

对于个体化证据而言，来源判断的结论也应该是简单明确的；分析人员只需要简单陈述自己的观点以表明证据和参考样本来自同一件物体。假设和局限性通常会被概括为以下语句——"以我之见"。只有在类型证据中，结论的形式和措辞才会使读者在阅读结果报告的时候产生理解上的差异。

该领域还没有就类型证据结论的标准和措辞形成一致意见。以下就是类型证据报告中常见的几种结论形式。

- 不排除参考样本可作为证据的来源。
- 参考样本可能作为证据的来源。
- 参考样本是证据的一种可能来源。
- 证据可能来自参考样本。
- 证据来自参考样本。
- 证据与参考样本存在相匹配的类型特征，因此，它们可能同源。
- 证据与参考样本来源相同。

虽然这些陈述中都没有公然包括任何排除结论，但每个结论所表达出的重点意思略有不同。首先，没有一项陈述表现出证据来自参考样本以外的其他物体的可能性。此外，这些陈述都缺少帮助读者理解来源确定证明力的量化数据或半量化数据。缺少证明力强度的表述使以上所有结论都缺失完整性。如果结论里包含了证据是来自其他来源的可能性，那么就可以更好地帮助读者理解所发现的事物的含义。

缺少以上任何一种陈述都可能会导致其他替代假说的形成。从最好的情况来说，这份报告是不完整的；从最差的情况来说，这会误导报告的阅读者。似然比为比较最简单的替代假设（即证据来自其他具有相似特征的物体）和思考更为复杂的场景提供了一个有效工具。

我们将为您介绍我们最喜欢的一个关于类型证据的评论，它是在电影《我的表弟，维尼》中由 Lane smith 扮演的一位地区检察官 Tim Trotter 三世提出的。评论的部分内容可参见图表 10.3。

第三节　总　　结

由于我们为因缺乏专业知识而无法独立理解其含义和影响的当事人提供结果和信息，所以我们必须要对结果做出一份准确完整的解释。

如果不这样做，那么从最好的情况来看，我们的结论是不完整的；而从最差的情况来看，我们的结论可能存在潜在的误导性。我们应该表明实验和证据，以及根据其所得出的推论、假设和结论的局限性。我们应该阐明结果能解释哪些情况、同时又不能解释哪些情况。我们应该坚决拒绝只按照当事人的意见出具结论，而不顾其他假设可能得出的其他同样有效的结论。

专家证人：我是联邦调查局里一名从事汽车知识研究的法庭科学专家。

（略）

专家证人：我们把便利店外面的车轮痕迹与被告汽车后轮进行了比较。二者在形状和尺寸方面都吻合——XGV 型号的米其林轮胎，轮胎断面的扁平比是 70%，轮辋直径是 14 英寸。

检察官：二者的形状、尺寸相同！——还有别的相同特征吗？

专家证人：是的，还有。在车离开便利店时车轮发生了巨大的旋转，并在柏油路上留下了橡胶的残留物。我们收集了便利店外面的橡胶样本并进行了分析，同时也收集了被告人别克车后轮上的橡胶样本并进行了分析。

检察官：你使用了什么仪器进行分析？

专家证人：一台带有火焰分析探测器的惠普 57-10 双列气相色谱仪。

检察官：你的分析结果是什么？

专家证人：二者的化学成分相同。

检察官：相同。

辩护律师：会不会有可能有两辆不同的车但配有型号为 XGV 的米其林轮胎，且其轮胎断面的扁平比是 70%，轮辋直径是 14 英寸呢？

专家证人：当然有可能。

辩护律师：现在美国最畅销的轮胎是哪一种？

专家证人：米其林 XGV。

辩护律师：最畅销的尺寸是多少？

专家证人：75R14。

辩护律师：被告汽车的轮胎也是这个尺寸。

专家证人：是的，但是会有两辆褪色的绿色 1964 别克云雀吗？

辩护律师：打扰一下，但我的问题是最畅销尺寸的轮胎是否在被告的汽车上。

专家证人：呃，是的。

当然，辩护律师的观点是每年有成千上万的型号为 XGV（75R14）的轮胎在美国生产，这意味着这种形状和尺寸的轮胎痕迹几乎是毫无价值的。针对轮胎橡胶做的气相色谱分析也没有太大价值。

来源：《我的表弟，维尼》，制片人，Paul Schiff；导演，Jonathan Lynn. Vincent Laguardia 律师（Joe Pesci 主演）；Bill Gambini（Ralph Macchio 主演）；San Rothenstein

（Mitchell whitfiedl 主演）；Chamberlain Haller（Fred Gwynne 主演）；Jim Trotter 三世律师（Lane smith 主演）；Mona Lisa vito（Marisa Tomei 主演）。福克斯公司于 1992 年摄制。

参考文献

［1］ Commission on Proceedings Involving Guy Paul Morin, The Honourable Fred Kauf－man, C. M. , Q. C. , Queen's Printer for Ontario, 1998, available at http：// www. attor－neygeneral. jus. gov. on. ca/reports. html.

［2］ Cooper, C. L. and Sheppard, S. R. , Mockery of Justice：The True Story of the Sheppard Murder Case, Northeastern University Press, Boston, 1995.

［3］ Gross, A. M. , Harris, K. A. , and Kaldun, G. L. , The effect of luminol on presump-tive tests and DNA analysis using the polymerase chain reaction, J. Forensic Sci. , 44 （4）, 837, 1999.

［4］ Holmes, P. A. , The Sheppard Murder Case, McKay, New York, 1961.

［5］ Holmes, P. A. , Retrial；Murder and Dr. Sam Sheppard, Bantam Books, New York, 1966.

［6］ Kirk, P. L. , Crime Investigation, 1st ed. , Interscience, John Wiley & Sons, New York, 1953.

［7］ Sheppard, S. A. with Holmes, P. , My Brother's Keeper, McKay, New York, 1964.

［8］ Sheppard, S. H. with Holmes, P. , Endure and Conquer, World Pub. Co. , Cleveland, 1966.

图 11.1 监狱

注：一名囚犯根据回忆画出了他在接受审判时的情况。法官的神态说明了一切。专家证人在向听众进行技术性解释时应尽量避免造成这种无聊的场面。

第十一章　结果交流
——科学与法律的交汇

"山顶上的那所房子——你能看清它被粉刷成了什么颜色吗?"……
"这边是白色的"。

Robert kleinlein
——安妮,公正的证人,《异乡的神秘旅客》

第一节　交流你的结果

法庭科学是一门应用科学,它是科学得以应用的法律平台。正因为这一点,交流结果的方式与结果本身一样重要。如果法庭分析人员对分析结果的解释不完整、具有误导性或很差,那么这会像样本发生了转换一样致命。正如再完美的分析都不能补救错误提问一样,一份糟糕的报告或含糊不清的证词可以立即毁掉让人信服的结论。在这一部分中,我们要把重点集中在明确的沟通机制上。不过就其本质而言,所展示的结果的微小不同大都开始于对准则的讨论。我们将在第十二章讨论这个话题,不过介于本章的需求,也会在此介绍一些评论。

一、书写报告

一份报告必须就案件中的证据表明清晰完整的结论。阅读报告的人不会仅仅局限于你的工作领域。许多科学家的沟通技能都非常糟糕,这一点在科学报告的书写技巧上表现得尤为突出。科学家应该使用准确的措辞来清楚地表达数据的含义。报告应条理清晰,易于阅读,并且没有语法错误。换句话说,书面沟通是否能有效表达科学家的观点取决于科学家本身,而非读者。

1. 书写书面报告是否是义务

或许关于书写书面报告的第一个问题就是——"必须写吗?"大部分政府实验室都把书写书面报告看作理所当然,即便结果只是一句话的总

结。如果案件进入庭审阶段，辩方有权查阅任何检验结果，并且结果必须要以书面的形式提交。❶

经常为控辩双方提供服务的私人实验室就处在一个稍微不同的境地。根据某一司法管辖区中对"发现规则"的法律规定，不管是在刑事案件还是在民事案件中，辩方都可以不必公开法庭科学检验的结果。在民事诉讼中，原被告双方都有发现的权利。而在刑事审判中，辩方通常会有对特殊材料进行保密的权利。如果辩方律师不要求出具报告，或者没有明确要求出具书面报告，那么刑事专家的义务又是什么呢？目前，对这种情况还存在争议。首先，我们参与了法律制度，所以我们必须要遵守其规章制度。换句话说，这不是我们能决定的。但假如你的客户是辩护律师，而且他的行为既合法又合准则，那么在大多数情况下你都应该尊重不要求提交报告的请求。确实并非所有的从业人员都同意这个观点。在此强调一点：如果你的客户是检控方，那么不提交报告是绝不会被接受的。尽管需发现的程度根据辖区和案件的不同而不同，但总体来说，被告（以及他的专家和律师）通常有权审查（至少在美国）潜在的入罪证据，而检控方也有义务公开出罪证据。

无论报告是否公开，结果都必须记录到文档中。据推测，对检验和分析会有许多详细准确的记录。同时还有一些案件信息来帮助解释这些记录。如果你不想重新再进行一次实验的话，最好能写一份报告并将实验过程记录下来。否则你可能就要在 25 年后面对坚持不懈的侦查人员重翻案底，在他对你的解释和结论重新审查时还要重新去翻出你笔记上的内容。如果你像我们一样，那么 25 分钟可能就会和 25 年的效果是一样的。所以我们一定要坚持记录笔记，并对每起案件至少做一份解释数据和阐明结论的书面总结，哪怕这份书面总结没有任何格式。❷

那么对那些自己不收集数据而只是简单地审查别人工作进而提出意见的私人顾问又是怎样的呢？他们是否也应该出具一份书面报告，并由律师提出交给另一方呢？编者认为审查人员也与执行这项工作的个人或机构有相同的义务。专家顾问的法律义务是为阐明自己的观点以及其观点所依据的任何数据或信息提供一份详细的报告。在这一部分中，对程序中可能出现的问题的简单列举和对可靠性和解释进行的非特指性的评论已经像初级分析人员所做出的不完整的报告一样不再被接受了。

---

❶　再者，我们非常熟悉美国专家报告和证言的规则。你可以咨询委托你的律师来查明规范你司法权限的法律。

❷　由于我们不是法律专家，我们对法律体系的了解仅来自于我们作为法庭科学专家与法律的互动中，所以我们所说的法律仅限于美国联邦法律。我们希望其他国家的学者在阅读本书时能够吸收其中的哲学观点，并将其运用于自己的法律制度中。

　　然而，一些只服务于辩护方的顾问坚持必须要在实验室中对每一个案件的研究数据和结果进行重新检验，他们并不认为自己也有义务把意见以书面的形式表现出来。图 11.2 展示了一位辩方顾问在法官的直接命令下将重新试验的过程写成的书面报告。尽管这位分析人员出具了一份几页纸的报告，但报告中大都是一些总结性的概括，其中一些概括没有事实依据，还有一些概括有明显的错误。从这份报告中无法看出所谓的"专家"对案件中特定数据的解释，这与实验室解释是完全不同的。我们认为，这位专家并没有用这些不具有实际意义的工作成果给法院或当事人以帮助。

　　××博士　专家证言摘要

　　鉴于对正式报告的需求，根据"美国某州政府公诉机关起诉某罪犯嫌疑人"所提供的信息以及以下准则，我总结了以下几点：

犯罪实验室记录

来自于基因扫描以及基因型分析软件程序的 STR 结果

××犯罪实验室中 DQAI/PM 结果的照片

证据收据和性能报告	5/21/98
证据收据和性能报告	6/04/98
证据收据和性能报告	6/09/98
证据收据和性能报告	7/15/98
证据收据和性能报告	7/16/98
证据收据和性能报告	10/09/98
刑事侦查分析报告—血清	7/13/98
刑事侦查分析报告—血清	10/21/98
刑事侦查分析报告—DNA	9/30/98
刑事侦查分析报告—DNA（STR 分析法）	11/12/98
刑事侦查分析报告—DNA（PCR 分析法）	11/17/98

××犯罪实验室准则

Perkin – Elmer 扩增分析仪手册

Perkin – Elmer ABI 棱镜 310 基因分析手册

Perkin – Elmer 基因扫描软件手册

Perkin – Elmer 基因型分析软件手册

1. 关于用 STRs 分析犯罪现场样本可靠性的问题

我认为，由于在扩增过程中会出现一些问题，所以对犯罪现场样本进行 STRs 分析是有问题的。

2. 关于用 ABI 棱镜 310 基因分析仪分析犯罪现场样本可靠性的问题

科学界对 Perkin – Elmer 的研究有进一步的发展，这使得很难对 Perkin – Elmer 仪器进行评价。与此同时，随着分析仪器的复杂化，出现了很多扩增方面的问题，所以我对用此设备分析犯罪现场样本所得到的结果表示质疑。

---

3. 对通过 PM/DQAI 和 DIS80 检测已知样本和未知样本所得到的结果的看法

我对案件中样本的解释和……犯罪实验室不同。

4. 对使用扩增仪器进行的已知样本和未知样本的 STR 分析和釉原蛋白轨迹分析结果的看法，我对案件中样本的解释和……犯罪实验室不同。

××博士

美国某州政府公诉机关起诉某嫌疑人

图 11.2　一份较差的报告

注：独立顾问按照法官的指示将这份报告提交给了国家实验室。该报告又被重新打印了一份，但报告中各部分挨得过近，各行间距小，不易阅读。所有需要认定的信息被忽略或一笔带过了。需要注意的是，报告中没有提及任何关于"STR 检测中存在问题"或者该检测影响分析结果的内容。还应注意的是，报告没有对结果发表任何独立的观点，只是简单地表述为"有不同的解释"。

STR 扩增过程中出现的问题	仪器出现的问题
1. 找不到等位基因	1. 仪器上被染色
	2. 仪器多次死机
	3. 电子峰值
2. 过程不连贯（次数频繁且无法估测）	4. 基线问题
	（1）高基线
3. 选择性扩增	（2）甲酰胺
	（3）聚合物不足
4. 有一些异常现象	5. 饱和问题
	6. 错误的矩阵文件
5. 局限性	7. 不停地死机
	8. 单色无可再生峰值
	9. 虚假峰值
	10. 饱和峰值

图 11.2【续】　STR 检测的固有问题

2. 报告中应写明哪些信息

作为刑事专家工作的最终结果，书面报告通常是其他人理解证据和分析人员意见的唯一来源。分析人员应当慎重考虑报告阅读者的情况。不同的读者需要不同层次的技术讨论和不同侧重点的结论。法庭报告应该使外行（如侦探或律师）也能看懂，同时还应为其他专家提供信息以帮助其了解进行了什么实验、实验说明了什么。报告是展示数据的一种方式。所以请牢记，人们只会通过报告中的内容来做出结论。我们建议采用如下结构：

（1）摘要

摘要是外行人必定会看的一项内容，他们不会放过报告的首页。对法庭报告而言，摘要应当囊括报告中其他部分的重点。它至少应包含来自测试结果的结论。结论并不是结果，结论是分析人员对结果含义的解释。结论一定要包括有关测试证明力和可靠性的所有信息。如果缺少这些信息，阅读者（尤其是外行读者）就非常容易被报告中的内容误导。

（2）目的

目的指的是你把一个什么样的法律问题转化为了一个科学问题。为什么要在证据上进行科学实验？你希望得到什么样的结果？目的是书写科普文章的标准做法之一。

（3）证据接收清单及证据检验清单

分析人员所接收的所有证据都应被列入清单，此外，被检验或分析的证据应当单独标明。

（4）检验和结果

在本部分中，应对所进行的测试（笔记中应有细节）以及得到的结果进行简单对比。如果在评估数据的证明力时应用了频率分析和统计学知识，那么应阐述数据及其来源。

（5）解释和结论

在本部分中，应概括总结结论得出的由来。根据不同的证据，本部分可短可长。在最后应给出一个结论——换句话说，就是你对检验结果在案件环境下含义的看法。结论应包括到最初的摘要中去，而且针对外行读者也可能会用不同的措辞。

上面所列举的详细信息可以用不同的形式来表现。每一部分的名称并不重要，重要的是其中包含的内容。图 11.3 是一份完整报告的例子。

总结

另一家实验室的刑事专家已对受害人提供的性侵犯证据进行了检验。她检查了阴道清洗物和受害人的裙子，并用 DQA1 和 D1S80 系统进行了 DNA 测试。结果显示嫌犯的 DNA 与 D1S80 测试系统中受害人裙子上的 DNA 不同。该实验室又用 RFLP（限制性片段长度多态性）方法对 DNA 进行了重新检验，以排除嫌犯不是精液的提供者。如果排除了嫌犯，我们就要把从裙子上提取的 DNA 与重罪犯数据库进行比较。

五个独立实验室分别对从裙子上的两块精斑中提取到的 DNA 做了 RFLP 测试，后将其与嫌犯提供的血液 DNA 进行对比。结果表明嫌犯不是裙子上精斑的提供者。

10 月 31 号，证据精子的 DNA 图谱被送去与 25 000 个重罪犯和 200 个案件中的罪犯做对比。结果显示该图谱中的 4 个 RFLF 位点与一个名为 Doit Agen 的重罪犯相匹配。

证据

9 月 18 号，收到了以下证据……

1. 受害人提供的参考样本

---

2. 嫌犯提供的参考样本

3. 一件裙子

检验和结果

在裙子上发现有两块精斑（证据 3）。从这两个样本中提取的 DNA、从受害人提供的参考样本中提取的 DNA（证据 1）和从嫌犯提供的参考样本中提取的 DNA（证据 3）都被用来作为以 RFLP 分析的准备物品，而且 RFLF 分析会以准则为基础使用限制性酶 HaeIII，并会对五个独立的基因位点进行检验。分析结果见表 1。

从数据中可以得到几个结论。首先，从裙子上没有精斑的部分（3A 和 3B）提取到的 DNA 与受害人提供的样本（证据 2）相符。我们能够预想到这一点，这也能够保证分析过程的质量。其次，两块精斑的精子结构具有相同的基因型，这表明两者来自同一个人。

最终，两块精斑上的精液都与嫌犯不符。他作为裙子精斑上精液提供者的嫌疑被排除了。

10 月 31 号，证据精子的基因型被送去与 25 000 个重罪犯和 200 个案件中的罪犯做对比。结果显示该图谱中的 4 个 RFLF 位点与一个名为 Doit Agen 的重罪犯相匹配。❶

这个样本，连同被提交和分析的其他样本，都用 RFLP 技术重新进行了检验。结果表明，从一个名叫 Doit Agen 身上提取到的样本与案件中证据图谱相符。

当然，案件实验室将对一份新样本进行分析。

表 1

	3A	3B	嫌犯	3A	3B	受害人
	含精液	含精液		无精液	无精液	
D137	2952	2938	7384	4741	4742	4733
	2202	2192	3488	4473	4473	4487
D2S44	1772	1772	1858	2139	2036	2038
	1129	1128	766	1931	1938	1932
D4S139	9375	9335	6169	2961	2962	2968
	4083	4064	5359	2673	2673	2577
D5S110	7176	7146	5148	4084	4101	4098
	4313	4294	4439	3024	3024	3016
D10S28	2225	2213	7856	2164	2164	2157
	1915	1915	1817	1017	1008	1008

处理

所有提交的证据都已被送回了提交部门。

报告日期：　　　　　　　　检测员：

图 11.3　一份较好的实验室分析报告

注：报告的名称根据司法系统的不同而不同，我们在这里将不予讨论。

---

❶　性侵犯证据一般含有两种细胞，含有精液的细胞和不含精液的细胞。一种比较方便的方法是将这两种细胞的 DNA 分开。这就得到了无精液部分和有精液部分。

上述建议已得到了 DNA 咨询委员会（DAB）标准的认同，当然，没有明确的理由说明这些只能应用于 DNA 分析。我们希望现在致力于其他领域制度研究的人们也能得到相似的结论。DAB 规则中有关这一方面的内容请参见图 11.4。

DNA 咨询委员会
报告与审查标准

11. 报告

11.1 标准

实验室必须设有并遵守记录和保存案件记录以支持实验室报告结论的书面程序。

11.1.1 在一起案件的记录中，实验室必须要保存检验人员分析案件的所有材料。

11.1.2 按照书写准则，报告中必须含有以下内容：

（a）案件鉴定人

（b）对被检验的证据的描述

（c）方法描述

（d）位置

（e）结果和/或结论

（f）解释性陈述（量化或质化）

（g）数据

（h）证据的处理

（i）对案件负有责任的人员的署名和标题或与之相应的其他证明

11.1.3 实验室必须设有发布案件报告信息的书面程序

12. 审查

12.1 标准

实验室应该对所有案件文件和报告进行管理审查和技术审查，以确保结论和数据都是合理的，并没有超出科学知识的范围。

12.1.1 实验室应设有处理分析人员和审查人员之间意见差异的机制。

参考

DNA 分析方法科学研究组（SWGDAM），http：//www.forswg.org/swgdam-in.htm.

图 11.4 DNA 咨询委员会报告与审查标准❶

报告中应包含所有检验的结果。分析人员不能单凭自己认为一项结果不相关或对分析不利就将其删除。他的观点不可能也不应该是删除特定无

---

❶ 选自 DNA 分析方法科学研究组（SWGDAM），可登录 http：//www.forswg.org/swgdam-in.htm 查看。

用结果的最终定论。案件中的原始数据可以不出现在报告中，但可以被对方顾问（通常通过律师）运用。这是独立专家有效审查原始结果的唯一方法。

以下是一所实验室就报告内容滥用裁量权的例子。

在上一章中，我们讨论过这样一个案件：国家 DNA 实验室结合几个基因分析结果，认定在三个独立样本中，每个样本都是受害者和被告两者血液的混合。实验中的七个以 PCR 为基础的 DNA 标记都表明是受害人的。一个血清标记（PGM）显现出具有与被告一样的特征。把这些报告以图表的形式表现出来。报告中未能确定或排除任何其他的人，也没有对此给出任何解释。分析人员在法庭上作证说，虽然没有证据表明这是混合血液，但他们的结论是数据结果能够表明血迹中有受害人和被告人的两种血液。很明显数据与他们的证词不符。由此可见，他们很可能是只根据记录有独立专家不同观点的报告就做出了解释。

如果分析人员认为该数据能够支持一个特定的结论，那么应将这一点记录于书面报告中；如果无法对该数据进行解释或该数据是不确定的，那么这一点也十分重要，而且应该记录在书面报告中。

3. 语言

法庭科学领域中最具争议性的话题之一就是语言的使用，包括证词和报告。其难点就在于要把由数字、图形或图像表达的信息转化成文字。根据定义，这将会涉及各式各样的表达，而且并不是所有人都会认可正确的表达。语言是不能精准表达出科学和数学概念的，但如果没有语言，我们就无法让外行阅读者理解我们的结果。

将问题复杂化的原因在于我们习惯用"术语"。就连刑事专家对某些常用词组所表达的含义都不能达到一致意见，就更不用说科学家和律师了。此外，很多分析人员会充分利用一些"含糊的词语"，以逃避用准确的文字来表达结论含义的责任。最终，我们所用来描述实验室结果的语言也会被用于日常生活之中。运用这些语言可能会也可能不会将科学结论描绘得十分恰当。

或许最具争议的术语就是"相匹配"了。有趣的是，韦伯斯特词典（1996 版）对"相匹配"一词有 24 种定义，其中的两条（第一条和第三条）最应该引起法庭科学的注意：

1. 人或事物在某一方面相同或相似；
2. 经复制的人或事物。

正是由于两种不同的表达才让人们对这一定义更加困惑。在我们看来，从技术上讲，对所有的测试结果都可以说"两个物体相匹配"或"两种形式相匹配"。这所依据的就是第一条所表达的含义。当然，这取决于我们显然不知道这两个物体是否在我们没有检测的属性上是否也匹配。因此，仅仅根据一项测试就认定两物体匹配是不正确的，而且也具有误导性。这就是上述第二条所表达的含义。基于以上所说，有些人可能会做出这样的推断（带有假设），并被这些观点说服从而形成自己的看法。然而，作为科学家，我们不可能明确地表达我们所指的是哪条定义，而且我们所使用的语言也会有多重含义，在这种情况下就很容易产生误解或误用。尤其值得注意的是，很多外行人很容易将"相匹配"等同为"唯一同源"。而这不一定就是法庭科学专家想要表达的意思。

另一个经常使用，也是存在热议的一个词就是"相一致"。韦伯斯特词典（1996 年版）对"相一致"的一种定义为：认同的或一致的，能共处的，并不自相矛盾的。

这个词的语义很模糊，因为它包含多重意思，因此读者很容易对报告结果的证明力产生误解。如上所述，这种现象在对词语理解能力差或只将其理解为平常意义的人身上很容易发生。例如，一个 O 型血的证据样本与一个 O 型血的人是相一致的。同时，它也与地球上40% 的 O 型血人中的任何一个人是相一致的。与之相反的是，具有 15 个 RFLP 和 13 个 STR 位点的证据样本与有这全部28 个位点的提供者也是相一致的。然而，这种情况的概率极低，因此，我们不能认为地球上有"另外的人也符合此血型证据样本"。用"相一致"这一术语对血型测试结果来说有点夸张，但对 DNA 测试结果来说有点不及。但事实是，阅读报告或旁听证词的外行人很可能会认为血液检测结果十分重要，而 DNA 检测结果却并不准确。尤其在报告中没有其他信息能证实推论的证明力时，这一点就会表现得尤为突出。我们会发现在与法庭分析人员进行交流时，这个词的作用就不是那么大了。

我们所发现的一个有用词是"难以区分的（indistinguishable）"。部分原因在于这个词是六音节的，而且在日常生活中不常用，这就会使读者来仔细考虑它的含义。

如果这一术语与一些适当的搭配一起使用，如"根据所进行的测试来看你是难以区分的"或"仅在这一特定层面进行分析"，并且再加上对测试及其局限性的简单描述的话，就可以使得读者或听者对结果的证明力产生很好的了解。

我们认为诸如"相匹配""相一致"这样的词在法庭使用中并不会消失，而且"难以区分的"也不是准确描述检测结果的唯一用语。我们建议从业人员应该考虑如何使用语言来描述法庭分析结果，并将这一事项进行讨论以形成标准的属于模式。这也能很好地帮助律师了解案件中物证的效力和局限性，并就证据最终的证明力做出判断。

4. 有效数字

这是一项相对不重要的讨论，但值得引起分析人员的思考。我们都学习过化学 101，那里面讲数字的重要性并不在于多，而在于精确。出于某种原因，当计算器和电脑用于计算时，人们会记录下屏幕上出现的数据而不考虑其是否具有实际意义。可卡因样本的实际重量是要精确到五位有效数字（1.3572 克）还是两位有效数字（1.4 克）就可以呢？我们需要将计算得到的人口频率记为四位有效数字（0.1383），还是用两位有效数字（0.14）来记录更合理？图 11.5 是一个公司滥用有效数字的例子。我们希望在记录笔记或书写报告时都能仔细考虑一下有效数字。这样就会避免在法庭上遭遇对方律师质问"是否真有必要将 DNA 浓度表示为五位有效数字"。

DNA 标准与浓度		
DNA 标准	浓度（ng/μl）	每五微升中的 DNA 质量（ng）
A	2	10
B	1	5
C	0.5	2.5
D	0.25	1.25
E	0.125	0.625
F	0.0625	0.3125
G	0.03125	0.15625

图 11.5 稀释物

注：在化学 101 中，我们了解到了有效数字的基础。上面就是根据此基础所举的一个例子。

二、大图片

以前，血型检验人员也会在显微镜下检测纤维或对比指纹。在最多的情况下，同一家实验室中的另一分析师可以参与分析一个案件中的所有证据。这种情况现在不存在了。现在，多位分析人员对同一案件中的物证进行分析已不是什么新鲜事了，他们可以在同一个实验室、多个实验室、多个司法辖区的实验室，甚至在公共实验室或私人实验室内进行上述工作。最终，所有这些来自不同人而且具有不同标准的报告都汇集到侦探或律师手上，但是他们无法把这些整合到一起。很多分析人员都只在本领域有专长。身为本领域的工作者，我们必须要考虑如何将丰富的信息整合起来以便于最终使用这些信息的人能在司法系统中正确运用证据。

各项事务都已经专业化，曾经用一个名称就能表达的事务现在就要用不同的名称来表示。当分析人员不再使用相同的语言来表达，这样就会妨碍他们之间的相互交流，也就会随之产生很多问题。我们就知道这样一个例子：在同一DNA实验室里的两名分析人员对同一物证进行分析，但他们彼此之间不相互交流，这样可能会带来不好的后果。

从同一条女裤的胯部切下多个不同的样本送去一家DNA实验室，多名分析人员使用不同的遗传标记仪器进行分析。分析人员之间互相不知道彼此的结果，而且也不知道移送样本来的实验室的最初血清分析结果。在分析人员要把自己的报告交上的时候，一位细心的审查人员发现了他们所分析的样本来自同一个案件，但是结果却是矛盾的。幸运的是，在查阅完案件背景和证据由来后，审查人员把那些看似矛盾的结果整合了起来，有效防止了情况的复杂化。

然而，事实并不总是像上面所说的那样。下面是一个关于血清报告和DNA的例子。

一个私人顾问要审阅一份关于强奸未遂案件的DNA报告，这个报告出自一家私人实验室。初步的血清筛选工作是由一家市政实验室完成的，该家实验室要对大量不同证据进行DNA分析。其中的一件物证是在被告车中提取的一块血迹，该血迹的DNA成分与受害人相同，于是这家实验室就提交了一份含有该内容的报告。然而，这家DNA实验室和最初的市政实验室都没有对比这两份报告。如果他们对比一下就会发现，根据ABO血型检验，这块血迹根本就不可能属于受害人。类似地，很多错误都可以通过更加细致的工作来避免。就是根据这一点，被告为自己辩解申请减刑。

在有很多物证的案件中，经常会有很多份不同的报告。由于做出这些分析的人员很可能从未相互交流过，所以以上所说的几种情况很容易发生。

令人奇怪的是，很少实验室能制订出一套综合的方案来分析单个案件（Zeppa，1999）。没有一个人能查阅案件的所有文件，来查明证据是否与案件情况相一致。倘若出现了矛盾的结果，那么也只能由律师或者调查人员自己去弄清楚了。我们认为，良好实验室实践的最后一个要素就是能对不同的检验和分析形成一个综合的结果。只有这样的报告才能为案件中所有物证提供一幅全景图，并为案件重建打好基础——将整个事件（根据证据的关联性）按时空顺序排列。

三、证言

刑事专家的工作最终都要服务于法庭。很明显，并不是所有的案件都必须要经历上庭这一阶段，但庭上证言是法庭科学不同于其他应用科学的最主要特征。同时，它也是进入本行业以及推翻检验人员结论的最大屏障。虽然对于备庭没有太多的智慧可谈，但它仍有助于熟悉庭审程序和各方诉求，并有助于科学人员了解自己在庭审过程中的角色。

在上一部分中，我们已经讲过了庭审准备必须要在庭前进行。最成功有效的证言来自于你和律师所打下的坚实基础，这样你在出庭时才不会只能坐在那里猜测。这并不是说你在庭上不能随意思考。在法庭上，你不是最终的裁决者。你只是被请到法庭上去的，因此必须遵守庭上的规则。然而，这一点也会通过科学家确保自己的观点能被清楚完整地理解来达到平衡。

鉴于是被请到法庭上作证的，法庭科学专家必须清楚自己在法律领域的角色。虽然每个国家、州以及司法辖区都有关于引导专家证人的规则，但这些规则并没有什么本质上的区别。在美国，很多规则都已写入联邦证据规则，● 图 11.6 就是其中的第七章。尽管还存在一些细微的差别，但主要的观点还是专家证人不同于普通证人，可以给出专家意见。此外，专家证人可以解释自己的回答。

美国联邦证据规则

第七章
意见与专家证言

规则 701　普通证人的意见证言　如果证人不是作为专家作证，其以意见或推论形式做出的证言仅限于以下意见或者推论：（1）合理的基于证人的知觉；（2）有助于理解案件中证词或确定争议事实。

规则 702　专家证言　如果科学知识、技术知识或其他特殊知识可以协助审判人员理解证据或确定争议事件，因知识、技巧、经验或教育而具备专家资格的人可以以意见或其他形式作证。

规则 703　专家意见证言的基础　专家做出观点或推论所依据的案件事实或数据应该在听证会之前或听证会之中就已被专家了解。如果某项意见的形成有赖于特殊领域的专家根据这类情况中的意见或推论做出，那么证据中的事实和数据就不需要进行可采性验证。

规则 704　关于最终争议点的意见　以可采意见或推论形式做出的证言是不容置疑的，因为它包含了需要由事实认定者来判断的最终争议点。

● 统一证据规则与联邦证据规则十分相似。为了达到一个共同的标准，各州都已采用这两种规则以实现规范化。

规则 705　专家意见所依据的事实或数据的披露　专家可以以意见或推论的形式作证，有权在不公开所依据的事实和数据的前提下给出理由，除非法庭要求公开。专家在交叉询问中可根据要求公开其所依据的事实和数据。

　　规则 706　法庭指派的专家

　　（a）指派。法庭可以根据任何一方当事人的动议或者自行决议，要求当事人说明不可以指派专家证人的原因，也可以要求各方当事人提出提名。法庭可以在各方当事人都同意的前提下指派专家证人，也可以自行选择专家证人。法庭应在本人同意的前提下指派专家证人。法庭应以书面形式告知专家证人的责任，并将该通知书的复印件交由法庭书记员存档，法庭也可以在各方当事人都参加的会议上告知专家证人上述责任。专家证人必须将其研究结果告知其所代表的一方当事人；任何一方当事人都可以对其证言进行存录；法庭或任何一方当事人可以传唤其作证。他要接受任何一方的交叉询问，包括传唤他作证的一方。

　　（b）报酬。被指派的专家证人可以得到法庭允许的任何合理报酬。该报酬在刑事案件、民事案件和仅通过获取财产权来取得补偿的诉讼程序中，由法律规定的资金支付。在其他民事案件和程序中，当事人补偿的比例和时间由法庭决定，支付方式与其他费用相同。

　　（c）公开指派的内容。根据自由裁判权，法庭可以向陪审团公开指派专家证人进行调查。

　　（d）当事人自己选择专家。本规则不限制当事人根据自己的意愿选择专家。

图 11.6　美国联邦证据规则第七章——意见与专家证言

1. 单独备庭

　　刑事专家必须要从多方面准备自己的证词。天资加上对证据的了解并不足以让你顺利通过庭审。思考从证据进入实验室的时候就开始了，并且贯穿于整个庭审质证过程。你需要仔细检查笔记，包括那些让你得出结论的数据和解释。详细的书面记录对这一过程很有帮助。你可能不会忘记是如何对这些数据进行复杂解释的，但当接手一个新案件时，前一个案件的信息可能就从你的意识中消失了。你不能在庭上逐字阅读你的笔记。你需要根据这些笔记来记起具体的信息。你需要在头脑中形成一整套结论，尤其是那些竞争假设，以及你的数据是如何支持或推翻某一特定假设的。这需要对证据和测试的功能及局限性有非常清楚的了解。

　　最难的准备工作之一就是要随时阅读本领域中的新文献。随着历史文献和发表论文数量的不断增多，这一做法看似无法成功。此外，相关方面的论文可能在不知名的期刊上发表，这就增大了阅读此类文章的难度。知道谁在做什么，会帮助你找到最有用、最相关的文章。

　　同时，出席会议或阅读书本也会帮助你了解最新的发展动态。最糟糕的莫过于在法庭上无法反驳与自己的观点相反的其他观点。

你应该全身心地进行庭前准备。即使你已身经百战，但是与同事和律师讨论如何在法庭上陈述结论或者可能会受到什么样的提问（包含合理和不合理的）也是十分有帮助的。对于棘手的案件来说，模拟法庭对新手或经验丰富的分析人员来说都具有十分重要的意义。进行证词的学习对于新手积累经验能起到很大的作用。请记住，庭前准备并不是一场闭卷考试。你可以利用所有的资源，谨慎利用知识和经验。

我们必须要清楚自身的能力。你是否有一些令人厌恶的口头禅或肢体语言需要控制？你是否笔迹潦草，需要提前进行演示？你需要采取一些行为来克服紧张吗？你觉得最舒适的状态是什么？"如何调整到最好的状态"请确保庭前有充足的休息（不是像说的那么容易）和适当的饮食。在法庭上，通常有人会为你准备茶水，你也可以要求其准备。口干舌燥会影响表达是否清晰。最后一点，请注意着装。尤其是在陪审团面前，你需要显得更专业。不同的场合需要不同的打扮，所以你可以提前与律师商量如何着装。

2. 与律师一起备庭

分析人员最重要也是最不易被公众发觉的角色之一就是说教。更进一步来说，即使你进行了最精辟的分析，出具了最有说服力的报告，但是如果询问你的律师不知道应该问些什么，那么所有的工作都是徒劳的。因此，庭前准备的首要任务就是与律师做好沟通和交流。与律师进行庭前准备的关键就是要让律师理解你的结果，以及明白这些结果是否对案件有用，你必须要了解律师计划如何使用你的证词。这是你向律师说明结论的局限性，及与律师讨论证词范围的最佳时机。这样的庭前讨论能够有效地防止在证人席上被问倒，而且也可以使证词更加流畅自然、更加有效。

在大多数情况下，双方律师都会强烈要求讨论科学证据的本质。毕竟如他们所说的那样，很多人之所以成为律师是因为他们化学不及格。无论你是属于检控方还是辩护方，确保你的律师了解检测程序和案件证据细节都是你的责任。

在一个 DNA 受理听证会上，科学家没能向检控方阐明观点是动议被取消的大部分原因。分析人员不可能只是坐在那里就能向检控方讲明他使用了哪些程序，以及在向法庭介绍所进行的实验时会遇到哪些困难。而错误地认为 DNA 证据是无坚不摧的律师也无法从容应对精心准备的质疑。即便在法庭做出宣判之后，他们仍然不知错在何处。尽管造成这一局面的因素有很多，但其中最关键的一个因素在于分析人员没有阐明自己的观点，以及没有与律师做好充分的庭前准备。

经常存在的一个误区是，认为科学提供的证据是不容置疑的。虽然法律明确地规定了有罪与无罪的区别，但律师却经常由于我们的原因而做出"不合标准"的结论。在律师看来，专家证词中包含了太多的"可能""也许""大概"。有时候律师会希望当我们给出专家意见时，我们会说"应该"。毕竟我们是专家。然而，由于科学是一门不断更新知识的学科，所以我们能提供的只能是当前最好的解释，以及我们所能做出的最好的假设。

通常会采用的方法是准备一个问题清单，它就像一张地图一样引导律师了解你结论里想要传达的信息。你必须要清楚自己想要说什么，更要清楚自己不想说什么。在直接询问环节不应有任何意外，但在交叉询问环节却不同了。我们不应该小看出示的作用。超大的图表和插图对于解释结果非常有帮助。它们会给陪审团提供视觉焦点，使他们能同时听到和看到相同的信息，以帮助理解你的证词。最后，在法庭报告中列明技术术语也是十分有帮助的。

尽量减少在作证期间停下来拼写名词的次数，确保终稿达到最精确的程度。请记住，在保证精确度的前提下，证词越精简，就越容易阐明结论的内容。

3. 专家律师的危险性

请记住，你是一名科学专家，不是律师、法官或庭上的其他任何一个人（不包括另一个专家）。你应该给律师提供足够的背景知识，以帮助其理解测试的意义，但这并不是让律师成为科学专家。你不应该根据律师的意见开展工作。

那些把自己当作"科学专家"的律师是十分危险的，我们不能把自己当作律师，而只能就技术问题作证。专门从事物证研究的律师倾向于把自己标榜为"物证专家""科学证据专家"或最常见的"DNA 专家"。律师可以也应该是知晓科学证据法律方面问题的专家，但是他们不可以也不该将自己定义为科学专家。

四、熟悉法律条文与法律程序

正如律师不该将自己定义为科学专家一样，科学专家也不该成为法律专家。证人席上对"复杂问题"和"论点"的反对只会使所有人觉得厌烦，这就是自寻烦恼。话虽如此，你也必须要熟悉法庭程序和直接影响科学和专家证词的那部分法律。与此同时，你也必须要找出适用于证据材料的成文法和判例法条文，以便于在听证会或法庭上展示，以及与律师展开讨论。

你的律师不仅要在对你的直接讯问中保持警惕，而且在交叉讯问时更应如此，这样才能把你从一些合法的"质疑陷阱"中解救出来。由于律师要集中精力准备下面的一系列问题，因此他并没有在你身上花费过多的注意力，所以专家可以在这期间熟悉证言的预期及其局限性。就拿我们都知道的一个案例来说，对方律师在画板上写下了要点，但证人并没有就任何一点做出回答。对方律师试图将话题转移到证人律师不关注的证据上。幸运的是，证人对对方律师没有给出证据的事实十分清楚，因此他适时地通知自己的律师提出反对，以防止对反诡计得逞。

五、可采性听证

根据工作所依据的准则，无论你所使用的方法是否属于"新科学证据"，在你把结果展示给陪审团之前，必须要进行可采性听证。在美国，有些州采用的是 Frye 联邦（Frye 诉和众国案）可采性标准，此标准可以概括为"相关科学领域普遍认同"。其他州则遵循联邦证据规则，即 Daubert 诉美林陶氏制药公司案，可采性标准可被概括为"可检验的优于有偏见的"。近来，美国联邦最高法院裁定 Daubert 标准可应用于任何专家证言，不再仅限于"科学"证言（Kumho Tire 公司诉 Carmichael）。无论是否要参与可采性听证，都应熟悉科学证据可采性的任何判例法或成文法。

六、对法官和陪审团的讲解

科学家在法庭上最重要的作用就是对法官和陪审团进行讲解，让他们了解检验人员分析结果的重要性。专家证人既不能过分迁就外行观众，也不能使用大量技术名词把信息变得更复杂。很明显，在交流的过程中使用清晰通俗的解释往往会达到最佳效果。视觉图像和精心设计的类比是帮助非科学家理解技术信息含义的最有效方法。如果你失去了事实认定者的信任，那么不论你工作有多出色，不论你的结论多具说服力，这些都是无用的。如果你不能使人们理解，那么这跟什么都没做是没有区别的。

过度地精简技术信息会降低准确性。这是我们将结论由科学术语转变成法律术语所做的妥协。专家证人必须不断调整措辞，在运用学术用语传达信息和将信息表述为外行容易理解的俗语之间达到平衡。这也就是用外行语进行总结的精妙之处。这促使专家用通俗易懂的词汇来交流其结论。

七、交流结论的准则

你个人有权利向事实认定者展示你的结论。在整个专业生涯中，你无疑会遇到对方律师、法庭，甚至是自己的律师的阻碍，以防止这一目标的实现。

律师往往忽视事实，虽然他们的职责是辩论，所以专家证人不能加入辩论的行列中去。当律师要求你只出示有利于本方的结果或改动措辞以有利于其进行辩论的时候，你可能会受到极大的压力。取悦聘用你的律师是你的义务，因为他们会付给你高额费用；但讲出科学事实也同样重要。如果缺少的部分会改变结论，那么不完整的结果就不能被视为事实。不完整的结论可以是：表明嫌犯是衣服上某块血迹的提供者，但并未提及同一件衣服上的其他血迹不属于他。在提出结论时故意避开相关的限制条件，往好里说是误导，往差里说就是不道德。例如：只说明通过显微镜对比两头发"相匹配"，而没有提及该实验的区分度极低，而且错误率极高。专家只需要回答那些要求他回答的问题。遗憾的是，所有的专家在给出最佳答案时都曾遇到过来自对方律师或是自己的律师的妨碍。

在法庭上你要宣誓说："以下所说均为事实，并且是全部事实，无一虚假。"这确实意味着"事实"，但这不以是否公正为前提。你只能决定你要怎么说，但并不能决定律师如何使用你的言语，也不能决定法官和陪审团如何理解，甚至有时你都无法决定自己可以说什么。

八、运用攻击性言辞——圈套、陷阱、伏击

尽管我们无法一一列出所有可能让专家证人不自在的情况，但我们仍会介绍一些常见的情况。

1. 合理的事实
由于法律是确定的，科学为法律提供的是不断提出帮助外行人认定有罪或无罪的观点。在医学证言中，"合理的医学事实"通常意味着尽管我们不能百分百地证明受害人是被第三颗子弹杀死的，但病理学专家的观点足以让事实发现者将其视为真实情况。医学已经进入了合理的科学事实这一阶段。

司法系统和一些专家也将其作为把一种观点认定为事实的捷径。这种做法虽然很方便，但它也是没有结论的。正如本书中不断讨论的那样，科学事实的概念是不存在的。我们认为，科学专家应该尽量避免使用这些措辞来表达观点。

2. 知道自己做过什么
请牢记你在处理案件的过程中做过什么。永远不要为自己不确定是否做过的常规检验作证。在 Simpson 案中，一位专家作证说他每次处理犯罪

现场的样本时总会戴手套。辩方随即就出示了一个录像，录像中该专家证人空手拿着一件物证（People v. Simpson 案，4 月 11 日）。这一专家证人证言的可信度瞬间就被这个细节毁掉了。

3. 知道何时讲"我不知道"

在交叉询问中，律师经常会利用人类倾向于回答每一个问题的天性。应对这一情况的最好对策就是要明确案件中证据和所进行的测试的局限性，并要对个人知识的掌握情况有一个把握。知道何时说"我不知道"与知道问题的答案一样重要。聪明的律师会诱导专家证人回答一系列的"我不知道"，以使听众形成专家证人并不"专家"的感觉。无论开始时你觉得这样做是多么愚蠢，但当你不知道时你的回答也只是"我不知道"。

4. 是或否

大多数专家都曾面临过这样的情况，对方律师只允许你用"是"或"不是"来回答问题。正如之前我们提到的一样，美国联邦证据规则明确规定允许专家证人解释自己的回答。尽管很多州都遵循这些规定，但有些司法管辖区的做法却不相同。无论使用哪种方式，你都会发现法官才是决定你能否解释回答的最终裁量者。有时，一种有效的反驳方式就是在不误导陪审团的前提下，你无法回答提出的问题。在其他情况下，最好的方法就是权衡两者从而选择利害较小者，同时确保你的律师允许你重新直接解释所回答的问题。

5. 默认情况下的妥协

思维活跃的律师惯用的战术之一就是不断复述你的最后陈述，以便于进行下一步的提问。如果你认同你的最后陈述，那就表明你同意了对方的观点。如果你试图纠正一些错误，那就显得你是好辩的。因此，如果没有一位警惕的律师协助或得到法官同情的话，你几乎无法应对此种战术。

6. 专家的风度

专家的风度能极大地影响法官和陪审团对其证词的看法。专家除身着正装外，还应礼貌、尊敬地对待法官、双方律师和陪审团。请记住，虽然专家是按工作领取报酬（无论是薪金或者费用），陪审团的成员却是在提供公民服务。由于他们要对大多数上庭的案件做出最终结论，因此你至少也得让他们谨慎对待你的证词。

讽刺和刻意混淆事实会导致你的证词被撤销或视为无效。在一次 DNA 可采性听证会上，一位专家由于在证人席上回答了数天的问题，他在总结时说："PCR 测试可以通过大脑完成。"在作证的几周后，法官写意见时想起了这句话。正是这句话严重破坏了专家意见的可信度，他的轻率言论（无根据的言论）是最终导致法官决定不采用该最新技术所分析出来的证据的最大原因。

另一个专家证言没有得到采用的例子也是在一个可采性听证会上，见下文。

问：你是否在实验室中对比过 PGM 和 DNA 的敏感性，比如就……

答：我再说一次，两者是不一样的——你在比较不同的东西。这就好比是把我的智商和你的智商进行对比一样。这根本就不是一项合理的对比。

7. 检查证言

尽管这一过程十分麻烦，但对自己的证词进行检查对于改善证词来说有很大的帮助。大多数实验室都有证词监督系统，有一位监督员或同事会现场听取你的证词并给出意见。通过阅读副本，他们可以为你指出证言中哪里与你的本意不符。

在提供口供时，如果要求你在副本上签名，不彻底检查文件以确保用词准确就签名的做法是十分不谨慎的。

第二节　表达意见——分析人员应该如何做

统观全书，我们介绍了有资质的专家表达意见的几种概念。

1. 科学假设永远不能被证明，我们能做的只是无法推翻它。（Popper，1962 年）

2. 在 Bayes 定理框架下，我们无法对比竞争假设的似然比。

3. 有关个体化的结论永远不能被证明；我们只能相信它。（Stoney，1991 年）

4. 一个受过适当教育、训练并具有一定经验的法庭科学专家才有资格解释科学证据，形成关于它的结论，并给出其在案件中重要意义的观点。

5. 法律规定，意见证据是以有资质的专家的推论为基础的。（联邦物证规则）

刑事专家不仅可以解释观点，而且他也必须这样做。通常情况下，这些观点是关于来源确定的，但有时也是关于关联性推论和案件重构的。由于我们是要向那些自己不能理解结论的人提供服务，所以我们就必须为他们解释结果并形成结论，通常情况下这个结论都是以意见的形式给出的。为了简化检验结果或分析结果以便于律师、法官和陪审团理解，我们就不可避免地要放弃一些技术上的准确性。在本书中，我们讨论了法庭科学专家如何将法律问题转换成科学问题，以便于通过检测或分析物证就可以得出答案。最终，这一过程要被反过来。专家提供的意见是要把科学答案转换回有助于事实认定者理解的形式。

第三节　总　结

本章我们探索了将法庭科学成果表达和交流的几种方式。代表刑事专家最终研究成果的书面报告必须要完整准确。报告中必须要有科学结论，并且要标明其中的限制条件。结论必须要以外行人能够理解的形式写出。我们在案件处理中所做的工作要在法庭上作证。在此，科学家要徘徊在科学与法律之间，这有时是一个尴尬且危险的位置。由于意识到刑事专家并不总能掌握控制权，所以他的目标就是把对物证的结论完整准确地表述出来。

参考文献

［1］ Daubert v. Merrell Dow Pharmaceuticals, 509 U. S. 579, 1993.

［2］ Federal Rules of Evidence, Legal Information Institute, Cornell Law School, available at http：//www. law. cornell. edu/rules/fre/overview. html.

［3］ Frye v. United States, 54 App. D. C. 46, 47, 293 F. 1013, 1014, 1923.

［4］ Heinlein, R. A., Stranger in a Strange Land, Ace Books, New York, 1961.

［5］ Kumho Tire Co. v. Carmichael, 526 U. S. 137, 1999.

［6］ People v. Simpson, CNN trial transcripts, available at http：//www. cnn. com/US/OJ/trial/.

［7］ Popper, K. R., Conjectures and Refutations：The Growth of Scientific Knowledge, Basic Books, New York, 1962.

［8］ Stoney, D. A., What made us ever think we could individualize using statistics? J. Forensic Sci. Soc., 3 (2), 197－199, 1991.

［9］ Uniform Rules of Evidence, University of Pennsylvania Law School, available at http：//www. law. upenn. edu/bll/ulc/fnact99/ure88. html.

［10］ Webster's Encyclopedic Unabridged Dictionary of the English Language, Gramercy Books, New York, 1996.

［11］ Zeppa, J. E., The primary examiner, paper presented at the Spring meeting of the California Association of Criminalists, Oakland, CA, 1999.

图 12. 1　法庭科学

注：专业组织样本关系到刑事侦查学实践的道德。CAC 商标已注册为加州刑事学联合会的标志，且已被授权使用；仅使用 CAC 标志不代表产品、服务或观点已得到了官方的认可。ABC、IA、AFTE、ABFDE 和 NWAFS 标志都已得到使用许可，但仅使用这些标志也不代表产品、服务或是观点已得到了官方的认可。由于书面文件明确排除了任何形式的外部使用，AAFS 无权决定其商标的使用权。

第十二章　道德与义务
——法庭科学专业

如果法律让你当专家证人，请忠诚于科学，你不需要为受害人报仇，也不需要给有罪的人定罪，更不需要为无罪的人开脱——你必须在科学的范围内作证。

——十九世纪法国法医学家
P. C. Brouardel 博士

大约在四十年前，Paul Kirk 博士问："刑事侦查学是一门专业吗?"（Kirk，1963 年）

这是一个很难回答的问题，因为专业本质是很难界定的。医学和法学代表了这一专业的传统领域，但通常认为，这一词语可适用于几乎所有的专业。我们说到了"最古老的专业"，并谈到了专业油漆工与业余油漆工专业的区别。类似地，在高尔夫运动和其他运动中，专业运动员和业余爱好者是有明显区别的。对大多数理智的人来说，真正的专业者和业余人士之间的差别是很明显的。大学中蓬勃发展的专业学院非常重视各式各样的专业活动，这些活动是在专业人士进行仔细审查后才开展的专业。大学中普遍应用的标准也足以起到检验状态的作用。三个基本标准为：

（1）专业是以高等教育水平上大量的培训为基础的。一般情况下，在大学或学院进行的一定时期的学习是取得该专业认可的必备条件。尽管发展速度非常缓慢，但大学和学院都在以一定的速率开始对刑事侦查学专业提供培训。在这个方面的进步是必不可少的。

（2）一门专业应该具备普遍认可的道德准则和行为准则。范内瓦·布什说过，专业人员必须是"人们的大臣"。从某种程度上看，专业人员与外行人员是有所区别的，他在行使特权时也必须承担起责任。

加州刑事侦查学家联合会对所有专业活动制订了一套完整的道德准则。因此，会议通过了这项准则来规范专业活动。作为一项准则，即便是参与者不受任何客观道德准则的约束，准则本身也必须要在人民和法律中公平正义。免责条款并不比已建立的专业中的那些条款显眼。可以说，刑事侦查学在本质上符合专业的标准，并且满足专业的要求。

（3）专业需要一定的能力。这个要求可作为上述第1条的补充。事实上这也不必然。医学院毕业的学生在没有拿到许可证的情况下是不能进行临床操作的。声称培养刑事专家的学校可能与他们承诺的目标相差甚远，因为没有方法可以检验他们的服务质量。即使这些学校能提供令人满意的课程，但谁也不能保证通过这些课程的学生就已经为承担专业实践做好了准备。许可证、证书或其他能证明个人能力的凭证最终是否得到采用，目前还没有任何方法能对个人的实践质量做出定论，除非法庭认命他为专家证人。正如每个证人所知，这个过程也可能会犯错误，并且各司法辖区之间的规定也不尽相同，甚至法庭之间对此的处理也有差异。我们必须要严肃考虑这个问题，并制定出有关质量认证的统一标准。尽管这一较新领域还存在明显的局限性，但刑事侦查学实践显然符合专业学科的要求。

尽管以上摘自 Kirk 1963 年出版的专著论文——《刑事侦查学的起源》，而且其反映了作者对这一专业而非现实情况的希望，但他提出的建立以学术为基础的专业的三项主要准则（正规教育、道德准则、示范能力）至今仍在使用。在这一章中，我们将依次进行讨论。

第一节 教育观点

在第二版《法庭科学》（Davies，1986）有关法庭教育的那一章中，Ralph Turner❶ 问："法庭教育是以一个既定的模式发展的吗？"在对这一问题进行回答时，他指出："在过去十年中，法庭科学取得了飞速的专业发展，而教育发挥了重要作用。但进步绝不是按既定的模式进行的。"他提到刑事侦查学曾在 20 世纪 70 年代达到顶峰，而且也在那个年代出现滑坡。他感叹没有新生代的教育力量来接替退休的老一辈人。在很多情况下，我们也已经不能胜任了。在 Turner 先生回顾法庭教育状况以后的 15 年里，滑坡还在继续。这已对该专业的发展造成不利。

法庭科学课程 vs. 刑事侦查学课程

教育是不能夹杂任何政治错误或政治违法的领域。对犯罪实验室中的物证检验人员和物证分析人员的要求不同于刑事侦查人员。他们也不同于留在学术界或选择从事工业或临床工作的人。现在，科技的迅猛发展要求刑事专家要具有牢固的物理学背景，也包括数据统计及逻辑学。科学背景

---

❶ 刑事司法学院，密歇根州立大学。

不仅指理论上的，也包括丰富的实验室工作经验。实验室实践是十分有用的，学生们所问及的问题也必须从标准的化学和生物实验室实践中转移到更能引发思考、更难以解答的法庭科学领域。

尽管有很多课程都被标为法庭科学课程，但仔细研究会发现，大部分课程只处于本科生或研究生水平，并且仅从广义上提供了法庭科学概况或入门的知识。它们很少与物理学课程结合，也没有实验室实践。正是由于这个原因，很多实验室都更愿意聘请一些具有深厚的科学以及实验室背景知识的人，而不愿选择法庭科学本科毕业生（Siegal，1988）。一项1986年的调查表明，法庭科学领域所倾向的教育学背景包括：有化学背景的理学学士学位和法庭科学理学硕士（Siegal，1988）。十几年之后，另一项调查也得到了相同的结论。1996年的一项调查还表明，人力资源主管对具体的课程而非仅仅一个学位更感兴趣，或许这也体现了法庭科学课程缺乏统一性的现状（Furton等人，1999）。

这种情况是我们不愿看到的。正如我们在本书中不断强调的那样，刑事侦查学是以哲学和原则为基础的。一个强大的学习网络对于强化、宣传、传播并继续学术界对我们发起的挑战是十分必要的。

1. 背景概况

尽管专业化的现状会一直保持下去，我们还是必须要了解我们的专业中包含了案件中其他的证据。DNA分析人员不可能用显微镜对比两颗子弹来判断它们是否来自同一把手枪，但他应该了解测试的基本原理以及检测结果的局限性。作为一位实践领域的工作者，他应该能读懂枪支检测报告，并且能理解其中的意思。除非是在综合实验室中工作，否则从开始工作起就很难获得多方面的背景知识。并不是说这是不可能的，但它需要献身精神以及纪律准则。一种更切实的方法就是把这些信息与必要的物理学课程和实验室实践一起加入到刑事侦查学的课程中去。作为最低标准或过渡性方案，刑事侦查专业资格要在标准的大学课程结束后的第五年授予。要取得刑事侦查学资格证书就要通过由美国刑事侦查学会（ABC）设立的基本知识考试（GKE）。本章稍后将讨论分析人员认证这一话题。

2. 刑事侦查学的研究生教育

美国目前还没有一个以刑事侦查学或法庭科学命名的研究生课程。事实上，提供这种学位的机构在全球也仅有两家。可以肯定的是，许多大学都发表了关于法庭科学方面的博士论文，但是缺乏正规的机构和命名课程。只有少数的研究生课程能提供刑事侦查学相关问题的前沿研究。❶ 由于"法庭科学硕士学位"的取得并不需要进行实验室实践或学习核心的科学课程，因此已经没有人能够了解这一学位的真正意义了。然而，许多能够真正为刑事侦查学提供学位的课程已经很难区分于其他课程了。

在 1986 年版的《法庭科学》（Davies）中，东北大学刑事司法学院（现已解散）的 Rathleen Higgins 曾经写了名为"研究生教育，法庭科学向未来回答"的一章。她写道：

20 世纪 50 年代初期所进行的刑事侦查学培训似乎是一项统一的科学专业培训，而且培训项目有巨大的发展潜力。然而，由于无法满足人员和设备的要求，这一专业自身在不断减小（研究生课程数量由 1976 年的 12 个降到 1984 年的 10 个，1985 年又降到 9 个），而且研究和发展也出现了停滞。

1976 年，Joseph Peterson 和 Peter De Forest 报告说：

法庭科学所面临的最严重的问题就是教育和训练国家法庭实验室中的科学家。当检查这一领域中最关键的需求是什么时，合格实验室科学家和监督员的缺乏，以及铺天盖地的待处理案件和工作会使人们发现满足这些需求的关键因素在于合格的科学人才。虽然保持高质量控制（保证）标准或提升专业道德意识的需求已经在讨论中，但我们会发现实验室人员以及他们的教育背景仍然是讨论的焦点。

9 年之后的今天，Peterson 和 De Forest 所讨论的所有问题都还适用，并且体现了本专业的基本需求。

当 Higgins 提到 Peterson 和 De Forest 的时候，我们仍然会感叹：她所预言的未来就是我们的现在，我们现在正处于法庭科学研究生教育的最差时期。

尽管精密的仪器已经运用于法庭科学，而且技术准确性也在不断提高，但这都不是重点。一位合格的技术员完全有能力进行精密的仪器分析；这方面的工作并不要求高学位。正是那些对复杂的检测数据所进行的解释才不断需要人们了解仪器、电子板、硬件以及软件的工作原理。此外，正是由于实验室工作得到了巨大提升，所以有关法庭证据的问题就必须转移到逻辑推理、概率统计以及精确解释等领域。

在我们看来，不管数据是如何取得的，这些领域中的相关问题都是刑事侦查学的核心。研究生教育除了要教授特定的实验室技能外，还要提供学习如何提出问题、解决问题的机会。案件中问题的多样化和区别要求法庭科学教育要达到高水准的专业化。

---

❶ 英国苏格兰格拉斯哥的斯特拉斯克莱德大学和位于瑞士的洛桑大学公安与犯罪科学研究院。

一位著名的医学脱口秀主持人在回答来电者关于医生进行小型外科手术的问题时说，如果必须要进行手术，那么医生所做的最关键的决定就是要确定手术程序。他认为，实际的操作过程都已经得到了常规化，对于技术型人员来说完全能够胜任。法庭科学与这个医学案例是相同的。刑事专家最重要的工作就是要决定哪个物证需要检验、应该使用何种分析方法，以及分析结果是否有助于回答案件中的法律问题。对证据做出关键判断所依据的知识，以及全面解释最终结果所依据的知识，就是法庭科学的全部内容，这也是法庭科学教育应该强调的地方。

3. 学术资源

关于法庭科学教育的最后一点就是研究和发展。一项新的科学发展要经过很长时间才能应用到法庭科学工作中的一个重要原因就是时间和资源的缺乏。哪怕是在效率最高的犯罪实验室中，案件积压的情况会偶尔有所减少，但不可能完全消除。在处理完现有案件和发展科技以便今后更有效、更可靠、更少偏见地处理未来案件之间总是存在一个微妙的平衡点。大部分的专业都依赖于研究生项目来提供新思路的源泉，以便在现有的实践应用实现新的突破。本科生和研究生都是大型综合研究、检验和验证的强大推动力。学术支持的缺乏会严重阻碍刑事侦查学的发展。

要使法庭科学继续作为学术分支而存在并真正成为一门专业，就必须依靠强大的教育和学术组成。尽管少数人仍在从事刑事侦查学课程的研究，但总体来说还缺少一个全面的学术框架。法庭科学界一定会形成这种框架。（Stoney，2000）

4. 见习期

除了正规的学习和实验室实践之外，从业者在独立开展工作之前都要经过一定形式的见习。没有任何一个模拟案件能够真正为处理实际案件做好准备；在富有经验的同事的直接指导下进行工作仍然是进入此领域最好的方式。

第二节　能力示范

我们以"实践的状态"和从历史角度来看待这个状态的形成过程作为本书的开头。由于早先的法庭科学专家们都是在各个未被认可的学科中开展工作的，所以他们都可以算作各个领域的先驱。千真万确的是，在一个世纪或半个世纪之前，这样开创性的脑力劳动还没有得到普遍认可。这一专业已经成功度过了相当艰难的青春期，并到达了青年期，尽管还不是很成熟。政府实验室在不断普及，私人实验室也在不断增加，法庭和公众都希望在庭审中呈现科学证据。

随着曝光率的增加，对其的审查也在不断增加。尽管要求拥有专业服装的运动开始于 20 世纪中叶前后（附录 A），但直到 20 世纪 90 年代这一诉求才真正实现。从一定程度上讲，这至少是人们建议政府规范管理法庭技术活动的反映，DNA 技术的发展和滥用促使了人们的诉求。尽管对义务性的需求发展得比较缓慢，但整个法庭科学领域仍然意识到了其必要性。我们将要介绍几种同时适用于实验室和个人的法庭科学项目来示范能力和最低标准。

一、认证

刑事侦查学认证项目由来已久。直到 1993 年刑事侦查学认证考试才在全美施行。有趣的是，直到 20 世纪 70 年代，身份被质疑的文件检验员才会在一般的考试之前进行专项认证。❶

1. 认证的哲学

美国刑事侦查学会（ABC）为刑事侦查学认证项目提供资金，并认为法庭科学专家必须具有法庭科学中多方面的知识。据此提出了基本知识考试（GKE）。ABC 认为（见附录 C 中的 ABC）：

ABC 设立 GKE 的目的在于要设立一个能够回答以下问题的程序，"这个人是否具备能胜任法庭科学工作人员的足够知识？"在专业测试机构的帮助下，一套能够回答这一问题的考试制度就应运而生了。

刑事专家必须要在整个案件环境中检验证据。他们通常是帮助调查案件的唯一科学人员，而且必须具有足够的知识和经验来为调查人员和律师提出建议。

专业化考试指导的目的就在于将犯罪和实施者拼凑到一起。检验人员不是独立进行工作的。他们的工作能增加其他检验人员"拼图"中的信息，或帮助他们找到取得信息的"路径"。

GKE 对检验整个案件中证据所需要的知识制定了一个专业标准。法庭科学没有标准的学术课程来教授每一位检验人员最基本的刑事侦查学知识。这就要求我们在获取和检验这些知识时要更为严格。

广泛的知识是检验人员开发专业化理解和技能的坚实基础。这是所有科学领域都会采用的方式（例如，理学学士在理学博士之前，医师在外科医生之前）。广泛的知识基础有助于分析人员对整个案件的证据进行分析，

---

❶　文件检验并不总是刑事侦查学的组成部分。例如 AAFS 将其作为一个独立的部门。

因为检验人员会知道可能会进行其他何种检验、检验的局限性和要求以及自己的行为将如何影响整个法庭调查。具备广泛的知识可以帮助法庭科学专家将证据的价值最大化，并尽量避免损害或污染样品。

GKE 书面考试是全面认证程序的第一阶段。通过 GKE 考试的人将会收到一份官方证明（D－ABC）。但如果想得到下一步认可（F－ABC），分析人员就必须要通过另一项书面考试，并要在规定时间内接受并通过实验室水平测试。笔试内容包括：毒品鉴定、法庭生物学（包括 DNA）、火灾残骸分析和微量物证。我们希望其他领域的专业化考试也能继续发展。

2. 认证的由来

ABC 项目在很大程度上是以刑事认证研究委员会（CCSC）的工作成果为基础的。从 1975 年到 1979 年，不少于 25 位来自美国和加拿大所有地区的人员代表了很多学科、地区协会以及专门实验室参与了 CCSC。在国家司法研究所（NIJ）的资金赞助下，他们研究并深入思考了有关测试和认证的问题，并收集了同行的意见。由于未能通过专业协会成员的投票，所以 CCSC 没有通过任何认证项目。

根据 CCSC 的工作及原则，加利福尼亚刑事侦查学协会在 20 世纪 80 年代后期制订了一项认证计划。CAC 方案的最初阶段是要制订能够评估考生整体能力的考试。通过考试的考生和达到其他专业要求的人将会被授予刑事侦查学专业能力证书。CAC 方案虽意识到了专业化是不可避免的，但仍然维持了刑事侦查学这一坚实的基础。

1989 年，全国再次意识到了认证的必要性，于是就成立了 ABC 来开发全国性的认证项目。1991 年，建立了美国犯罪实验室管理协会（ASCLD）联络站，1992 年，美国法庭科学协会（AAFS）刑事侦查部门也通过投票方式加入 ABC 中。1993 年，由 CAC 设立的 GKE 考试是在波士顿 AAFS 会议上第一次被提出，而且在第二年颁发了第一批专业证书。1994 年，在圣安东里奥 AAFS 会议上提出了第一项专业化考试，并设立了相应证书。同年，又设立了一项能力测试和 ABC 时事通讯。在这次笔试考核中，超过 450 个人被授予 ABC 证书。准备参加 GKE 考试的人数以每年约 50 人的速度在增长。超过 130 人通过 ABC 专业考核并取得相应证书。

正如这本书强调的那样，ABC 表明了"专业技术考试"的可行性。这项考核是专门为 DNA 分析人员或毒品分析人员而开发的。人们普遍认为，从事这两种分析的人员没有也不需要掌握全面综合的背景知识。这项考核只会涉及"专业化考试"和"法庭科学核心"的一些内容，反映了本专业领域中必要的知识、技术和实践能力。

技术专家必须要具备分析能力并且通过能力测试（Selavka，1999 年）。

究竟有多少人会从考试中受益，技术专家认证与专业文凭或证书有什么关系，以及在其他专业中是否也会设立技术专家认证，这些还都是未知。

3. 能力验证

实验室认证被纳入到了能力验证中。现在的标准要求分析人员每年都要接受一次外部的能力验证。能力验证是书面认证考核的补充，它体现了对能力的最低要求。这是实验室和分析人员向外界证明他们能够胜任技术性和准确性的工作的一个具体方法。不过，应当指出的是，能力验证的本质（需要提供者准备许多相同的样本）决定了它只能检验最基本的分析和解释能力。另一个与之相关的问题就是应如何建立样本之间的可靠性和一致性。不论设立和推广这项验证有多困难，只要能给该领域和刑事司法系统带来好处，这就是值得的。

二、实验室认可

虽然认证体现了单个检验人员的能力，但实验室认可最大范围地关系到了刑事专家实验室工作。实验室认可涉及所有与实验室相关的问题，如证据处理、验证、设立正确的科学规则、教育与训练、能力验证方案以及案件审查程序。实验室认可是在 ASCLD 的赞助下进行的。该项目的组织和标准是由 ASCLD 董事会（ASCLD/LAB）建立的，ASCLD/LAB 的职责就是要代表所有经过认可的实验室。

1. 实验室认可的哲学

ASCLD/LAB 采用了四项官方认可标准来定义该项目的目的和本质：

（1）提高刑事司法实验室服务的质量；

（2）制订并保证评估和加强实验室操作水平的标准；

（3）为实验室操作审查建立一个独立、公正、客观的系统；

（4）为公众和使用实验室服务的人提供一种鉴别实验室能力的方法。

像个人认证一样，实验室认可的外部审查可以用于能力水平评估和运作改善。它也是需要实验室服务的人和公众确定实验室是否符合标准的一项公正方法。要想在实验室认可中合格，实验室必须在管理、操作、人员、程序、设施、环境、健康和安全方面符合标准。实验室分析人员还必须定期参加能力验证。实验室认可一般需要 5 年时间，而且要确保实验室在这一段期间内一直符合标准。无论是最初的认可还是每 5 年的再认可，都需要对实验室进行全面的审查。

最近，其他组织（最有代表性的是总部设在佛罗里达州的国家法庭科学技术中心 NFSTC）也开始提供实验室认可服务。由此也产生了规范各种组织的验证标准和建立验证机构可信度的全新挑战。

2. 实验室认可的历史

虽然实验室认可只是在过去的 10 年间才得到了公众的认可，但犯罪实验室早在 20 多年前就已经提出了这一问题。1973 年秋天，来自全国各地的约 30 名犯罪实验室负责人相约来到弗吉尼亚州的匡蒂科。他们成立了一个督导委员会，并起草了章程。在 1974 年秋天，成立了 ASCLD。最早由 ASCLD 任命的委员会之一就是实验室评估和标准委员会。委员会认为认证和实验室认可都是评估和提高实验室操作质量的方法。1981 年，ASCLD 批准了实验室认可方案，该委员会也就是后来的 ASCLD/LAB。1982 年，伊利诺伊州警察局的 8 个实验室首先通过了 ASCLD/LAB 的认可。到 1999 年 6 月，全国已有 182 家实验室得到了认可。

三、规范与执行

目前，分析人员的认证和实验室认可采取的都是自愿和自律原则。尽管目前还没有对两者进行强制性要求，但社会和同行要求提供个人能力证明文件和实验室质量证明文件的压力却在不断增加。我们相信在未来 10 年中，认证和实验室认可将会是物证分析人员的强制性规定。唯一没有提到的问题是，解释他人工作结果的科学家们（尤其是独立顾问）是否也需要进行同样水平的强制性验证。有趣的是，法庭科学界对此问题没有任何发言权，它完全是由法庭决定的。

第三节　道　　德

一门专业所应具有的第三个也是最后一个特征就是书面形式的道德标准。这是法庭科学界监督其成员的标准。作为一个群体，每天都要从事法庭科学工作的人员要同时符合分析标准和道德标准，并能判断意见的准确性；如果分析人员滥用权力被法庭科学界曝光的话，那么他们将会受到最严重的损失。同行压力通常是保证行为人遵守道德的最有效途径，而且同行间也必须愿意接受这种相互监督。

一、道德标准

道德规范有如下一种定义：

特定人或特定群体、文化（如医学道德、宗教道德等）所遵守的某一类行为准则（《韦伯斯特词典》删节版，1996 年）。

换句话说，想要把自己融入特定组织的人就必须遵守指导这个组织的准则。根据定义，这些准则会以书面形式存在，并配有一系列执行措施。判断一个成员是否违背道德规范以及违背道德规范造成了什么样的结果都必须在书面准则中具体说明。该组织必须具有实施该道德准则的方法和意愿。

道德与道德规范

人们经常难以区分道德和道德规范。道德和道德规范都是行为准则。但是，它们在起源和应用方面都是不同的。我们每个人都能选择自己的道德标准，这是我们选择的生活方式。个人道德准则包含着一个人对"对"与"错"的理解。一个人可以把宗教中的一部分作为自己的道德准则，他也可以自己设立道德准则。

《韦伯斯特词典》（1996 年）是这样区分道德与道德准则的：

道德是指被社会普遍接受的行为和生活习惯，个人道德体现为：我们文化中的道德。道德规范是指高标准的诚信和体面的处理方式，尤其是指在专业或商业中的应用：如医学道德准则。

道德和道德准则并不一定相交。一个人根据自己对道德的定义来看可能非常道德，但可能仍然会触犯某些道德规范。相反，有些人可能在自己或他人的眼中显得不道德，但他们并没有触犯某一道德规范。

二、法庭科学的道德标准

许多法庭科学组织都已经采取了道德准则（附录 B，C，D）。虽然确立法庭科学专业的道德准则是正确的行为，但其中也存在一些问题。首先，在这一单一专业领域中存在许多道德准则，这势必会造成无序和混乱。刑事专家应该遵守哪一套标准呢？他应该选择哪些准则呢？其次，法庭科学工作并不要求刑事专家遵守任何道德准则。他是否应该遵守呢？最后，从事法庭科学工作并不要求预先取得成员资格。进行证据检验的人员是否应该先正式加入这一专业呢？对于那些在法律范围内仅对证据和案件进行推测而不参与其他工作的人来说又应该怎么办呢？

1. 哪一项标准

法庭科学（和其他应用科学）中最基本的道德标准与学术科学是一样的。这些标准包括但不限于以下几方面：

（1）能准确表达资格；

（2）能真实准确地表达数据；

（3）清晰完整的记录；❶

（4）举报违背专业道德的同事。

由于法庭科学要与司法系统之间相互作用，所以其他准则都是针对法庭科学给出的。这些准则包括但不限于以下几方面：

（1）保持证据的完整性；

（2）检验人员的公正性；

（3）结论的局限性；

（4）检验人员知识的局限性；

（5）保密性与公开性；

（6）出罪证据；

（7）证词；

（8）费用。❷

以上两套道德准则是由国家法庭组织 ABC 和 AAFS 提出的，各个地区的准则在彼此之间都有差异。作为一个特殊的例子，AAFS 的道德准则有四个要点，其中的两个要点是有关其自身组织利益的。准则中的两部分是关于从业者每天的活动，其内容包括误传可信度或数据（附录 B）：

（1）AAFS 中的任何成员都应避免提供任何有关教育、培训、经验、专业方面的虚假材料。提供一项或多项虚假信息的 AAFS 成员将被视为违反此条规定。

（2）AAFS 中的任何成员都不得虚假提供做出专家意见或结论所依据的数据。

另一方面是 CAC 关于专门领域的道德准则：

（1）有关科学方法的道德规范；

（2）有关意见和结论的道德规范；

（3）有关法庭陈述的道德规范；

（4）与刑事侦查有关的道德规范；

（5）专业的道德责任。

CAC 准则（附录 D）是非常具体的，并且已对最原始的 1957 年版进行了两次更新，最近的一次更新是在 1985 年。ABC 准则与 CAC 版本不同，其在长度和专业化方面都是 CAC 版本的折中。CAC 准则一共包含了 18 个要点，其中有一点涉及自身组织的利益。每个地区的版本也略有不同。

毫无疑问，大多数法庭科学专家都是 AAFS 中的成员，他们也遵守

---

❶ 尽管清晰完整的记录是学术科学的基础，但其在法庭科学中的应用却有着不同的方式。在我们看来，也应该采用与学术科学相同的高标准。

❷ 法庭工作的特殊思考指的是要减少偶然因素，而非要强调除"合理"费用外的其他任何限制。

AAFS 的道德准则。想要成为 AAFS 的成员（包含了法庭科学中的所有学科，刑事侦查学只是其中的一部分），只需要有两封来自 AAFS 现有成员的推荐信，并每年支付会费，且要满足这一专业的一些最低要求。尽管有些地区对专业加入的要求有点严格，但大部分地区对这方面的要求都不尽相同。唯一要求证明专业知识的组织是 ABC。在两名极具声望且同意遵守 ABC 道德准则的会员的发起下，即使是有资格参加 GKE 考试的人也要在刑事侦查学领域有积极持续的表现。由此可见，ABC 成员要比 AAFS 成员少得多。

2. 专业中的成员资格

或许有些专业需要更正式化的成员加入程序。这通常会涉及能力示范，如律师资格考试证书和医师资格考试证书。法庭专业的进入并不受控制，而且也没有任何正式的程序。要把法庭科学发展为一个法律认可的专业，我们就必须把从业者加入到该专业中并视为同行。

然而，由于有些事情是我们所无法完全控制的，所以事实上这件事情已变得非常复杂。历史上，法庭专家是通过法庭进行认可的，这与同行认可的标准具有很大的不同。法律只是对专家评论做出了最低限度的规定，而且通常依据的是学术文凭；法律并不要求证人表现出检验所需要的任何专业能力。认证的过程也完全由法官决定。即便是该专业已对其所有成员展开了积极监督，但也没有什么能够阻止律师传唤其认为有资格的人进行鉴定。这并不是一件小事。一直以来，律师都有权传唤任何他认为可以帮助处理案件的证人。辩方律师则更喜欢传唤法律专业以外的证人，因为他们更容易找出法庭工作的错误。

我们并不是想说只具有学术文凭而没有法庭科学经验的科学家并不能就法庭问题提出有价值的见解。例如：制造公司的纤维化学家可以就某一特定纤维的特征、生产量以及销售区域分布提供有用的信息。参与开发法庭基因分型系统的分子生物学家会对该系统的功能和局限性提供意见，而且也可以证明其可靠性。不过值得注意的是，在这些例子中的科学家都只能在某一特定领域作证，而不能对刑事专家的工作直接发表意见。

在法庭专家没有实际工作经验的情况下，当其被要求对技术或证据的法庭应用或分析直接做出评论时，情况就会变得更加困难。一直以来，法庭对这种证词的要求都相当宽松，其中部分原因在于法庭不想拒绝辩方申请专家作证的权利。在这种情况下，问题就不仅局限于科学范围，而是进入到了道德的领域。专家证词背后的动机是什么？他们是想降低法庭科学工作成果的可信度，还是只是想简单地混淆视听、转移注意力或误导陪审团？提出的数据是为了使问题更加形象，还是为了说明其模糊性，或与案件没有任何关系（参见十一章的图表）？

虽然我们无法完全决定谁能在法庭上提供专家证词，但是我们至少能为确定检验和分析证据的人员设立最低标准。如果专业设立并执行了一套通用标准，并要求从业人员按标准加入这一专业，那么法庭就可能会按照我们的规定要求其他证人也符合这一标准。

3. 单一的道德准则

除了要具有一定的专业实践操作外，每位成员还必须在加入时就承认组织的道德准则。通常情况下，这会被纳入知识考试中去，现在的医学考试、法律考试和 ABC 就是这样做的。单一的道德准则会把整个法庭科学专业都统一起来。多重道德标准很容易成为"标准商店"，缺乏内在一致性将会限制每一项标准的作用，并导致成为无标准状态。准则间明显的矛盾会更容易导致外界的批评。然而，目前还无法确定应该以哪种标准为准，也无法确定应如何确定该标准。

三、道德何时失效

除去观点不说，每个组织中至少会有一个或多个人认为目的重于手段。在这种情况下，道德准则根本不足以防止为达到目的而采取的行为。工作——把清白的人说成有罪，得出虚假的 DNA 分析报告或者简单地买通证人——会按照人们自己的规则来进行。他们有时是出于恶意，有时是由于意识到了一个更好的结果，有时由于被强迫或意识不清。不论错误的行为是出于何种意图、何种动机，只要我们知道了这种不道德的行为（像实验室污染一样），我们就必须尽我们所能去阻止它、推翻它、察觉它、改正它。

统观全书，我们所提到的是刑事专家和法庭科学专家，而不是"控方专家"或"辩方专家"。这样做是为了强调不管委托人或目的怎样，科学都是一样的。然而在这种情况下，我们不得不考虑委托人或目标这一问题。科学家的不良行为往往源于他们选择了其中"一方"或者成为"队友"。如果这样的情况真的发生了，那么控方专家行为所造成的后果要比辩方专家评论所造成的后果严重得多。

1. 不道德的控方专家

至少在美国，司法系统的本职工作就是犯罪案件由检控部门起诉，并负责搜集证据。然而，这也给检控方提供了对物证进行第一次分析的机会——或者毁灭分析机会的可能性。即使辩方选择了重新分析某些证据，他们也必须要接受检控方已经做出的决定。这些决定包括收集、保存、采样、分析和得出结论。有时可能没有剩下证据以供分析。负责保管已经进行过初步评估和分析的证据的科学家也可能会损害、隐瞒、歪曲或以其他方式妨碍证据或数据的处理。法庭证据有限性和短暂性的本质很少会为二次全面分析提供机会。此外，即使怀疑有人从中作梗，辩方也总能幸运地找到资金来让专家对数据进行重新审查，就更不用说重新分析证据了。最终，控方专家的不法行为更可能会导致一个无罪的人被认定有罪，而不是让一个有罪的人逃出法网。综合上述多种原因，控方专家的不法行为通常比辩方专家更能对案件甚至整个社会产生不良影响。

近年来曝出了几起丑闻，其中包括西弗吉尼亚和 Bexar 郡实验室中的 Fred Zain（案例 13）和在圣佛朗西斯科犯罪实验室中的埃里森·兰切斯特（Zamora，1994；2000）。FBI 的内部工作中也出现过严重的问题。USDOJ/OIG 特别报告中记录了许多重大的证明错误、不合格的分析工作以及某些检验人员缺乏资质（尤其是在犯罪实验室爆炸物处理部门）的一些情况（Bromwich，1997）。就在 Zain 和 Allison Lancaster 被委员会除名以后，作为国家政府机构的 FBI 仍然在继续开展法庭科学工作。尽管根据报告已经做出了一定的改变，包括人员重整、雇佣新董事、接受实验室认可等，但我们仍无法确定是否发生了真正意义上的改革。就像"新千年的到来会使世界毁灭"一样的批评是否会在 FBI 实验室中引起改革，这一点仍然是未知。

2. 不道德的辩方专家

仅为辩方做证的专家已经建立起了一个产业。根据定义，无视法庭科学整体工作价值的人不能从事法庭科学工作，因为工作必须要有可靠性。独立实验室通常不属于这一范畴，因为它们要接收控辩两方面的工作，因此他们所接手的工作至少是在技术层面上值得的。那些仅仅对他人的工作成果进行评论的人并不需要遵守这种要求。尽管确实有"只为辩护"服务的顾问坚守在道德的边界内，而且能为辩方提供有价值的服务，但这种性质的工作本身就是以牺牲司法系统、法庭科学甚至是案件本身为代价来谋取利益的。因为这些"专家"并不真正进行分析，所以他们也就不会误导案件或破坏证据。然而，他们却能浪费大量的时间和金钱，就更不用说给双方法律工作者和分析人员造成的烦恼和挫折了。最糟糕的是，他们有时也能制造一些足以让法律工作者既不足以确信又无法忽视的混乱和虚假信息。

案例 13

Fred Zain 的故事——越界

法庭科学中不道德行为的最有名代表是 Fred Zain。然而，重要的是我们必须要意识到像 Zain 先生这样的人确实存在于现实生活中。从实验室同事、监督员到律师、法庭，整个系统都在支持（或至少是忽视）Fred Zain 在其任期内的十年间于两家公共实验室内以法庭血清分析人员的身份滥用职权这一事实。

故事发生在 1979 年，那时 Zain 刚被聘请到西弗吉尼亚州警局担任血清学家。很难说清楚故事是如何开始的——就连 Zain 自己也不能说明白——但是从某种意义上说，Zain 确实为那家机构工作了十年，而方法却成为通向终点的唯一阻碍。最后，由 Zain 接手的数百件案件都不可避免地进行了非常规性解释，有的甚至因不存在的结果而牵连出了嫌犯。

线索非常显而易见。在 20 世纪 80 年代中期，Zain 的两位同事写信投诉他们经常发现 Zain 的报告是空白的，他什么都没做。他们声称将空白报告和完整的工作表都交给了 Zain 的监督员审查，但这些都被忽略了。之后有一个雇员作证说，记录在工作表上的虚假结果总是会包括受害人及嫌犯两个人，而且总是以正确的模式宣告嫌犯有罪。Zain 的这种工作模式在后来被一个独立调查小组证实了。

1989 年，Zain 离开西弗吉尼亚来到德克萨斯州贝克萨尔郡，担任药物证据的首席检验官。有趣的是，他仍然会收到来自西弗吉尼亚检控方的分析案件。在一些情况下，西弗吉尼亚实验室血清学家没能得到结果的案件将会被送到德克萨斯州的 Zain 处。检控官十分喜欢从 Zain 那里得到的分析结果和解释。

对 Zain 工作的怀疑开始于 1992 年，当时对强奸犯 Glen Woodall 的指控被 DNA 检测推翻。在最初的 1987 年庭审中，Zain 作证说"行凶者的血型……与 Woodall 先生的血型吻合"。一位独立专家后来说道，Zain 歪曲并夸大了结果的真正意义，讽刺的是，这一案件的血清结果并不是伪造假的。定罪后 Woodall 进行上诉，随后进行的 DNA 检测排除了 Woodall 是精液的提供者，这仅仅是由于 DNA 检测的区分度更高。

对 DNA 意外的证据进行审查的人员可能会机械性地怀疑 Zain。据报道，当时 Zain 做证说"他没有理由相信"在受害人所借的车中发现的毛发"不是来自 Woodall 先生"。显然，Zain 最开始将毛发样本解释为阴毛，而后来又改称为胡子。此外，他还在报告中说从未将毛发样本与汽车主人的毛发做过对比。后来，一位独立专家排除了 Woodall 是毛发的所有者。

在 Woodall 先生获释后，他起诉西弗吉尼亚州的错误拘禁，从而引出一系列可以证明 Fred Zain 在西弗吉尼亚州和德克萨斯州做伪证的证据。对

Zain 的内部审查开始于 1992 年，他们发现了 Zain 工作中的某些不正当行为。不过有趣的是，这项审查工作最终以"材料无虚假，没有错误排除"而结束了，最终西弗吉尼亚最高法院下令对 Zain 的工作进行彻底检查。1993 年，ASCLAD/LAB 的主席巴里费舍尔先生组织了一个独立的法庭科学小组来检查 Zain 的工作，以作为彻底检查的一部分。两名血清学家接受了这项工作，他们分别是佛罗里达州执法部门实验室主任 James Mc Namara 先生和洛杉矶警察局犯罪实验室血清监督员 Ronald Linhart 先生，他们最终审查了数百份分析结果。最终他们发现在所有审查的 36 个案件中都存在证据问题。

Holliday 的调查报告中列出了与 Zain 工作有关的 11 个要点：

Zain 工作的不当之处包括：①夸大结果的证明力；②夸大个体基因证据相匹配的概率；③虚报多个基因证据相匹配的概率；④谎报检测了多个项目，但只有一个项目被检测；⑤将不确定结果报告为确定结果；⑥反复改变实验室结果；⑦组合测试结果以造成基因标记是从所有测试样品中取得的假象；⑧不报告矛盾结果；⑨并未进行或报告附加试验来解决相互矛盾的结果；⑩暗示结果与疑犯相匹配，虽然仅有一项测试结果与疑犯相匹配；⑪报告科学上根本不可能或不太可能出现的结果。

审查人员还注意到了使 Zain 可以不受限制地进行操作的普遍系统缺陷：

（1）没有书面记录检测方法；

（2）没有书面记录质量保证项目；

（3）没有书面内部或外部审查程序；

（4）没有实验室技术人员的常规能力验证；

（5）没有对工作成果进行技术审查；

（6）没有记录设备维修及校准的书面文件；

（7）没有书面的检测程序；

（8）在特定检验中没有遵循普遍接受的科学检验标准；

（9）不当的记录保管；

（10）没有进行附属物品检验。

他们总结说：在本次调查的多起案件中都发现了不正规行为……

1993 年，西弗吉尼亚调查报告得出的结论是：

大量的证据和不当行为彻底削弱了 Zain 在州警察局犯罪实验室血清分析部门任职期间所做的法庭工作和结果的有效性和可靠性。如果认定 Zain 行为不当的信息在其处理检控案件时就已经被提了出来，那么证据的血清检测结果将会不予采纳。

由于法律的局限性，到目前为止还没有一个州能够对 Zain 定罪判刑。1998 年，西弗吉尼亚州再次对 Zain 提起公诉，控告其在收取州所给予的工资和福利的同时伪造证据及做伪证。控告在 1999 年 1 月被驳回，同年 10

月，州最高级法院受理了此案件。遗憾的是，仍没有定论。西弗吉尼亚州又重新展开了对同 Zain 一起工作的血清学家的调查工作，他们也对分析结果做过伪证。

根据 Fred Zain 的供词重新审查证据，至少有 9 个人被释放，还有很多人正在通过这一系统进行申诉。在西弗吉尼亚州和德克萨斯州，共有超过500 万美元汇入到起诉州政府错判入狱的个人账户。

尽管我们很容易对故意误导我们的 Fred Zain 进行批评，但我们也必须看到允许 Zain 在两个州犯罪实验室工作的制度漏洞。是恐惧、无视还是冷漠导致了当局没有尽早采取行动？我们怎样才能营造一种氛围让像 Zain 这样的人无处遁形而不是隐藏得天衣无缝？勤奋警觉可以尽可能地找出犯错误的人。改变产生和培养这样的违法者的不正之风才是更大的挑战。

监督有三种形式，每一种形式都有着不同程度的功能。实验室认可可以形成对程序和案件卷宗的外部审查，这也是体制失误的问题。分析人员认证只体现了最低程度的能力。然而最重要的一点是，组织认证考核和能力验证的组织保证了任何国家法庭组织最具体最全面的道德准则和执法说明；在参加认证考核前必须要接受准则的指导。最有效的打击过度解释临界数据或伪造数据的方法仍然是审查。严格客观的内部审查，适当地考虑替代假设，以及独立专家进行进一步审查仍然是打击"过度解释"和不当行为的最好方法。

Zain 最后被德克萨斯州实验室解雇。他现在住在佛罗里达州，也不再进行犯罪实验室工作。他坚称他是无辜的。

参考文献

[1] Starrs, J. E. , The seamy side of forensic science: the mephitic stain of Fred Salem Zain, Sci. Sleuthing Rev. , 17 (4), 1993.
[2] West Virginia Supreme Court Investigative Report on Fred Zain, available at http://www. truthinjustice. org/zainreport. htm.
[3] Police Chemist Falsifies Huge Numbers of Rape Cases, AP wire, 1993, available at http://www. vix. com/men/falsereport/cases/chemist. html.
[4] When experts lie, Truth in Justice, available at http://truthinjustice. org/expertslie. htm.

第四节　总　　结

法庭实验室工作者不仅要得出精准、可靠、毫无偏见的分析解释，他们还必须让司法系统和公众确信已经使用了可信度最高的标准。

由于 DNA 测试不仅能用于排除，还能用于个体化认定，所以法庭科学普遍将其用来进行审查。最近发生的案件（包括 Simpson 凶杀案）、对 FBI 实验室不当行为的指控以及媒体和公众与日俱增的对法庭科学的关注，都给案件质量保证、实验室和分析人员的资质认定、道德标准以及不断完善的实践状态带来了巨大的压力。

法庭科学专家也是人，问题并不是"会犯错吗"，而是"当错误发生时，怎样才能及时发现并予以纠正"。一系列的检查和制衡都必须到位，以保证工作结果的可靠性。有效可行的分析技术和经过深思熟虑的解释对于一项合格的检验来说显然是必不可少的；对法庭分析人员和独立审查人员进行适当的教育、训练和认证，对实验室进行认可，设立适当的质量监控、质量保证协议和内外部审查程序，对于得出高质量的法庭工作报告来说是十分关键的。尽管认证和认可的目的在于评估法庭科学工作的总体质量，但由有资质的专家进行案件审查或证据重新分析仍然是发现并改正错误和虚假结果的最好方法，以防止造成永久性的损害。

除外同样重要的是，这些措施可以为司法系统和外行人提供一种评判法庭的方法。

参考文献

[1] American Board of Criminalistics (ABC), GKE Examination Philosophy, available at http：//www. criminalistics. com/ABC/abc002. htm.

[2] American Society of Crime Laboratory Directors—Laboratory Accreditation Board, available at http：//www. ascld – laboratory. org/.

[3] Bromwich, M, R. et al. , USDOJ/OIG Special Report, The FBI Laboratory：An Investigation into Laboratory Practices and Alleged Misconduct in Explosives-Related and Other Cases, 1997, available at http：//www. usdoj. gov/oig/fbilab1/fbil1toc. htm.

[4] Davies, G. , Forensic Science, American Chemical Society, 1986.

[5] Furton, K. G. , Hsu, Y. L. , and Cole, M. D. , What educational background do crime laboratory directors require from applicants? J. Forensic Sci. , 44 (1), 128 – 132, 1999.

[6] Kirk, P. L. , The ontogeny of criminalistics, J. Criminal Law Criminol. Police Sci. , 54, 235 – 238, 1963.

[7] National Forensic Science Technology Center (NFSTC), available at http：//www. nfstc. org/.

[8] Selavka, C. , ABC update—a time of extension, ABC Certification News, 6 (1), 1999.

[9] Siegel, J. A. , The appropriate educational background for entry level forensic scientists：a survey of practitioners, J. Forensic Sci. , 33, 1065 – 1068, 1988.

[10] Stoney, D. A. , A medical model for criminalistics education, J. Forensic Sci. , 33 (4), 1086 – 1094, 1988.

[11] Stoney, D. A. , Criminalistics in the new millennium, The CACNews, 1ˢᵗ Quarter, 2000.

［12］ Webster's Encyclopedic Unabrideged Dictionary of the English Language，Gramercy Books，New York，1996.

［13］ Zamora，J. H. ，Lab scandal jeopardizes integrity of S. F. justices：sting uncovered bogus certification，San Francisco Examiner，1994，unavailable at http：//www. catalog. com/hopkins/hemp/laboratory-scandal. html.

［14］ Zamora，J. H. ，Procedure glitch undoes drug cases，San Francisco Examiner，2000，available at http：//www. examiner. com/000209/0209chemists. html.

图 13.1　DNA

注：我们无法预知未来的思维和技术。唯一连接着过去和现在的就是：必须要思考！

第十三章　法庭科学的前景

尽管准确描述过去很难，但试图描述未来更是一种错误……DNA 分析以及与之相关的基因工程方法是否有价值，这也是一个问题。尽管这些方法都很灵敏，但生物证据中所带有的 DNA 数量可能会低于实际检测所需的最小量。如果能证明这一观点是错误的话，那么情况将会有所好转，因为 DNA 技术将会开启基因标记分析的新纪元。

——George. Sensabaugh

"法庭科学研究：谁来研究以及要研究什么？"

《法庭科学》 Geoffrey Davies Ed

这句名言有效地说明了对未来的所有预测都是肤浅不可信的。尤其是在当今社会中，技术飞速发展，有时一个人所能做的只是尽量不掉队，就更不用说预测未来的发展方向了。碰巧的是本书是在新千年来临之际写的。所有学科都在总结以前取得的结果，并预测以后发展的情形，法庭科学也不例外。例如：CAC 新闻用了一整期来报道来自全世界的资深专家畅想未来的文章。大部分专家都避开了一些明显会发生的事情——所有的事物都会更小、更快、更好、更便宜（或者说至少你可以用同样的钱买到更多的东西）。尽管资金转让和技术交流经常会受到公众的认可，但人们关注的最多的话题仍然是刑事侦查学教育、通才知识的丢失以及法庭科学的专业化，本书对这些话题都进行了讨论。如果刑事侦查学真的想成为一门独立的、受人尊敬的专业，那么这些方面就必须尽早解决。我们希望本书能对这一问题提供帮助，我们诚邀法庭领域以及范围更广的法庭科学领域继续在此方向上努力。

我们为 CAC 新闻新千年篇所做的文章如下。

失窃的纳米生物取样器

作者：诺拉·卢丁，凯思·茵曼，彼得·巴尼特

（首次发表于 CAC 新闻，2000 年第一期）

这是 2050 年。法庭科学终于实现了专业化和统一。在完成了十年的刑

事侦查学博士后训练后，所有的刑事专家都需要参加并通过综合性的 IKR（全国刑事侦查学注册）考试，这种考试可以追溯到全美 GKE 考试。并不是所有人都喜欢这种考试。

星期天 2：30 AM

加利福尼亚州贝尔克计算机实验室收到了一起犯罪报告。两名负责研发 DNA 电子电脑的科学家被发现死在了实验室里。血腥的场面非常少见，仅有的三个刑事专学都被叫到了现场。现场情况立刻传到了每位刑事专家车中的 GPS 系统中，这样就可以让他们在赶赴现场的路上多休息 10 分钟。

2：30 AM

三名刑事专家在进入现场前花了几分钟的时间进行讨论：

DNA 检验员 794：　我和我在玛尔斯移居地居住的老朋友进行了老式谈话。他接受了 20 世纪后期所进行的大部分训练，那时每个人都对 DNA 很乐观并主张要进行专业化。他参加过多次 IKR 考试但都没有通过。在玛尔斯很难进行训练。如果这次还不能通过的话，他将会失去工作。他听起来很绝望。我希望他不会做傻事。

刑事专家 976
（刑事专家新手）：　哇，怎么会这样？你的意思是说曾经有一段时间没有通过考试的刑事专家也能在他们的专业领域进行实践工作？

枪支检验员 135：　是的。信不信由你，当时很多人都觉得那么做是正确的。幸好他们最后都觉悟了。如果你能做的只是坐等电脑分析结果，或者偶尔换一下处理器，这将会是什么样的工作呢？这份工作中唯一有趣的地方就在于可以到犯罪现场，并判断哪项证据重要以及应该进行哪种检验，并把最后的数据综合到一起。那些没有通过考试的刑事专家现在在干什么呢？

DNA 检验员 794：　哎，这对我朋友来说真是太糟糕了，不过这也告诉我们直到 130 岁才能拿到退休金会是怎样一种情况——20 世纪受训过的人们都需要升级了。让我们专心研究一下这次的现场情况吧。我已经有很长时间没有处理过有血迹的现场了，现在迫不及待地想要开工。

刑事专家 976：　我们是不是应该先从侦查人员那里了解一下情况，

这样我们就能对想要的东西得出一些线索。侦查人员已经了解过现场，并且通过网络摄像头询问过目击证人。

枪支检验员 135：　好主意。

网络摄像机连接已经建立

警员 8957：　正如你们所见，这是一起涉及两名受害人的凶杀案。受害人是两名科学家，一位是 DNA 专家，一位是计算机专家，很明显他们已经在一起工作了好多年。不过，有人发现最近他们之间发生了一些争吵，原因是生物学家只关心与生物学有关的测验结果，而计算机专家只关心与电脑有关的事项。他们的同事说两个人之间的争执最近越来越频繁。突然间他们都死了。我还从未见过这样的事件。

DNA 检验员 794：　好的，谢谢你。来看看我们能从中得到什么。等我们结束了工作一起吃早饭吧！

警员 8957：　好啊。我会保持网络通畅，让我来订早餐吧。和往常一样吗？

3：00 AM

三位刑事专家进入现场开始工作。DNA 检验员从两位受害人的衣服上剪下样本，用医用药签从他们身下地板上的血迹中提取样本，将这些样本用纳米生物取样器进行扫描，以查明发现了什么。枪支检验员一直在研究死者之一的科学家是如何将子弹上膛及何时开枪等问题，那名科学家是收集枪支的爱好者，他把枪放在实验室是为了防身。刑事专家新手是三个人中唯一注意到两名死者是相互刺伤对方而死亡的。

6：00 AM

三位刑事专家收拾好自己的工具回到各自的办公室去了，他们办公室的网络视频上都设网络咖啡店链接，当戴上防护眼镜并进入由法律设定的安全密码之后就能参加这样的会议了。

6：30 AM

枪支检验员 135：　好吧，咖啡凉了，甜甜圈也硬了。我想有些事是永远都不会发生改变的。

警员 8957：　貌似早上这个时间点的早餐服务一直都好。真不知道为什么每次都有那么多的人来这里，难道是在捣乱？

270

DNA 检验员 794：	言归正传，我可以肯定现场所有的血迹都来自两名受害人。
刑事专家 976：	那些溅落的血迹样本呢？没有什么不寻常？
DNA 检验员 794：	我跟世界数据库比较了两次，我对我的结果很有信心。现场没有其他人的血迹。
枪支检验员 135：	我将收集到的枪支与世界枪支数据库进行了比较。我发现这些枪支是在制定所有枪支在出售之前都要进行检测这一规定之前就已经生产了，档案记录了子弹的型号。它们与数据库中的枪支都不匹配，甚至也无法用电脑模拟出子弹磨损后的状态。
警员 8957：	哦，有没有人提取了受害人刺死对方的那把古刀呢？

7：00 AM

随着谈话的继续，刑事专家 976（新手）意识到有些不对的地方。刑事专家 976 想到了一个办法，但是需要一台纳米生物取样器。虽然刑事专家 976 还没能完成进入 NBS 之前的为期一周的提升培训课程，但刑事专家 976 有一个主意。刑事专家 976 将网络咖啡投影仪连接到刑事专家 976 的办公室，这样在与同事继续聊天的同时刑事专家 976 就能偷偷关注法庭移动设备，既能听到同事们的 NBS，也能返回到犯罪现场。刑事专家 976 将设备设置为"机器人自动模式"，并把它放到犯罪现场。一旦完成现场扫描，刑事专家 976 就将纳米生物样本的设置改为"确定生物活性"，并按下"执行"键。这个生物容器就会不停地进行循环分析以发现不寻常的物质，最终得出一个报告。当刑事专家 976 看到报告时，刑事专家 976 意识到怀疑是正确的。从 DNA 合成仪内部环境控制端口提取到的样本得出了有趣的结果。刑事专家 976 在私人电脑前进行工作，这台电脑连接了全球参考数据库并证实了她的疑问。但她认为不能把这一发现告诉刑事专家 976 的同事。刑事专家 976 让侦查人员继续工作，并与她的同事取得联系。

8：00 AM

刑事专家 976：	我想我已经解决了你同事的案件，但我的同事们却受到了影响，他们现在无法帮忙了。你必须帮我。
警员 9007：	好的，但请你一定尽快。
刑事专家 976：	嗯，这也正是我想的。我们都知道 DNA 合成仪是由 DNA 生物容器控制的。在这种特定模式下，它会指导生物活性物质的合成，以检测是否含有能使阿尔茨海默尔（Alzheimer）患者恢复短暂记忆

的药物。纳米生物采样机的报告结果显示，在通风口附近区域采集到的样本含有一种"可能长期干扰记忆"的物质。当我继续追查时，我发现了一种专门用于不断合成长期记忆干扰剂的氨基酸DNA编码。这个DNA序列有一组很长的编码组合，即异亮氨酸—赖氨酸—精氨酸。我想到了用首字母代码来代替这些氨基酸。结果发现这一长串组合就是IKR IKR IKR。这就是我需要的线索。

我还想起了在进入现场之前我们的对话。我们的一位同事对于无法通过IKR考试非常恼火，而且他十分担心自己的工作。我检查了DNA合成仪的用户登录记录，发现有一名用户是以他的名字登录的。我马上进入了总部的录像记录，发现他成功入侵DNA合成仪系统中。他对系统投放了能改编程序的电脑病毒，把程序从指导DNA合成记忆兴奋剂改为指导DNA合成长期记忆干扰剂。

从我听到的有关受害人的信息和看到我同事们的信息中，我推断出这种病毒能破坏人们的一般记忆，只保留最近所学到的和比较特殊的记忆。我没有受到这种病毒的影响是因为最近我获得的只是一般知识，他们还存在于我的短暂记忆中。这个病毒能够通过设定的程序进行自我复制，并能移除通过正常计算机合成得到的生物活性物质。显然他们仍然在大量繁殖，而且在计算机中已经装不下了。所以它们会出现在风扇的通风口。当我意识到法庭训练和实验室开发部就是大厅的时候，我把这些信息都串到了一起。很明显罪犯的意图是要大家都忘掉他们的基础训练，所以他所欠缺的知识就不会被注意到了，这样他就能保住工作了。我不知道的是结果是否为可逆的。

警员9007：　好吧，你说服了我，但我们还有一个问题。我们是要把这个定义为暴力犯罪还是网络犯罪呢？你知道这属于不同的领域。

刑事专家976：　不如我们就把这个问题留给他们自己解决吧，我们要通知他们不要打开电子邮件，否则我们就会把病毒传染给他们。

| 警员 9007： | 你是否想过如果一个律师忘掉了基础知识结果会是怎样的呢？ |
| 刑事专家 976： | 我想我不会考虑这个问题。 |

星期一 5：00 PM

警员 8957：	你一定很想知道你提供的嫌犯是如何被我们抓获、审问和认罪的吧。他的惩罚是终生不能从事刑事侦查学实践领域的工作。
刑事专家 976：	至少是合法的。
警员 8957：	现在我们应该怎样处理你的同事呢？我已经不想再听到他们不停地谈论 DNA 和枪支了。
刑事专家 976：	我想这要等到……下一集《未来犯罪》来解决了。

参考文献

［1］Davies，G.，Forensic Science，American Chemical Society，1986.

［2］Stoney，D. A.，Criminalisitics in the new millennium，The CACNews，1st quarter，2000.

附录 A　法庭科学年鉴表

公元前　　　　　远古人类在绘画和石刻上发现了指纹证据。

公元 8 世纪初　　中国人使用指纹来鉴定文件和泥塑的所有者，但是没有形成正式的系统。

约 1000 年　　　罗马法庭的律师 Quintilian 证实了用一个血手掌印诬陷一个盲人杀害了他的母亲。

1248 年　　　　中国的《洗冤集录》介绍了如何区分溺死和勒死。这是第一本记载如何用医学知识解决犯罪问题的书籍。

1609 年　　　　第一篇有关系统文件检验的论文由法国的 François Demelle 发表。

1686 年　　　　博洛尼亚大学解剖学教授 Marcello Malpighi 指出了指纹的特征。但是他并没有提到指纹可以用作个体化认定工具的价值。

1784 年　　　　在英国的兰卡斯特，John Toms 根据塞在手枪中的报纸与他口袋中残留的报纸碎片相匹配而判谋杀罪。这是最早有文献记载的利用物理匹配性的案件之一。

约 19 世纪初　　英国博物学家 Thomas Bewick 利用他自己的指纹来证明他出版的书籍。

1810 年　　　　Eugène François Vidocq 作为成功地将一名嫌犯抓捕并判刑入狱的旧板，与警察达成协议成立了第一个侦探队，即巴黎安全部。

1810 年　　　　历史上第一份有记载的问题文件分析是在德国。利用化学方法分析墨水染色被记录在文件 *Konigin Hanschritt* 中。

1813 年　　　　巴黎大学医用化学/法庭化学教授 Mathiew Orfila（西班牙人）发表了 *Traite des Poisons Tires des Regnes Mineral，Vegetal et Animal, ou Toxicologie* 一文。Orfila 被誉为现代毒理学之父。他为法庭科学中测

	检血迹的存在做出了巨大贡献，同时也是用显微镜检查血样和精子状态的第一人。
1823 年	捷克斯洛伐克布雷斯劳大学解剖学教授 John Evangelist Purkinji 发表了第一篇有关指纹性质和根据九大主要类型进行系统分类的论文。但是他没有意识到它们的个体化潜能。
1828 年	William Nichol 发明了偏振光显微镜。
约 19 世纪 30 年代	比利时统计学家 Adolphe Quetelet 提出了没有两个人是完全一样的，这也为 Betillon 的工作结果提供了基础。
1831 年	Leuchs 第一次发现了人类唾液中存在淀粉酶。
1835 年	原苏格兰警察 Henry Goddard 首次利用子弹对比抓获了凶犯。这种比较是以子弹与模型间的划痕为基础的。
1836 年	苏格兰化学家 James Marsh 首次把毒理学（砷检测）用于庭审。
1839 年	H. Bayard 首次发表了用显微镜检测精子程序的文章。他还指出对于不同的培养基要使用不同的显微镜。
1851 年	比利时布鲁塞尔的化学教授 Jean Servais Stas 是第一个在人体内鉴定蔬菜中毒的人。
1853 年	波兰克拉科夫的 Ludwig Teichmann 发明了利用血晶素晶体来检验血红素的显微晶体测试。
1854 年	英国内科医师 Maddox 发明了干板摄影法，即覆盖在 M. Daguerre 的湿锡板上。这使得对监狱囚犯的录像记录变成现实。
1856 年	在印度民政局工作的英国长官 Willian Herschel 爵士开始在文件上使用大拇指指印，既可以作为文盲的签名，又可以鉴定文件的签名。
1862 年	荷兰科学家 J.（Izaak）Van Deen，发明了利用愈创树脂来检验血液的假定检验方法。
1863 年	德国科学家 Schönbein 首次发现了血红素能将过氧化氢氧化成气泡的功能。由此产生了对血液进行的假定检验。
1864 年	Odelbrecht 首次倡议利用摄影技术鉴定罪犯，记录证据和犯罪现场。

1877 年	Thomas Taylor 建议采集掌纹和指尖信息识别罪犯。虽然美国显微镜期刊、大众科学和美国科学都进行过报道，但却明显不是这一想法的来源。
1879 年	德国病理学家 Rudolph Virchow 是首批研究毛发及其局限性的人员之一。
1880 年	在东京工作的苏格兰医师 Henry Faulds 在《自然》杂志上发表了一篇关于犯罪现场的指纹可用于识别罪犯的文章。在最早的有关利用指纹来解决犯罪案件的记录中，Faulds 利用指纹来排除无辜者并查明了东京抢劫案的罪犯。
1882 年	在墨西哥工作的美国地质调查局铁路建设者 Gilbert Thompson，把自己的拇指印印在工资条上以防被伪造。
1883 年	法国警察 Alphonse Bertillon 使用自己发明的人体测量学仪器抓获了一名惯犯。
1887 年	作家 Arthur Conan Doyle 在伦敦比顿圣诞节年刊上发表了第一部福尔摩斯故事集。
1889 年	法国里昂大学法庭医学教授 Alexandre Lacassagne 首次对子弹和枪支进行了同一认定。当时他进行的对比是基于平面和沟槽的数量。
1891 年	奥地利格拉茨大学刑法学、预审法官教授 Hans Gross 出版了《刑事侦查》一书，该书首次全面描述了使用物质来解决犯罪问题。Gross 有时也被誉为 "刑事侦查学" 一词的创始人。
1892 年	Francis Galton（爵士）出版了《指纹》一书，该书全面介绍了指纹的特征以及如何应用于解决犯罪。阿根廷警察研究员 Juan Vucetich 发明了广泛应用于拉美的指纹分类系统。在 Vucetich 通过一枚指纹证明母亲谋杀了孩子之后，阿根廷就成为第一个用指纹法来代替人体测量学的国家。
1894 年	法国人 Alfred Dreyfus 因 Bertillon 的错误鉴定稿而被判叛国罪。
1896 年	Edward Richard Henry 爵士发明了应用于欧洲和北美的指纹分类系统。他出版了《指纹的分类和应用》一书。
1898 年	在法国柏林工作的法庭化学家 Panl Jesrich 利用显微

镜摄像技术对比两颗子弹，并随后对这两颗子弹进行个体化认定。

1900 年　　Rarl Landsteiner 首次发现了人类血液的分组，并通过这一发现荣获 1930 年的诺贝尔奖。Max Richter 利用技术进行血迹形状的分类。这也是利用法庭科学方法进行的首项实验。Landsteiner 对血液类型进行了进一步的研究，这些研究都成为之后所有实践工作的基础。

1901 年　　德国免疫学家 Paul Uhlenhuth 发明了血液类型的沉淀素检验。他也是首次设立标准、控制和 QA/QC 步骤的人员之一。Wassermann（因发明了梅毒检验方法而著名）和 Schütze 分别独立发表并公开了检验，但却从未收到过报酬。

Edward Richard Henry 爵士被任命为苏格兰警方负责人，并采取指纹认证来代替人体测量学方法。

Henry P. DeForrest 在纽约市政委员会上倡导了要系统地使用指纹。

1902 年　　瑞士洛桑大学教授、Bertillon 的学生 R. A. Reiss，建立了第一套法庭科学学术课程。他的法庭摄影部门也被纳入洛桑警察局研究所。

1903 年　　纽约州监狱系统是美国第一个系统使用指纹的地区。

在堪萨斯州的利芬沃思监狱中，通过指纹鉴定（而非人体测量学）发现一名新罪犯 Will West 与一名已服刑的罪犯 Will West 是两个人。后来发现他们是双胞胎。

1904 年　　Oskar 和 Rudolf Adler 利用联苯胺发明了一项血液假定测试法。联苯胺是一种由默克新发明的化学物质。

1905 年　　美国总统 Theodore Roosevelt 成立了联邦调查局（FBI）。

1910 年　　索邦大学法庭科学教授 Victor Balthazard 与 Marcelle Lambert 共同发表了一篇名为 *Le poil de l'homme et des animaux.* 的全面研究毛发的论文。在第一个涉及毛发的案件中，Rosella Rousseau 承认谋杀了 Germaine Bichon。Balthazard 利用摄影技术对子弹和弹壳进行

放大，以确定枪支的型号，并与子弹型号进行匹配性验证。

法国里昂大学法庭科学教授、Lacassagne 的继承人 Edmaud Locard，建立了第一家警察犯罪实验室。

美国最具影响力的文件检验员 Albert S. Osborne 出版了《被质疑的文件》一书。

1912 年	Masaeo Takayama 发明了利用血素原晶检验血液的另一种显微晶体检验法。
1913 年	巴黎大学法庭医学教授 Victor Balthazard 发表了第一篇关于子弹对比的文章。

意大利都灵法庭医学研究所教授 Leone Lattes 首次发明了 ABO 血型抗体测试。他最先用这个测试解决了一起婚姻案件。他出版了《血液的生物学、临床学、医学和法律中的特性》一书，该书不仅是第一本解决临床问题的书籍，也是解决遗传问题、亲子关系鉴定和确定已干血迹血型的书籍。

国际刑事鉴定协会改名为国际鉴定协会（IAI），最初在加利福尼亚州的奥克兰市成立。

1916 年	加利福尼亚州伯克利市的 Albert Schneider 发明了用真空设备收集微量证据。
1918 年	Edmond Locard 第一个提出指纹相匹配要有 12 个位点。
1920 年	Locard 出版了《关于犯罪的科学研究方法》一书，该书中有一段话已经成为法庭科学界的格言，即"每次接触都会留下痕迹"。
1920 年	Charles E. Waite 第一个将枪支武器的生产数据记录在册。
20 世纪 20 年代	Georg Popp 率先在法庭工作中使用植物学鉴定。

Luke May 是美国最早期的刑事专家之一，他最先使用条纹分析法和数据统计法对比工具痕记。1930 年，他在美国警察科学期刊上发表了一篇题为《一门积极的科学——刀具、工具和设备的鉴定》。

Calvin Goddard 与 Charles Waite、Phillip O. Gravelle、John H. Fisher 一起完善了显微镜子弹对比法。

1921 年	John Larson 与 Leonard Keeler 设计了便携式测谎仪。
1923 年	工作于意大利墨西拿大学合法药物研究所的 Vittorio

Siracusa 发明了用吸收—抑制测试法检测 ABO 血型。他与导师 Lattes 一起对吸收—抑制测试法做出了巨大贡献。

在弗莱和美国这两个国家，测谎结果不具可采性。联邦设立了一般准则并且认为测谎结果不符合这一标准。

1924 年	加利福尼亚州洛杉矶的首席警官 August Vollmer 建立了美国第一个警察犯罪实验室。
1925 年	日本科学家 Saburo Sirai 被誉为发现体液（而非血液）中分泌特定抗原的第一人。
1926 年	在马萨诸塞州的布里奇奥特发生的 Sacco 和 Vanzetti 案推广了对比子弹中显微镜的应用。在 1961 年对证据进行重现检验后，证实 Calvin Goddard 的结论是正确的。
1927 年	Landsteiner 和 Levine 首次发现了影响 MNS 血型系统和 P 血型系统发展的 M、N、P 血液因子。
1928 年	Meüller 是第一个建议用唾液酶鉴定代替唾液鉴定的法医学研究员。
1929 年	日本科学家 K. I. Yosida 进行了第一次检验体液（而非血液）血清中存在同族抗体的全面研究。 Calvin Goddard 在情人节大屠杀案件中的工作促使西北大学、埃文斯顿学院和伊利诺斯学院成立了科学犯罪侦查实验室。
1930 年	芝加哥 Goddard 的科学犯罪侦查实验室创建并发行了《美国警察科学期刊》。1932 年，该期刊被《刑事法律和刑事学期刊》收购，成为《刑事法律、刑事学和警察科学期刊》。
1931 年	工作于因斯布鲁克大学法庭医学研究所的奥地利科学家 Franz Josef Holzer 发明了吸收—抑制 ABO 血型技术，该技术成为法庭实验室经常应用的技术基础。该技术也是以锡拉库扎和拉特斯之前的工作为基础的。
1932 年	联邦调查局（FBI）犯罪实验室成立。
1935 年	荷兰物理学家 Frits Zernike 发明了第一台干扰对比显微镜（这是一台相位对比显微镜），并因此荣获 1953 年的诺贝尔奖。

1937 年	Holzer 发表了一篇关于解决法庭应用部门作用的论文。
	工作于德国耶拿大学合法药物和科学刑事侦查学研究所的 Walter Specht 提出用化合试剂发光氨进行血液推定测试。
	在伯克利加利福尼亚大学担任刑事学项目负责人的 Paul Kirk 在 1945 年创建了犯罪技术学这一专业。
1938 年	M. Polonovski 和 M. Jayle 首次发现了珠蛋白。
1940 年	Landsteiner 和 A. S. Wiener 首次发现了 Rh 血型。
	Ethyl 公司化学家 Vincent Hnizda 可能是分析易燃液体的第一人。他在研究中使用了真空蒸馏器。
1941 年	贝尔实验室成员之一的 Murray Hill 发起了声纹鉴定。L. G. Kersta 对这项技术进行了完善。
1945 年	工作于哥本哈根大学合法药物学部门的 Frank Lundquist 率先使用磷酶酸来检验精液。
1946 年	Mourant 是第一个提出路易斯血液分组系统的人。
	R. R. Race 是第一个提出科尔血液分组系统的人。
1950 年	M. Cutbush 与他的同事一起首次提出了道尔夫血液分组系统。
	加利福尼亚州伯克利警察局局长 August Vollmer 在伯克利加利福尼亚大学成立了刑事学院。Panl Kirk 在这所学院内担任刑事侦查学负责人。
	瑞士首家刑事侦查学实验室的创始人 Max Frei-Sulzer 发明了用磁带上升法来收集证据。
	美国法庭科学学会（AAFS）在伊利诺斯的芝加哥成立。该组织发行《法庭科学期刊》（JFS）。
1951 年	F. H. Allen 和他的同事们一起首次提出基德血液分组系统。
1953 年	Kirk 出版了《刑事侦查》一书，该书全面介绍了刑事侦查学和犯罪侦查，并介绍了实践知识以外的理论知识。
1954 年	印第安纳州警察局局长 R. F. Borkenstein 发明了现场酒精测试系统。
1958 年	A. S. Weiner 和他的同事们一起介绍了用 H – 凝集素检测 O 型血的原理。
1959 年	Hirshfeld 首次测定了特殊组合成分的多态性。

1960 年	加拿大 Lucas 介绍了用于鉴定法庭实验室中石油产品的气相色谱仪（GC），并讨论了其对不同石油品牌的局限性。
20 世纪 60 年代	瑞士科学家 Maurice Muller 采取抗体 – 抗原散射测试进行物种推定实验。
1963 年	D. A. Hopkinson 和他的同事首次发现了红细胞磷酶酸（EAP）的多形态性质。
1964 年	N. Spencer 和他的同事们首次发现了红细胞葡萄糖磷酸变位酶（PGM）的多形态性质。
1966 年	R. A. Fildes 和 H. Harris 首次发现了红细胞磷酸酶（AK）的多形态性质。
	Brian J. Culliford 和 Brian Wraxall 发明了检验血迹中触珠蛋白的免疫电泳实验技术。
1967 年	英国市政警察实验室成员 Culliford，发明了利用凝胶原理测试干血中同工酶的技术。同时他也推广了检验血液和其他体液及分泌物中蛋白质和同工酶的方法。
1968 年	Spencer 和他的同事们一起首次发现了红细胞腺苷脱氨酶（ADA）的多形态性质。
1971 年	Culliford 出版了《犯罪实验室中血迹检测及血型确定》一书。该书介绍了对多形态蛋白质和酶分类的方法，在美国乃至全世界十分畅销。
1973 年	Hopkinson 和他的同事们一起首次确定了酯酶 D（ESD）的多形态特性。
1974 年	航空航天公司的 J. E. Wessel、P. E. Jones、Q. Y. Kwan、R. S. Nesbitt 和 E. J. Rattin 共同研发了利用扫描电子发射显微镜和电子发射 X – 射线（SEM – EDX）技术检测枪支残留物（GSR）的方法。
1975 年	德国的 J. Kompf 和他的同事一起首次确定了红细胞乙二醛酶（GLO）的多形态性质。
	以国会条例形式提出的《联邦证据规则》最初由美国最高法院颁布。该规则以《相关性标准》为基础的，《相关性标准》并不认同科学证据的偏见性要大于其真实性的这一说法。
1976 年	Zoro 和 Hadley 在英国第一次将 GC – MS 评估用于法庭科学目的。

1977 年	日本国家警察局萨咖县犯罪实验室中的一名微量物证检测员 Fuseo Matsumur 在对一个出租车谋杀案中获得的毛发进行显微镜检验时发现了自己指纹的变化。他把这一信息告诉了他的同事 Masato. Soba，Soba 是一名潜在痕迹检测员。Soba 在第二年首次发明了用超能胶烟熏方法来检验潜在指纹的方法。
约 1977 年	傅里叶变换红外光谱仪（FTIR）被广泛应用于法庭实验室。
	FBI 第一次使用电脑扫描指纹，并启用了"指纹自动识别系统（AFIS）"。
1978 年	Brian Wraxall 和 Mark Stolorow 研发了同时检测 PGM、ESD 和 GLD 同工酶的多系统法。他们还研发了对血清蛋白进行分类的方法，如：触珠蛋白法和气相色谱法。
1983 年	工作于生物科技研究公司的 Kerry Mullis 提出了聚合酶链反应（PCR）的设想。直到 1985 年才有关于该技术的论文发表。
1984 年	Alec Jeffreys（爵士）制做出了第一张 DNA 指纹图谱检验。这项检验包含了对多基因座 RFLP 图谱的检测。他在 1985 年的《自然》杂志上发表了自己的发现。
1986 年	在第一件利用 DNA 破案的案件中，Jeffreys 利用 DNA 指纹图谱测试找到了在英格兰中部杀害两名女生的罪犯 Colin Pitchfork。值得注意的是，在侦查过程中，DNA 首次应用于排除无辜的疑犯。
	生物科技研究公司研究的人类基因组工程（Henry Erlich 是负责人）在临床应用和法庭科学实践中大量应用了 PCR 技术。由此产生了两年后的第一台商用法庭科学 PCR 分类仪，即 HLA DQ - α（DQA1）。
	Edward Blake 在"人民诉 Pestinikas"一案中首次应用了以 PCR 为基础的 DNA 测试（HLA DQ - α），以证实不同的尸检样本是来自同一个人。民事法庭采用了该证据。同时，这也是美国首次运用 DNA 测试。
1987 年	DNA 指纹图谱首次被应用于美国刑事审判中。根据

对生命密码进行的 RFLP 分析，法庭对 Tommy Lee Andrews 在佛罗里达州奥兰多市犯下的一系列性罪行定罪。

"New York 诉 Castro"案是第一个挑战 DNA 可采性的案件。该案件引发了对 DNA 实验室和整个法庭科学领域认证、认可、标准化和质量控制的一系列变革。

1988 年	Lewellen、Mccurdy 和 Horton 组合以及 Asselin、Leslie 和 Mckinley 组合都发表了关于一种利用均相酶免疫法（EMIT）对全身血液中的毒品进行分析的全新方法。
1990	K. Kasai 和他的同事们一起发表了一篇关于将 D1S80 位点（PMCT118）运用到法庭 DNA 分析中的论文。随后，生物科技研究公司开发了 D1S180 位点（即后来的罗氏分子系统），将其用于商用法庭 DNA 分类系统。
1991 年	蒙特利尔的沃尔什自动化公司推出了一种名为"综合弹道鉴定系统"（即 IBIS）的自动成像系统，以用来比较已发射出的子弹、弹壳、壳套所留下的痕迹。随后，在国家酒精、烟草、武器管理局（ATF）的配合下，该系统已投入市场开发。
1992 年	为回应人们对法庭 DNA 分析和结果解释的关注，国家研究委员会法庭 DNA 小组（NRC I）出版了《法庭科学中的 DNA 技术》一书。 德克萨斯州贝勒大学的教授 Thomas Caskey 和他的同事们一起发表了一篇关于在法庭 DNA 分析中使用短串联重复序列（STR）的文章。Promega 公司和 Perkin - Elmer 公司一起与罗氏分子系统合作，独立研发了商用法庭 DNA STR 型检测仪。 FBI 与 Mnemonic Systems 合作研发了火药系统（Drugfire），即一种用于对比弹壳和枪弹痕迹的自动成像系统。随后又增加了比较已射出的子弹这一功能。
1993 年	在"Daubert 等诉 Merrell Dow"一案中，美国联邦法院放宽了采信科学证据的弗莱标准，把法官定义为"守门人"的角色。该规定引用了 Karl Popper 的观点，即科学理论无论对于"科学知识"的定义还

是对于可采性来说都是一个虚假的评判标准。

约 1994 年　　　罗氏分子系统（原生物科技研究公司）发布了一套在 HLA – DQA1 法庭 DNA 分类系统中加入五个额外 DNA 标记（多点标记）的仪器。

1996 年　　　为了回应人们对法庭 DNA 证据统计解释的继续关注，第二届全国研究委员会法庭 DNA 小组（NRC II）发表了《法庭 DNA 证据评估》一书。

FBI 引入了 AFIS 指纹数据库电脑检索。实况扫描和卡扫描设备可以提供跨部门意见。

在 "Tennessee 诉 Ware" 一案中，线粒体 DNA 首次被允许在法庭中应用。

1988 年　　　通过各州合作建立的 FBI DNA 数据库 NIDIS 已经应用于实践中。

1999 年　　　FBI 升级了电脑指纹数据库并引入自动化集成指纹鉴定系统（IAFIS），这样一来就在 FBI 中实现无纸化提交、存储和查询全国数据库。

FBI 和 ATF 签署了一份谅解备忘录，该备忘录允许使用国家综合弹道网络（NIBIN）来促进 Drugfire 和 IBIS 之间的数据交换。

参考文献

［1］Block, E. B. , Science vs. Crime: The Evolution of the Police Lab, Cragmont Publications, 1979.

［2］Dillon, D. , A History of Criminalistics in the United States 1850 – 1950, Doctoral thesis, University of California, Berkeley, 1977.

［3］Else, W. M. and Garrow, J. M. , The Detection of Crime, The Police Journal, London, 1934.

［4］Gaensslen, R. E. , Ed. , Sourcebook in Forensic Serology, Unit IX: Translations of Selected Contributions to the Original Literature of Medicolegal Examination of Blood and Body Fluids, National Institute of Justice, 1983a.

［5］Gaensslen, R. E. , Sourcebook in Forensic Serology, U. S. Government Printing Office, Washington, D. C. , 1983b.

［6］Gerber, S. M. , Saferstein, R. , More Chemistry and Crime, American Chemical Society, 1997.

［7］German, E. , Cyanoacrylate (Superglue) Discovery Timeline 1999, available at http://onin. com/fp/cyanoho. html.

［8］German, E. , The History of Fingerprints, 1999, available at http://onin. com/fp/

fphistory. html.

[9] Kind, S. and Overman, M. , Science against Crime, Aldus Book Limited, Doubleday, New York, 1972.

[10] Morland, N. , An Outline of Scientific Criminology, Philosophical Library, New York, 1950.

[11] Thorwald, J. , The Century of the Detective, Harcourt, Brace & World, New York, 1964; translation, Richard and Clara Winston, 1965.

[12] Thorwald, J. , Crime and Science, Harcourt, Brace & World, New York, 1966; translation, Richard and Clara Winston.

附录 B 美国法庭科学协会
条约 2 道德和行为准则

第一节 准 则

为提升最高质量或其成员专业行为和个人行为，以下是美国法庭科学学会所有成员都应认可并遵守的道德伦理和行为准则：

A. 美国法庭科学学会中每一位成员的专业行为和个人行为都不能违背协会的最佳利益和宗旨。

B. AAFS 的每位成员都不能提供有关教育、训练、经验和专业领域的虚假材料。提供虚假材料以获取成员标准将会被视为违反本节准则。

C. AAFS 的每位成员都不能提供专家意见或结论所依据的任何虚假数据。

D. AAFS 的每位成员在没有获得学会特殊授权的情况下不得以学院的名义公开声明。

附录 C　美国刑事侦查学会
专业行为规则

本规则规定了法庭科学（刑事侦查学）专业的行为准则，不仅包括对申请人、附属机构和专业医师的要求，而且还包括在他们监督下工作的要求。他们必须要达到本专业同行的要求。他们的行为必须要严格遵守美国刑事侦查学会提出的申请、接收和认证标准。

美国刑事侦查学会 ABC 的申请人、附属公司和专业医师必须要遵守以下规定：

1. 遵守法律和 ABC 条例。
2. 对任何机构或客户都负有保密义务。
3. 要仔细保护任何具有潜在证据价值的物品的完整性。
4. 确保案件中的所有证据都能得到适当的技术分析。
5. 确保使用适当的标准和控制来进行检测和分析。
6. 确保不使用不准确或不可靠的技术或方法。
7. 确保向提交部门提供全面完整的信息。
8. 确保任何证据的检测、结果和发现都要做标记，并将其妥善保管。
9. 严格按照案件中的证据（假设的或真实的）提供意见和结论，而且仅限于根据证据合理得出的意见或结论。
10. 要以清晰直观的方式作证，杜绝超越自身的能力对证据进行延伸，表达方式要不至于引起误解。
11. 作证时不夸大、美化或以其他方式扭曲证据的含义。
12. 在被要求和允许的情况下，要在庭前与双方法律顾问会面。
13. 在有合理理由确信证据不应对法庭公开的情况下，要向法庭告知相关证据的本质及相关问题。
14. 保持独立和公正的态度以对证据进行公证的分析。
15. 履行本专业工作的义务，以此赢得公众的信任。
16. 用对待自己的标准来对待同行。
17. 制订合理的服务价格，不能随意收费。
18. 在发现有申请人和专业医师违反专业行为准则时要向学会报告。

附录 D 加利福尼亚州刑事侦查学协会道德准则

1957 年 5 月 17 日 通过

1958 年 4 月 11 日和 1985 年 5 月 17 日（第 5 章第 **F** 条）修订

前　言

本准则是刑事侦查学领域工作人员行为准则的指导。本准则不是一成不变的法律信条，也并没有包含所有内容。相反，它列出了工作人员应该遵守的一般标准。需要注意的是，每个案件的情况都不同，每位刑事专家处理的证据也不同，所以该准则并不具体适用于每一种情况。与此同时，从某种程度上说，该准则所依据的基础是该专业或该协会中的每个人都应该达到的要求。未能满足或保持这些标准就不合适从事此项工作。严重违反或屡次违反规则的人将会被取消会员资格。

刑事侦查学是一门关于物证的科学分析、检测、解释和法庭陈述的专业。它涵盖了对物理学原理、技术和方法运用，并确定在法律案件中具有重要意义的物理事实。

每一位刑事侦查学从业人员的职责就是要尽全力为司法公正服务。为完成这一使命，他必须要用其所掌握的所有科学方法来确保物理事实与调查的案件相关。在做出决定后，刑事专家必须要解释和评估他的发现。在这一过程中，他必须要以能帮助其得出观点和结论的经验和知识（再加上他对分析发现的深思熟虑和判断）为指导。所有的事实发现和结论意见都应准确写入报告中，以便于与本案相关的所有人都能充分理解报告内容、应用该报告。

在进行上诉工作时，刑事专家要遵守该行业普遍认可的行为准则。刑事专家的意图、方法和行为都必须同时达到无可非议、形象良好、符合道德。

第 1 章　科学方法的道德规范

A. 刑事专家要具有真正的科学精神，要做到好求、进取、有逻辑和公正无偏。

B. 真正的科学家要对材料进行充分的检查，要用这些测试证明事实。他不能只为让结论显得更有分量而进行无根据的和多余的测试。

C. 现代科学的思维方式是开放的而不是保密的。科学分析不能通过"秘密程序"来完成，结论和实验也不能通过秘密测试做出。

D. 适当的科学方法要求材料分析具有可靠性和有效性。结论不能从明显不具有代表性、典型性或可靠性的材料中得出。

E. 真正的科学方法要求分析过程中没有不可靠的程序。

F. 进步性的工作者必须要对科学方法的新发展敞开胸怀，用开放的思维看待所有案件。这并不是说他要对所有未经证明和证实的方法全盘接受，而是说他应该识别出更好的方法。

第 2 章　意见和结论的道德规范

A. 结论的有效性需要使用已被证实过的方法。只有在符合实际的情况下，有能力的刑事专家才会使用这种方法。这并不要求进行"标准测试程序"，然而，这些方法的使用应该是被本专业或其他专业认可的。

B. 测试是用于揭露真相的，因此，所有的解释都应该符合这一目的，并且不会出现扭曲。

C. 确保对测试结果能做出正确的解释，应使用实验控制加以验证。

D. 当对分析测试的结果进行重新检验或使用新技术时，可能会改变之前得出的结论。

E. 当测试结果不确定时，应对测试结论进行全面的解释。

F. 科学的态度是公正的，不应被材料之外的其他证据或事项影响。它不受与证据不一致的建议、压力或威胁的影响，只服务于事实。

G. 刑事专家要有鉴别与案件相关的检验结果的能力。然而他也应当谨慎地避免在解释中出现与调查理论相混淆的科学事实。

H. 科学方法要求每个人都应意识到自己的能力极限，不做超出自己能力范围的事。科学工作者在新领域寻求知识既是合适的也是明智的；然而，在具有充分的训练和经验之前不能轻易进行这项工作。

I. 当测试结果有利于案件双方时，刑事专家不能仅选择有利于其所代表的一方的解释。

J. 刑事专家应该了解其意见和结论的所有可能情况，并且能够对各种情况做出比较。在这样的情况下，他必须能够明确区分哪些是科学证明的事实，哪些是巧合。

第 3 章　法庭陈述的道德准则

A. 专家证人要比普通人对某一特定物体或学科有更广泛的知识。专家意见通常被定义为"专家的正式意见"。普通意见包括人们对事物的想法或信念，通常没有对特定物体分析的支撑。专家意见有时也被称为"专家思考后的意见"或"正式的判断"。"专家意见"应该被理解为在专家知识和经验的范围内正式提出的意见。

B. 有素质的专家不会利用其权利的优势来发表还未做出正式决定的意见。

C. 除法律的定义外，刑事专家会意识到"专家意见"这个词有多种含义。他不会利用特权出具超出合理数据的解释。

D. 刑事专家在根据自己的研究和专业判断提供意见时，应当根据实际情况表明意见可能具有不确定性。无论出于何种原因，他都不能给陪审团和法官造成错误的印象。

E. 刑事专家在任何情况下都要尽量避免使用术语，避免提供不切合实际的专家意见。当需要对意见进行认证和解释时，专家证人就应该且必须进行认证和解释。

F. 专家证人应谨记陪审团对科学家和普通证人使用同一个普通用语所做出的判断是不同的。刑事专家也应避免使用可能引起误会或误解的术语。

G. 刑事专家在法庭上只展示有利于其一方的证据的做法是不客观的。他有义务确保法庭能了解证据的存在，并且公正地将其展示出来。

H. 刑事专家不能暗示、明示或故意给陪审团植入错误的印象来帮助控辩双方。

I. 作为专家证人出庭作证的刑事专家要在解释和示范中使用易懂的语言，以便于陪审团真实有效地理解证词内容。使用不清晰、有误导性、不严谨或含糊不清的语言来混淆法官或陪审团的观点是不道德的行为。

J. 刑事专家应以清晰、直接的方式回答对他提出的问题，而且要拒绝回答超出其能力的问题。

K. 当专家需要用相片或口头解释"背景知识"的方法来对陪审团进行解释时，这些信息必须是可靠有效的，而且能代表所有这种方法的通用基础。所用到的说明性材料必须能为提供评估随后所展示的证据的基础，而不是无法达到科学最低要求的材料。

L. 所有需要展示的照片都应按照能被接受的方法来展示，不能为误导法官或陪审团而对展示方法进行刻意的改变或扭曲。

M. 专家证人可以通过任何形式的材料或方法来向法庭传达信息。然而，使用这种方法和材料并不是为了造成过度轰动的效应。

第4章　刑事侦查学实践的道德准则

A. 当刑事专家属于私人营业时，他可以为自己的服务设定合理的价格。

B. 任何服务都不应随意收费。

C. 刑事专家或其他专家可以对之前提交过的材料进行二次检查。当对证据意义或测试结果产生不同意见时，为了专业的利益，专家要在上庭前就解决好两者之间的冲突。

D. 一般情况下，"律师—委托人"之间的关系同样适用于物证顾问，除非在适用这种原则时可能发生不公正。公正是最基本的指导原则。

E. 专家可以给律师提供交叉询问对方专家证人时的咨询意见。所提供的意见必须是实事求是、无恶意的。这样做的目的在于防止不称职的专家证言，而非阻挠司法的工作。

第 5 章　刑事侦查学的道德责任

为推进刑事侦查学的发展，实现协会成立的目的，以及促进各州刑事专家之间的和谐关系，每位刑事专家都必须要遵守一定的原则。这些原则与上面列出的道德一样重要。它们的不同之处主要在于原则是为了专业的利益，而道德则是为了社会的特定义务。它们关系到个人和本部门与其他个人、行业政策与与之类似地问题之间的关系。

A. 刑事侦查学领域中的任何新发现、新发展或新技术应用都有利于本行业。任何了解到这一发展的刑事专家都有义务将这一消息公开并通知其他刑事专家。

B. 与客观性相一致的是，在本专业中应将注意力放到使用检验和方法来调查无效或不可信的结果。

C. 为了本行业的利益，刑事专家应避免自我宣传或宣传其在某一案件中的成就。不过，向媒体提供适当的材料做宣传是可以的。

D. 刑事专家应拒绝仅为宣传自己或赢得声誉而在自己未参与的工作、出版物或组织中列出自己的名字。

E. CAC 成立的主要目的在于鼓励成员之间自由交流思想和信息。因此，每位成员都应对同事提供的意见和报告给予尊重。在 CAC 研讨会上，每位成员都不能抄袭他人的报告或意见。

F. 刑事专家有义务向协会报告任何违反这些道德准则的情况。报告中要明确表明严重违反或屡次违反准则的具体情况，以及哪些正确的规定被违反了。

G. 任何刑事专家在对给定案件的处理中都遵守本规则，协会将对其全力支持。

附录 E　样本似然比和 RMNE 计算

1. 假设她的男朋友在现场　男朋友和疑犯都是提供者的可能性要比是男朋友和任意其他一个男人是提供者的可能性大很多。

$$\frac{P\,(E/\text{男朋友} + \text{疑犯})}{P\,(E/\text{男朋友} + \text{随机抽取一个人})}$$

AfAm	$\dfrac{1}{5.7E-10}$ =	$1,700,000,000$
Cauc	$6.6E-10$	$1,500,000,000$
Hisp	$7.7E-11$	$13,000,000,000$

2. 假设无法识别提供者的身份　疑犯和随意抽取一个人是提供者的概率要比两个人都是随机抽取人的可能性大很多

$$\frac{P\,(E/\text{疑犯} + \text{随意抽取一个人})}{P\,(E/\text{两个随机抽取人})}$$

AfAm	$\dfrac{4.0E-09}{1.2E-16}$ =	$33,000,000$
Cauc	$\dfrac{4.1E-08}{9.1E-16}$ =	$45,000,000$
Hisp	$\dfrac{2.7E-07}{1.3E-15}$ =	$200,000,000$

3. 假设无法确定提供者的种族、数量和身份

RMNE　　概率 $= 5.4E-07 = 1/1,800,000$

附录 F 刑事侦查学的基本原则和概念

允许进行思考

证据的来源

- 刑事侦查学的原则

可分割物质

当施加充足的力量时，物体可被划分成较小的部分。每个小部分都会具有分割过程中取得的特征，而且会保留原较大部分的物理化学性质。

三大推论

推论 1：小部分物体中的一些特征是原有物体或划分过程中不存在的。这些特征可以把小块与原有的物体区分开来。

推论 2：小部分物体中的一些特征是和原有物体以及用相似方法得到其他小部分物体相同的，我们可以利用这些特征对它们进行分类。

推论 3：原有物体的一些特征可能会在分割的过程中丢失或改变（随后又消失）。这不利于进行同源认定。

- 转移理论（罗卡交换原理）

传统表述：每次接触都会留下痕迹。

此处定义为：当两个物体相互接触时，物质会发生交换。

犯罪

刑事侦查学实践

如果没有提出正确的问题，就不会得到正确的答案，无论你是多么天才的分析人员。

在犯罪现场

事件？时间？地点？人物？经过？起因？

我们看到了我们想看到的

证据的识别和发现

收集证据的目的

- 保持物理完整性
- 防止降解
- 防止污染

污染：物质不慎沾到已被官方确认的证据样本上。

刑事侦查学的程序

鉴定
确定物证的物理化学性质。

分类
推断物证可能的多个来源。

类型特征
由可控制的程序产生的特征。它们可用于把相似的物体归为一类。

个体化认定
确定两个物体来自同一来源。

个性化特征
由随机的、不可控制的过程产生的特征。它们可用于确定物体同源。

关联性
关于两个物体（来源物体和目标物体）相互接触的推论。

案件重建
以物证为基础的事件时空排序。

结　果

真实结果

假阴性结果

假阳性结果

不确定性结果

没有结果

这意味着什么？

假设（A）＋事实（F）＝推断（I）

推断：从已知或假设的事物中得出结论。

意见：并非基于确定的事实或知识做出的判断，而是基于某人心目中看似正确、有效或可能的事实做出的判断。

结论：论述的最后一部分，通常包括对意见的总结或对意见和决定的陈述。

交　流

报告

- 摘要
- 目的
- 接收和检验的证据清单
- 检验和结果
- 解释和结论

刑事侦查学和法律

- 进行鉴定的证据是直接证据。不需要对相关证据进行推论。
- 潜在的个体化证据是间接证据。需要对相关证据进行推论。
- 证据必须具有相关性（能回答事实问题）才能被法庭采纳。

附录 G　原始物证

非生物类			
	物理匹配度		
		任何可以被分割并维持其形状的物体❶	
	痕迹证据和压印证据		
		痕迹证据	
			鞋印
			轮胎印
		压印证据	
			鞋子压印
			轮胎压印
			工具痕迹
			枪支
	"痕迹"		
		纤维、微粒、土壤、油漆等	
	药物		
		固体剂量药物分析	
		毒理学	
	有争议的文件		
		手写/打印	
		纸和墨	
生物证据			
	生理学证据		
		生物化学/抗原（血清，血型）	
		DNA	
	身体性证据		
		印迹	
			摩擦嵴
			身体的其他部位（双耳、双唇等）
		视网膜状态	

　　物证的这一组织方式强调了生物证据和非生物证据之间的区别。生物证据（也就是我们所指的可以进行个人认证的证据）可以与单个人直接联系起来。非生物物证只能通过一系列复杂的推论而与某人建立联系。

---

❶　形状的改变不符合这些要求。

296